A SÁTIRA DO PARNASO

FUNDAÇÃO EDITORA DA UNESP

Presidente do Conselho Curador
Marcos Macari

Diretor-Presidente
José Castilho Marques Neto

Editor-Executivo
Jézio Hernani Bomfim Gutierre

Conselho Editorial Acadêmico
Antonio Celso Ferreira
Cláudio Antonio Rabello Coelho
Elizabeth Berwerth Stucchi
Kester Carrara
Maria do Rosário Longo Mortatti
Maria Encarnação Beltrão Sposito
Maria Heloísa Martins Dias
Mario Fernando Bolognesi
Paulo José Brando Santilli
Roberto André Kraenkel

Editores-Assistentes
Anderson Nobara
Denise Katchuian Dognini
Dida Bessana

Alvaro Santos Simões Junior

A SÁTIRA DO PARNASO

Estudo da poesia satírica de Olavo Bilac publicada em periódicos de 1894 a 1904

© 2006 Editora UNESP

Direitos de publicação reservados à:
Fundação Editora da UNESP (FEU)
Praça da Sé, 108
01001-900 – São Paulo – SP
Tel.: (0xx11) 3242-7171
Fax: (0xx11) 3242-7172
www.editoraunesp.com.br
feu@editora.unesp.br

CIP – Brasil. Catalogação na fonte
Sindicato Nacional dos Editores de Livros, RJ

S614a
Simões Junior, Alvaro Santos
   A sátira do parnaso: estudo da poesia satírica de Olavo Bilac publicada em periódicos de 1894 a 1904/Alvaro Santos Simões Junior; [prefácio de Regina Zilberman]. — São Paulo: Editora UNESP, 2007.

   Inclui bibliografia
   ISBN 978-85-7139-762-0

   1. Bilac, Olavo, 1865-1918 — Crítica e interpretação. 2. Parnasianismo — Brasil. 3. Poesia brasileira — História e crítica. I. Título.

07-1624.
                                       CDD: 869.91
                                       CDU: 821.134.3(81)-1

Editora afiliada:

AGRADECIMENTOS

Originado de uma tese de doutoramento, este livro deve muito a Luiz Roberto Velloso Cairo, que por mais de dez anos orientou o autor nos labirintos da vida acadêmica. Também contribuíram com sugestões e críticas os professores Carlos Erivany Fantinati e Antônio Celso Ferreira, que examinaram versão preliminar da tese.

A Fundação para o Desenvolvimento da Unesp (Fundunesp) tornou viável a pesquisa ao financiar a aquisição de microfilmes do vespertino carioca *A Notícia*, cuja consulta foi decisiva para o conhecimento da obra de Olavo Bilac.

A Ligia Watanabe Simões

A SÁTIRA DO PARNASO

Caricatura de Olavo Bilac publicada na primeira página da *Gazeta de Notícias* (13 nov. 1900), quando se esperava o regresso do poeta de viagem a Buenos Aires.

Já tenho aludido... à dificuldade de se historiar o período da Literatura Brasileira que vai da proclamação da República ao surto modernista, pelos obstáculos que nos impedem de conhecer, em toda extensão, a obra de muitos autores representativos desse período. A época marcou, por assim dizer, o desenvolvimento da imprensa diária, entre nós, facultando aos escritores um terreno propício à atividade literária. Embora os jornais pagassem pouco, sempre pagavam alguma coisa, ou, pelo menos, facultavam meios para se evidenciarem as aptidões e o talento. O jornal tornou-se, então, para a Literatura Brasileira, o mesmo que fora o teatro no período de 1850 a 1889.

Ora, esse desenvolvimento do Jornalismo não coincidiu com a expansão do comércio editorial. O escritor expandia-se largamente pelas colunas da imprensa, mas não obtinha editor senão para uma pequena parte de tão ampla produção. Daí o material imenso que continua desconhecido, soterrado, por assim dizer, nos jornais e que não pode, entretanto, deixar de ser computado na apreciação justa de muitos escritores. Por outro lado, faziam-se edições pequenas – às vezes, às expensas do autor – de obras logo esgotadas, até agora não reeditadas, e dificílimas de serem encontradas mesmo na Biblioteca Nacional.

Isso explica muitas deficiências e lacunas de nossos críticos, mesmo os mais inteligentes, no julgamento do referido período, tornando imensas as dificuldades dos que se abalançarem a historiá-lo.

Brito Broca

Sumário

Prefácio — A favor de Olavo Bilac — Regina Zilberman   13
Introdução A poesia satírica de Olavo Bilac   17

1 Um intelectual empenhado   37
2 Bilac e a *Gazeta de Notícias*   117
3 A sátira diária   163
4 Bilac e a dama cor-de-rosa   201
5 A sátira ao teatro nas revistas ilustradas   243

Conclusão – Uma trajetória coerente   281
Bibliografia   285
Ilustrações   307

Prefácio
A favor de Olavo Bilac

Olavo Bilac (1863-1918) constitui uma das figuras mais importantes da literatura brasileira. Responsável pela consolidação da estética parnasiana, feito que lhe assegura posição de relevo na história da poesia nacional, ele foi sucessivamente amado e desamado por seus contemporâneos e descendentes. Seus parceiros de geração e de vocação artística admiravam-no, mas os por ele detratados em versos satíricos e paródicos deviam odiá-lo. Em 1907, foi coroado Príncipe dos Poetas Brasileiros; mas, logo depois de sua morte, os modernistas, com estardalhaço, derrubaram-no do pedestal a que tinha sido guindado.

Não foi menos controverso o posicionamento perante os demais gêneros que formam sua produção literária. *Através do Brasil*, o livro juvenil que escreveu em parceria com Manuel Bonfim, foi um dos maiores sucessos de vendas na primeira metade do século XIX; mas o pendor ufanista da obra compromete sua vigência na atualidade. Igualmente sua participação na Liga de Defesa Nacional, época em que defendeu a obrigatoriedade do serviço militar, motivou reações contraditórias, provindo o acolhimento favorável dos segmentos conservadores da sociedade brasileira.

Esses aspectos, por muito tempo, isolaram a obra de Olavo Bilac, nem sempre abordado pelos setores progressistas dos estudos da

Literatura Brasileira, atitude que determinou injustiças nos julgamentos e lacunas na história da poesia nacional. Não que reparos não estejam sendo feitos, como sugerem livros como os de Antônio Dimas, *Vossa insolência*, em que a crônica de Bilac é recuperada, e de Luís Augusto Fischer, cujo *Parnasianismo brasileiro – Entre ressonância e dissonância* aborda as relações entre o poeta e a escola parnasiana, verificando sua oscilação entre a modernidade e o conformismo no âmbito da poética.

A pesquisa de Alvaro Santos Simões Junior vai em direção similar, avançando, porém, uma vez em que incorpora novas facetas ao escritor e alarga o espaço da controvérsia que cerca um dos mais populares intelectuais brasileiros na passagem do século XIX para o XX. Afinal, Olavo Bilac, ele mesmo, fixou certa imagem para seu público, partindo, por exemplo, dos sonetos bastante difundidos e identificados por seus versos de abertura, respectivamente: "Ora (direis) ouvir estrelas!" e "Longe do estéril turbilhão da rua". Conforme essa imagem, ao poeta competia tão-somente cuidar de sua criação e de seu mundo particular, evitando qualquer tônica social ou pública. É verdade que versos daquele teor aparecem em "Via Láctea", do volume de *Poesias*, obra editada em 1888, livro que o consagrou perante os leitores do Rio de Janeiro e a crítica da época. Porém, mesmo então já Bilac militava na política da capital do Império, tomando o partido dos abolicionistas, sob a liderança de José do Patrocínio, seu admirador e igualmente o divulgador de seu trabalho literário.

Coelho Neto, no romance *A conquista*, de 1899, retrata os acontecimentos anteriores e contemporâneos à assinatura da Lei Áurea, quando os membros de sua geração se repartiam entre a tentativa de se afirmar no mercado artístico, literário e jornalístico do Rio de Janeiro, de um lado, e, de outro, a participação nas polêmicas políticas do tempo, marcadas pela ascensão do pensamento positivista, do ideário republicano e da aspiração a livrar o país da escravidão negra. Olavo Bilac estava no bojo desse processo, e a obra de Coelho Neto é representativa da atuação do então jovem poeta. Com a abolição do regime servil e a mudança do sistema de governo, Bilac não se afastou da arena política, nem deixou de ser o jornalista combativo, acabando por se exilar temporariamente em Ouro Preto, em 1893, quando Floriano Peixoto administrou o país com a mão de ferro que se converteu em marca de sua presidência.

É esse Olavo Bilac que emerge no livro de Alvaro Santos Simões Junior, que dirige sua pesquisa para a veia satírica do escritor, ainda não inteiramente desvendada. O estudo é exemplar, porque nos faz acompanhar primeiro a trajetória intelectual e artística do poeta, contrapondo sua biografia literária às questões destacadas pela recepção ulterior da obra. Evidenciam-se, desde o primeiro capítulo, as injustiças e as lacunas mencionadas antes; ao mesmo tempo, configura-se o lugar de onde o pesquisador fala, chamando a atenção para os pontos não suficientemente investigados do acervo artístico de Bilac e denunciando em que medida as lacunas se instalaram por força de preconceitos que ainda vêm cercando a compreensão da obra do poeta.

Depois de desenhar o perímetro dentro do qual instala sua pesquisa, Alvaro Santos Simões Junior examina os poemas satíricos de Olavo Bilac, abordados conforme o periódico em que apareceram. A sistemática adotada permite que se acompanhe o percurso histórico dessa produção, enquanto a análise dos poemas individuais faculta o conhecimento de sua temática, estilo e gênero. Predomina a paródia, utilizada para expressar não apenas a vida política na ocasião, ao final do século XIX, mas também o cotidiano carioca da época. Os poemas aproximam-se ao *fait divers* do jornal, coerente com o veículo que difundia os versos satíricos de Bilac, propiciando o entendimento de hábitos populares e problemas marcantes da sociedade brasileira, considerados os esforços de modernização em curso no período.

Graças ao livro *A sátira do Parnaso*, a história da literatura brasileira dispõe de um Olavo Bilac mais completo. Não menos controverso ou menos contraditório, porém mais próximo daquele intelectual e artista impossível de ser definido por apenas uma de suas facetas. Como todo indivíduo, Bilac era uma pessoa complexa, e Alvaro Santos Simões Junior colabora para o leitor chegar perto de sua fisionomia inteira.

Regina Zilberman

Introdução
A poesia satírica de Olavo Bilac

De 1887 a 1908, Olavo Brás Martins dos Guimarães Bilac (1865-1918), um dos principais poetas parnasianos, colaborou com diversos jornais e revistas cariocas e paulistanos. Parte das centenas de crônicas que escreveu foi reunida em *Crônicas e novelas* (1894), *Crítica e fantasia* (1904) e *Ironia e piedade* (1916). Deve-se notar que os três livros foram assinados com o consagrado nome próprio do poeta, o que demonstrava certo orgulho autoral pelas crônicas neles reunidas. Tal não ocorreu com uma variante da produção jornalística de Olavo Bilac, seus *poemas satíricos*, cuja autoria foi ocultada sob discretos pseudônimos quando reunidos parcialmente em livro.[1]

Há registro de poemas satíricos de Bilac desde 1887, quando publicou em *A Semana*, de Valentim Magalhães (1859-1903), as "Cartas do Olimpo" sob o pseudônimo de Phebo-Apolo. Durante todo o período em que se dedicou à imprensa, sempre escreveu crônicas humorísticas em verso, sátiras e epigramas. Entretanto, o primeiro crítico a interessar-se por essa faceta do poeta só surgiria depois de sua morte. Em 1924, na antologia de "poesia cômica" *Boêmia*

---

1 PUCK [Olavo Bilac], PUFF [Guimarães Passos]. *Pimentões*. Rio de Janeiro: Laemmert, 1897. BOB [Olavo Bilac]. *Contos para velhos*. Rio de Janeiro: Casa Mont'Alverne, 1897. Esses volumes reuniram textos fesceninos, dos quais apenas alguns poderiam ser considerados satíricos.

galante, José Martins Fontes (1884-1937) recolheu diversos textos bilaquianos publicados anteriormente em periódicos, mas não indicou em todos as referências da publicação de origem. Depois, em "conferência" realizada na casa de Coelho Neto, no dia 15 de novembro de 1926, Fontes resolveu homenagear o saudoso amigo, revelando o poeta cômico que fora Bilac. Seu discurso, no entanto, não passou de uma digressão sentimental bastante desarticulada, em que o desejo de relembrar o companheiro e mestre ardorosamente amado muitas vezes afastou o orador do tema proposto. Mesmo assim, o poeta santista teve o mérito de ser pioneiro na abordagem da obra satírica e humorística de Bilac, da qual apresentou dezessete textos, alguns até mesmo citados de memória, que teria ouvido do poeta.[2]

O interesse da crítica por essa face do poeta só voltaria a se manifestar na década de 1940, quando Eloy Pontes divulgou na antologia *Olavo Bilac – Bom humor*[3] e na biografia *A vida exuberante de Olavo Bilac*[4] vários poemas satíricos, transcritos dos periódicos. Faltavam a essas obras, no entanto, indicação precisa das fontes e justificativa da atribuição dos pseudônimos. A complacência ou o descuido do biógrafo "enriqueceu" a poesia satírica de Olavo Bilac ao atribuir-lhe textos firmados por pseudônimos de propriedade duvidosa, como Gil, Job, Jack e Juvenal, ou comprovadamente empregados por outros autores, como Puff, Floreal e Til.[5] Além disso, a transcrição, eivada de erros, comprometia seriamente a coerência textual de alguns poemas.[6]

---

2 FONTES, M. Olavo Bilac, poeta cômico. In: Ibidem. *O colar partido*. Santos: B. Barros, 1927, p.181-259.
3 Rio de Janeiro: Mandarino [1940].
4 Rio de Janeiro: José Olympio, 1944. 2v.
5 Ver SOUSA, J. G. de. Olavo Bilac e seus pseudônimos. In: Ibidem. *Machado de Assis e outros estudos*. Rio de Janeiro: Cátedra; Brasília: INL, 1979, p.73.
6 É o que se pode constatar quando se coteja, por exemplo, o texto de uma crônica alegórica em versos transcrita pelo biógrafo (PONTES, E. *A vida exuberante de Olavo Bilac*. Rio de Janeiro: José Olympio, 1944, p.479-81, v.2) com o original publicado na *Gazeta de Notícias* (Rio de Janeiro, 11 dez. 1904, p.1, 8ª col.). Foram alteradas a pontuação e a estrofação, ao passo que as palavras *Clio, pasta* (verbo), *fidelidade, céleres* e *pastar* foram trocadas por, respectivamente, *Cio, posto* (adjetivo), *felicidade, célebres* e *passar*.

A primeira apreciação crítica mais conseqüente dessa produção partiu de Sérgio Milliet (1898-1966), modernista militante, que, em 1944, anotou em seu *Diário crítico* a seguinte observação sobre os "versos de circunstância" reunidos por Eloy Pontes nos dois volumes da biografia citada.

> Felizes não raro, não raro também desinteressantes, esses versos nada acrescentam à glória do poeta, muito embora nos revelem com maior precisão e minúcia o lado superficial do parnasiano e sua irritante facilidade.[7]

Apesar de ver em Bilac o símbolo máximo de uma literatura e de um tempo que julgava superados, o crítico foi isento o bastante para reconhecer no conjunto rejeitado um elemento que, no limite, poderia comprometer sua argumentação. Lia-se em seu *Diário* a seguinte constatação: "É certo que do ponto de vista técnico muitas soluções aí se apresentam que hoje voltam ao cartaz estético como inovações".[8]

Às vezes felizes e com soluções técnicas que seriam consideradas "inovações" em uma década em que o modernismo se encontrava consolidado, os "versos de circunstância" de Bilac, publicados às centenas por diversos periódicos, deveriam, certamente, ter merecido melhor atenção da crítica.

Ainda em 1944, Henrique Orciuoli pronunciou-se sobre a poesia satírica bilaquiana. Após definir a sátira como "forma deleitosa de censurarmos aquilo que nos impressiona mal",[9] assim se referiu ao satírico Olavo Bilac na biografia que escreveu do poeta:

> Não tinha os rasgos desconcertados dos impetuosos, mas a graça e a finura dos homens calmos, serenos. Observava como um astrônomo que vê pela luneta de alcance os fenômenos dos astros que gravitam em torno da Terra![10]

---
7 *Diário crítico de Sérgio Milliet* (1944). 2. ed. São Paulo: Martins, 1981, p.141.
8 MILLIET, S. *Diário crítico de Sérgio Milliet*, op. cit., loc. cit.
9 ORCIUOLI, H. *Bilac:* vida e obra. Rio de Janeiro: Guaíra, 1944, p.53.
10 Ibidem, p.59.

O biógrafo dividiu a poesia satírica bilaquiana em duas fases e duas épocas distintas: a mocidade e a maturidade.

> Na mocidade, foi o despreocupado e mordaz, objetivando fatos políticos, religiosos e sociais. Caricaturava as extravagâncias dos homens e os desregramentos dos políticos ... Mas, caricaturando, não chegava à ofensa, nem à imoralidade. Foi uma das maneiras mais harmoniosas que Bilac encontrou para pintar o ridículo dos homens e dos fatos dentro dos versos que variavam no metro, no ritmo e na maneira.
> Nota-se que nessa época a musa satírica era mais galhofeira e despreocupada, que na maturidade.
> Quando moço, foi pródigo no espírito motejador, que sem tomar a impetuosidade do indignado ou do exaltado, zomba maliciosamente, com uma bonomia um pouco acre. Não obedece a *escolas*, senão ao ritmo do seu próprio sentimento, que é o da perfeição.[11]

Como exemplos da sátira da mocidade, Orciuoli citou as "Cartas chinesas", escritas para a *Vida Semanária*, de São Paulo, as "Cartas do Olimpo", publicadas em *A Semana*, do Rio de Janeiro, e poemas contra Floriano Peixoto, Custódio José de Melo e Prudente de Morais. Assim, a primeira fase cobriria, *grosso modo*, o período de 1887 a 1898.

Na segunda fase que discriminara na poesia satírica bilaquiana, Orciuoli percebeu certa amargura.

> A sátira de Bilac foi muito mais séria e muito mais incisiva na maturidade. Ele sentia uma profunda mágoa dos homens e da sociedade, pela leviandade de muitos, pelo descaso de todos.[12]

Entretanto, a autoria do poema que o biógrafo apresentou como representativo do que considerava a segunda fase da poesia satírica bilaquiana é incerta. "O Carnaval no Olimpo", *sketch* publicado *sem assinatura* em 16 de fevereiro de 1901 em *João Minhoca*, de Belmiro de Almeida, pode até ser de Bilac, que escreveu outros textos nesses

---

11 Ibidem, p.61. Grifos do autor.
12 ORCIUOLI, H. *Bilac:* vida e obra. Op.cit., p.68.

moldes e colaborou na revista ilustrada. Mas esse poema de autoria duvidosa não poderia constituir sozinho uma "fase" ou "época". Os fragmentos e os poemas completos que Orciuoli apresentou pertenceriam ao período correspondente à "primeira fase". Neles notar-se-ia o Bilac "despreocupado e mordaz", que, na verdade, *era o de toda a poesia satírica publicada em periódicos de 1887 a 1906*.

Não obstante, o poeta magoado e até ressentido poderia ser percebido em poemas recolhidos no livro póstumo *Tarde* (1919), cujo teor satírico Orciuoli destacou com acuidade em outro capítulo de sua biografia, mas sem interpretá-los contra o pano de fundo histórico, isto é, sem levar em consideração as circunstâncias em que surgiram. Mas constituiriam os quatro sonetos, publicados originalmente na *Revista do Brasil* em 1918, toda uma nova fase, embora tardia, da poesia satírica bilaquiana? Não se pode atribuir a essa produção parca e esporádica o estatuto de *fase autônoma* da poesia satírica bilaquiana.

Também merecem lembrança como divulgadores da sátira bilaquiana Alceu Amoroso Lima, Marisa Lajolo, Afonso de Carvalho, Norma Goldstein e Fernando Jorge, que transcreveram poemas satíricos nas obras que escreveram sobre Olavo Bilac.[13] Mas esses autores limitaram-se à reprodução de textos já recolhidos por Eloy Pontes, Henrique Orciuoli e Martins Fontes, sem ensaiar uma análise ou interpretação deles.

Raimundo Magalhães Jr., autor da biografia *Olavo Bilac e sua época*, publicada em 1974, também deve ser lembrado como divulgador da poesia satírica bilaquiana, pois, além de transcrever fragmentos e poemas completos, indicando com relativa precisão as referências bibliográficas, reconstituiu com fidelidade as circunstân-

---

13 LAJOLO, M. (Org.). *Os melhores poemas de Olavo Bilac*. São Paulo: Global, 1985. LIMA, A.A. *Olavo Bilac*. Poesia. (Org.). Rio de Janeiro: Agir, 1957. CARVALHO, A. de. *Bilac*: o homem, o poeta, o patriota. Rio de Janeiro: José Olympio, 1942. *Olavo Bilac*. Seleção de textos, notas, estudos bibliográfico, histórico e crítico, e exercícios por Norma Goldstein. São Paulo: Abril Educação, 1980. (Literatura Comentada). JORGE, F. *Vida e poesia de Olavo Bilac*. 4.ed. rev. e aum. Introdução de Menotti del Picchia. São Paulo: T.A. Queiroz, 1991.

cias históricas em que cada um deles foi publicado. Demonstrou, inclusive, que os quatro sonetos publicados na *Revista do Brasil* em 1918, "Os monstros", "Os goiasis", "Os matuiús" e "Os curinqueãs", depois recolhidos em *Tarde* (1919), representavam uma reação do poeta a críticas de que fora vítima durante a campanha pelo serviço militar obrigatório.[14]

Entretanto, Magalhães Jr. creditou a Bilac poemas publicados sem assinatura na *Gazeta de Notícias*,[15] procedimento muito questionável, pois outros poetas que colaboravam assiduamente no jornal, como Guimarães Passos (1867-1909) e Pedro Rabelo (1868-1906), também cultuavam a musa satírica. Além disso, o biógrafo atribuiu ao autor da *Via Láctea* um poema assinado por Juvenal,[16] pseudônimo muito freqüente na *Gazeta de Notícias* de agosto de 1898 a setembro de 1899, que não pode ser atribuído a Bilac com segurança.[17]

Na década de 1970, um dos mais importantes pesquisadores brasileiros resolveu dedicar-se com mais afinco à faceta pouco conhecida do poeta. José Galante de Sousa escreveu um artigo sobre *Pimentões*, livro em que Bilac e Guimarães Passos, sob o pseudônimo de Puck e Puff, respectivamente, recolheram parte dos textos que escreviam para a seção humorística "O Filhote", da *Gazeta de Notícias*.[18] Com desvelo carinhoso, Sousa procurou identificar a autoria de cada poema humorístico reunido no livro. Para atingir esse objetivo, recorreu à coleção da *Gazeta de Notícias*, a fim de verificar os pseudônimos utilizados. Em um breve balanço que fez no fim do trabalho, reconheceu certa "ancianidade das piadas", mas afirmou que os tex-

---

14 MAGALHÃES JR., R. *Olavo Bilac e sua época*. Rio de Janeiro: Americana, 1974, p.414-6.
15 São os seguintes, denominados pelo primeiro verso por não possuírem título: "Falava o Valentim sobre o Raimundo" (3 fev. 1896, p.1, 6ª col.), "Lereis um dia, entre notícias boas" (5 fev. 1896, p.1, 6ª col.) e "A terra dos paulistas" (16 fev. 1896, p.1, 6ª col.).
16 *O engrossamento*. Gazeta de Notícias. Rio de Janeiro, 28 ago. 1898, p.1, 5ª col.
17 Ver Olavo Bilac e seus pseudônimos. In: SOUSA, J. G. de. *Machado de Assis e outros estudos*. Op.cit. p.73.
18 Um livro chamado *Pimentões*. In: SOUSA, J. G. de. *Machado de Assis e outros estudos*. Op.cit, p.201-10.

tos tinham interesse para a crítica por constituírem "aspecto menos estudado" do poeta.[19]

Passaram-se vários anos antes que alguém trilhasse o caminho apontado por Galante de Sousa. Em 1988, em artigo de jornal, Felipe Fortuna mostrou-se seduzido pelo "poeta satírico que, sempre sob pseudônimo, ridicularizava cenas da vida doméstica ou achincalhava padres e beatas".[20]

Surpreso com a quantidade de textos satíricos e humorísticos que Bilac publicava, situou o principal período dessa produção entre 1895 e 1898. No entanto, pelo que se percebe no artigo, Fortuna avaliou fundamentalmente a participação de Bilac na *Gazeta de Notícias*, deixando em segundo plano periódicos igualmente importantes. Repetindo juízo de Galante de Sousa, Fortuna reconheceu que alguns textos eram "marcados pelo humor senil e até ingênuo", mas observou que as sátiras tratavam de temas "inusitados" e "reservados" para seu tempo (referia-se por certo ao tratamento irreverente de temas sexuais na seção "O Filhote"). Manifestou também certo entusiasmo com alguns poemas satíricos que retratavam o contexto político-social dos primeiros anos do regime republicano. Fortuna concluiu seu artigo apontando a necessidade de se conhecer o humor bilaquiano para que se compusesse "um retrato mais aproximado" do autor,[21] no que, mais uma vez, repetiu Galante de Sousa.

Entretanto, Felipe Fortuna demonstrou originalidade e penetração crítica ao localizar no humor e na sátira o liame que existiria entre o jornalista e o poeta: "Seu estro de versejador e seu atilado talento de cronista fundiram-se enfim no poeta satírico".[22]

A propósito, cabe ressaltar que Fortuna considerou a poesia satírica um gênero específico na obra bilaquiana, não obstante esse suposto caráter híbrido.

---

19 Ibidem, p.210.
20 Quando Olavo Bilac fez rir. In: FORTUNA, F. *A escola da sedução*. Porto Alegre: Artes e Ofícios, 1991, p.9. Publicado originalmente no "Suplemento Cultural" de *O Estado de S.Paulo* em 17 de dezembro de 1988.
21 Ibidem, p.21.
22 Ibidem, p.16.

Opinião diversa pode-se atribuir a Flora Süssekind, que, em sua obra *Cinematógrafo de letras*,[23] não fez essa distinção entre gêneros. Pelo que se percebe, a autora englobou a poesia satírica e humorística no universo da crônica, da qual seria uma variante em versos. Talvez a autora não pudesse perceber fusão ou variedade de gêneros na obra jornalística bilaquiana porque sua argumentação identificava duas únicas vertentes isoladas na obra de Olavo Bilac: uma, marcada pela criação artesanal, e outra, caracterizada pela mediação com a técnica e os processos produtivos de um cenário industrial ainda incipiente no Brasil. Dessa forma, Süssekind diferenciou o poeta que

> Longe do estéril turbilhão da rua,
> Beneditino, escreve! No aconchego
> Do claustro, na paciência e no sossego,
> Trabalha, e teima, e lima, e sofre, e sua![24]

do jornalista que trabalha de acordo com as conveniências e regras do jornal, constrangido pelos limites intrínsecos ao processo industrial: formato preestabelecido para o texto, tempo de elaboração delimitado etc. De acordo com sua visão, a poesia satírica seria um dos produtos do trabalho do jornalista.

Pode-se, entretanto, defender a existência autônoma de uma poesia satírica bilaquiana, à qual é dedicado o presente estudo.[25] Seguem-se aqui as indicações de Galante de Sousa e Felipe Fortuna, que reconheceram a relevância e o interesse de uma pesquisa mais aprofundada sobre a face menos conhecida da obra de Olavo Bilac.

---

23 São Paulo: Companhia das Letras, 1987.
24 BILAC, O. A um poeta. In: Ibidem. *Poesias*. São Paulo: Martins Fontes, 1997, p.336.
25 Pequena parcela dessa produção satírica foi objeto de dissertação de mestrado, cujo autor procurou interpretar os poemas satíricos à luz de suas circunstâncias históricas, sociais e literárias. SIMÕES JR., A. S. *Bilac em versos menores*. Estudo crítico e histórico dos versos humorísticos de Olavo Bilac publicados na seção "O Filhote", da *Gazeta de Notícias*, de 2 de agosto de 1896 a 28 de maio de 1897, seguido de uma edição anotada. Faculdade de Ciências e Letras (Universidade Estadual Paulista), Assis, 1995.

Dessa maneira, pretende-se saldar *parte* da dívida da Universidade com um dos mais importantes autores da literatura brasileira.[26]

O trabalho empreendido enfrentou numerosas dificuldades, já que Bilac publicava suas sátiras em muitos periódicos e assinava-as com vários pseudônimos. Por isso, surgiram logo de saída dois problemas importantes: 1) como determinar os periódicos que contaram com a colaboração do autor e 2) como definir com segurança a autoria dos textos, já que o uso de pseudônimos era uma prática muito difundida entre os literatos-jornalistas.[27] Para resolver o primeiro problema, seguiram-se as indicações encontradas em biografias dedicadas a Bilac e seus contemporâneos[28] e em algumas obras críticas e históricas.[29] Em fase posterior da pesquisa, esse trabalho foi facilitado pela consulta ao vespertino *A Notícia*, que tinha a seção "Sobre a mesa", em que se acusava o recebimento das mais diversas publicações, periódicos e livros na redação do jornal. Como essa seção surgiu com *A Notícia* em 1894, foi possível acompanhar o surgimento

---

26 Segundo Felipe Fortuna, há outro trabalho a ser feito: "A vida acadêmica do Brasil ainda não foi capaz de gerar uma só edição crítica dos livros de Olavo Bilac, o que é mais grave não só porque se trata de um escritor exponencial de certa época literária, como também por ter sido ele um poeta que corrigia freqüentemente os seus versos". Op.cit., p.15.

27 Brito Broca associou a proliferação de pseudônimos às condições de trabalho dos intelectuais: "... obrigados a escrever em várias folhas ao mesmo tempo – já que só assim podiam reunir um ordenado razoável – tinham os escritores de mascarar a personalidade a fim de evitar os possíveis inconvenientes dessa atuação simultânea". O anônimo e o pseudônimo na Literatura Brasileira. In: BROCA, B. *Horas de leitura*. Rio de Janeiro: MEC-INL, 1957, p.107.

28 CARVALHO, A. de. *Bilac: o homem, o poeta, o patriota*. Rio de Janeiro: José Olympio, 1942. JORGE, F. *Vida e poesia de Olavo Bilac*. 4.ed. rev. e aum. São Paulo: T.A. Queiroz, 1991. MENEZES, R. de. *Emílio de Menezes: o último boêmio*. São Paulo: Martins, 1946. Ibidem. *Guimarães Passos e sua época boêmia*. São Paulo: Martins [1953]. PONTES, E. *A vida exuberante de Olavo Bilac*. Rio de Janeiro: José Olympio, 1944. 2v. MAGALHÃES JR., R. *Olavo Bilac e sua época*. Rio de Janeiro: Americana, 1974.

29 BROCA, Brito. *A vida literária no Brasil – 1900*. 3.ed. Rio de Janeiro: José Olympio, 1975. DIMAS, A. Bilac, o jornalista. In: FUNDAÇÃO Casa de Rui Barbosa. *Sobre o Pré-modernismo*. Rio de Janeiro: s.n., 1988. LIMA, A. A. (Org.). *Olavo Bilac: Poesia*. Rio de Janeiro: Agir, 1957.

e as modificações sofridas pelos periódicos cariocas, de modo que se conhecessem, a partir dessa data, as eventuais colaborações de Olavo Bilac, que sempre contavam com destacada *réclame*.

O segundo desafio, bem mais delicado, pôde ser enfrentado satisfatoriamente com auxílio de um estudo cuidadoso dos pseudônimos adotados por Bilac, realizado por Galante de Sousa.[30]

Por diversos motivos, seria extremamente temerário afirmar que se conhece toda a produção satírica de Olavo Bilac. Em primeiro lugar, não pode ser descartada a possibilidade de uma colaboração jornalística de Bilac haver sido ignorada por biógrafos e críticos. Há também a possibilidade de haver o autor feito uso de pseudônimo menos conhecido, que aqui não se considerou em atenção ao rigor científico. Finalmente, a tantas indefinições soma-se a precariedade das coleções conservadas, cujas numerosas lacunas poderiam ter ocultado poemas interessantes. Entretanto, pode-se afirmar que aqui se estuda a poesia satírica bilaquiana em suas principais manifestações.

A sátira, um gênero independente no conjunto da obra bilaquiana, desenvolve-se de forma paralela à crônica; durante as duas décadas que dedicou ao jornalismo, Bilac cultivou a poesia satírica em diversos periódicos.

De 1887 a 1889, Bilac empenhou-se nas campanhas abolicionista e republicana, colaborando nos jornais cariocas *A Semana*, *Novidades* e *Cidade do Rio* e nos paulistanos *Diário Mercantil* e *Vida Semanária*.

Após a ascensão de Floriano Peixoto ao poder, o poeta, que ocupara um cargo público durante o governo anterior, dirigiu, de 1892 a 1893, suas farpas contra o "ditador" nos jornais *Cidade do Rio* e *O Combate*. A atuação política de Bilac incomodou o Marechal de Ferro, que o mandou encarcerar por três vezes.[31]

De 1894 a 1904, o poeta, perfeitamente integrado à imprensa, empregou a ação corrosiva de suas sátiras contra as mazelas urbanas do Rio de Janeiro. Publicaram seus poemas satíricos o matutino

---

30 Olavo Bilac e seus pseudônimos. In: SOUZA, J. G. de. *Machado de Assis e outros estudos*. Op.cit.
31 Ver JORGE, F. *Vida e poesia de Olavo Bilac*. Op.cit., p.176-7 e 200-1.

Gazeta de Notícias, os vespertinos *A Notícia* e *O Filhote* e as revistas ilustradas *A Cigarra* e *A Bruxa*, editadas pelo poeta em parceria com o desenhista Julião Machado (1863-1930). Desses periódicos todos, o mais importante foi, sem dúvida, a *Gazeta de Notícias*, de Ferreira de Araújo, que, além de publicar os poemas satíricos isoladamente, ainda os reunia sob rubricas, como *Canção do dia, Gazeta rimada* e *Balas de estalo*. O sucesso entre o público leitor desse gênero, no qual incidiram outros escritores, determinou a criação de três colunas humorísticas diárias: "O Filhote" (1896-1897), "O Engrossa" (1898-1900) e "Casa de Doidos" (1900-1902). As duas últimas não conseguiram ser tão populares quanto a primeira, que deu nome a diversos produtos e a uma revista de ano,[32] e ainda animou seus autores, Olavo Bilac, Guimarães Passos, Pedro Rabelo e Coelho Neto (1864-1934), a publicarem coletâneas dos textos divulgados por ela[33] – que se transformou em periódico autônomo, publicado como edição da tarde da *Gazeta de Notícias*, de 31 de maio a 30 de outubro de 1897.

Do ponto de vista de Olavo Bilac, os textos satíricos, assinados em sua maioria com pseudônimos, fariam parte de uma das faces de sua produção artística. É o que se depreende da leitura de uma crônica de 1897, em que o poeta se opunha a um projeto de lei, então apreciado no Congresso, que visava a proibir o anonimato e o pseudônimo na imprensa.

O uso do pseudônimo não quer dizer que o escritor não queira assumir a responsabilidade do que escreve: todo o mundo sabe, por exem-

---

32 Segundo Eloy Pontes, a revista, escrita por Vicente Reis, teria sido encenada no Teatro Recreio. Cf. *A vida exuberante de Olavo Bilac*. Rio de Janeiro: José Olympio, 1944, p.359, v.2. Já José Galante de Sousa informou que o espetáculo ocupara o teatro Lucinda. *O teatro no Brasil*. Rio de Janeiro: MEC/INL, 1960, p.450. t.II. Anúncio publicado na *Gazeta de Notícias* em 10 de março de 1897 anunciava a estréia do espetáculo dirigido por Jacinto Heller para o dia seguinte no Lucinda.

33 PIERROT [Pedro Rabelo]. *Filhotadas*. Rio de Janeiro: Rodrigues & Cia., 1897. [Coelho Neto] *Álbum de Caliban*. Rio de Janeiro: Laemmert, 1897-1898. 6 fascículos. PUCK [Olavo Bilac], PUFF [Guimarães Passos]. *Pimentões*. Op.cit.

plo, que Patrocínio é Proudhomme e que Proudhomme é Patrocínio. Mas, na produção intelectual de um jornalista, como na de um artista, há sempre a parte séria a que o escritor dá o seu verdadeiro nome, e a parte leve, humorística, que bem pode correr por conta de um pseudônimo transparente.

Para cada estilo, cada assinatura.[34]

Para Bilac, portanto, o pseudônimo serviria antes para *identificar um estilo* do que para ocultar a autoria. Assim, ao lado do *estilo sério* dos poemas parnasianos e das crônicas semanais ou diárias coexistiria o *estilo leve* das sátiras em verso e também de várias crônicas mais ou menos descontraídas ou irreverentes. Pode-se afirmar que esses estilos coexistiam de modo harmônico, pois a autoria dos textos "leves" era assumida por um pseudônimo facilmente atribuível ao poeta. Talvez Bilac estabelecesse essa delimitação de fronteiras para preservar a respeitabilidade e o prestígio do estilo "sério", sujeito a rígidos preceitos estéticos.

Mas, com o passar do tempo, o poeta mudou de opinião. Quando se tornou o principal propagandista da Liga da Defesa Nacional, Olavo Bilac renegou os textos escritos em *estilo leve*, nos quais passou a discriminar um teor potencialmente subversivo. Em 1915, ao agradecer banquete em sua homenagem, oferecido pelo Exército no Clube Militar do Rio de Janeiro, o poeta conclamou sua audiência a confessar os crimes de negação, injúria e desdém porventura cometidos contra a Pátria. Para dar exemplo, fez questão de estar à frente do cordão dos contritos.

> Eu mesmo, que vos falo – porque é preciso que eu seja o primeiro a dizer o confiteor – também me envergonho hoje da frívola e irônica literatura, que deixei pelos jornais, muitas vezes eivada do fermento anárquico. Confessemo-nos todos, arrependamo-nos, e não perseveremos no pecado![35]

---

34 BILAC, O. Crônica. *Gazeta de Notícias*. Rio de Janeiro, 25 jul. 1897, p.1, 2ª col.
35 Ibidem. *Últimas conferências e discursos*. Rio de Janeiro: Francisco Alves, 1927, p.136.

Tanto a contemporânea aceitação discreta (a crônica citada fora escrita quando *O Filhote* ainda era publicado)[36] quanto a posterior negação enfática do estilo leve e humorístico ou frívolo e irônico indicavam que, para Bilac, havia duas vertentes distintas em sua poesia. Não obstante, não se pode conceber uma separação perfeitamente estanque entre ambas. Malgrado suas peculiaridades, os dois estilos eram aspectos de uma mesma e única obra poética. Pela constatação de que poemas sérios e satíricos foram produzidos *pari passu* para o mesmo público, uma vez que os poemas parnasianos sérios eram divulgados antecipadamente nos periódicos, uma questão muito interessante se apresenta: *o que poderia haver de comum entre a parte séria da poesia bilaquiana, recolhida posteriormente em livros, e a parte leve, humorística, produzida para os periódicos e em geral neles esquecida?*[37]

Divulgada por veículos efêmeros, a poesia satírica de Olavo Bilac não repetiria o voluntário alheamento temporal e espacial da poesia séria, em que predominavam temas exóticos ou distanciados no tempo; a poesia escrita especialmente para jornais e revistas corresponderia ao interesse dessas publicações pela contemporaneidade. O compromisso da sátira com seu tempo é reconhecido pelo próprio poeta, que, com Guimarães Passos, assim definiu o gênero:

---

36 Alguns anos depois, Bilac manifestaria certa complacência com os "contos alegres" de Armand Silvestre, recentemente falecido. "Deus me livre de lançar em rosto, ao poeta morto, a prodigalidade com que ele esbanjou o seu talento em obras tão fúteis... e tão picarescas. / Em primeiro lugar, o poeta que tem verdadeiro talento pode esbanjá-lo e prostituí-lo à vontade, – porque, no dia em que quiser recolher ao armário a gaita das chalaças e sacar à luz a lira de ouro adormecida, de novo as harmonias divinas se espalharão pela face da terra e de novo as almas se embalarão na cadência do seu canto sagrado. / Em segundo lugar, a obra picaresca de Armand Silvestre fez rir toda uma geração: e isso não é benefício insignificante. ... / Esqueçamos, mas não verberemos, a musa frascária do poeta". B. [Olavo Bilac] Registro. *A Notícia*. Rio de Janeiro, 22 fev. 1901, p.2, 1ª col.

37 Representam relativa exceção os livros *Pimentões* e *Contos para velhos*, ambos de 1897, que recolheram poemas fesceninos dos quais alguns poderiam ser considerados satíricos.

É uma composição poética, em que se atacam e ridicularizam os vícios, a hipocrisia, a petulância dos homens, ou os costumes, os defeitos, as tolices de uma época.[38]

Como escreviam um manual de arte poética, esses êmulos de Castilho (1800-1875) talvez não considerassem necessário ressaltar que o metagênero[39] sátira, que definiram como "composição poética", apresenta uma irresistível tendência de apresentar-se sob o disfarce de outros gêneros e de variadas formas, sejam eles literários ou não,[40] com os quais passa a manter uma relação simbiótica.[41]

Pode-se imaginar que, deixando por algum tempo sua torre de marfim, onde burilava seus versos artesanais, o parnasiano Olavo Bilac, ao caminhar pelas ruas cariocas em demanda de sua banca de jornalista, deparava com uma realidade totalmente refratária ao mundo hierático, ordenado e asséptico do Parnaso e, desapontado, reagia crivando de ironias e sarcasmos os aspectos mais salientes dessa realidade, marcada pela desordem e pela sujeira. O poeta satírico isolava do corpo da cidade o elemento que prejudicava a marcha do progresso e expunha esse entrave, fosse ele uma instituição, uma pessoa ou um costume, ao ridículo; mas muitas vezes o fazia de maneira quase carinhosa, como se o atraso não precisasse de um combate direto, como se sua mera localização fosse suficiente para lhe dar um fim.

---

38 BILAC, O.; PASSOS, G. *Tratado de versificação*. 8.ed. Rio de Janeiro: Francisco Alves, 1944, p.201.
39 Cf. BRILLI, A. *Retórica della satira* con il *Peri Bathous, o L'arte di inabissarsi in poesia* di Martinus Scriblerus. Bologna: Il Mulino, 1973, p.7.
40 KNIGHT, C. A. Satire, speech and genre. *Comparative Literature*. Eugene (Oregon), v.44, n.1, Winter 1992, p.23. Ver também: GERTH, K. Satire. *Praxis Deutsch*. Seelze, v.22, p.8-11, 1977. Esta última referência encontra-se no texto de Carlos Erivany Fantinati citado na próxima nota.
41 HANTSCH, I. *Semiotik des Erzaehlens*. Munchen: Wilhelm Fink, 1975, p.21. Apud FANTINATI, C. E. Contribuição à teoria e ao ensino da sátira. XV Encontro de Professores Universitários Brasileiros de Literatura Portuguesa e IV Seminário de Estudos Literários: Texto, contexto e intertexto, 1994, Assis. *Anais de Estudos Literários* – IV. São Paulo: Arte e Cultura, Assis: Faculdade de Ciências e Letras – Unesp, 1994, v.2 – Conferências, mesas-redondas e painéis. p.205-10.

Sobre a coexistência dos dois estilos, examina-se aqui a seguinte hipótese: na poesia de Olavo Bilac, não haveria propriamente uma oposição inconciliável entre um estilo leve e outro sério; *a poesia satírica surgiria do confronto das convicções estéticas e éticas do poeta com a realidade política e social da sua cidade, que sua poesia "séria" ostensivamente escamoteava*. Pode-se igualmente supor que o uso do verso na sátira irreverente e descompromissada não indicava a apostasia do poeta parnasiano que prometera quebrar lanças "em prol do Estilo", pois a forma do poema poderia haver sido adotada para intensificar o efeito de certos enunciados irônicos, mediante a sobreposição de formas e linguagem nobres a um tema vulgar. Por outro lado, a ironia, tropo que geralmente acompanha a sátira, que já foi definida como *ironia militante*,[42] pode ter funcionado como elemento catalisador, que aproximou a poesia parnasiana dos problemas cotidianos, sem contudo comprometê-la com eles.

A sátira – que, como já se observou, não é um gênero tradicional – caracteriza-se por ser uma forma peculiar de contemplar o mundo e seus problemas com uma mescla de riso e indignação, manifestando predileção por determinados temas, como a hipocrisia, o egoísmo, a desonestidade etc., e não se diferencia facilmente dos demais gêneros por assumir historicamente grande variedade de formas,[43] de acordo com Matthew Hodgart.

---

42 De acordo com um crítico canadense, "a principal distinção entre ironia e sátira é que a sátira é a ironia militante: suas normas morais são relativamente claras, e aceita critérios de acordo com os quais são medidos o grotesco e o absurdo. A invectiva abrupta ou xingamento ('flyting', ralho) é sátira em que há relativamente pouca ironia: por outro lado, sempre que um leitor não esteja certo de qual seja a atitude do autor ou de qual suponha ser a sua, temos ironia com relativamente pouca sátira". FRYE, N. *Anatomia da crítica*. Trad. de Péricles Eugênio da Silva Ramos. São Paulo: Cultrix, 1973, p.219.

43 James Sutherland destacou a dificuldade de se definir características comuns a todos os textos satíricos, mas reconheceu que possuem um alvo comum – "... they are all critical, some more, some less, of actual people or of an existing state of affairs" – e surgem do mesmo estímulo: "... much of the world's satire is undoubtedly the result of a spontaneous, or self-induced, overflow of powerful indignation, and acts as a catharsis for such emotions". *English Satire*. Cambridge: University Press, 1967, p.2 e 4.

Los géneros tradicionales, como la épica, la tragedia, la comedia, quedaron claramente definidos casi desde sus orígenes hasta llegar a quedar convencionalmente establecidos, codificados por los críticos literarios, e imitados por muchas generaciones de escritores, desenvolviéndose siempre dentro de unas normas fijas. La sátira, no obstante, nunca sufrió un proceso estabilizador, con la excepción parcial de la sátira formal romana (el monólogo en verso sobre diversos tópicos morales). Esta la imitaron mucho ... los poetas clasicistas de los siglos XVI, XVII y XVIII, pero incluso en unos siglos tan regidos por todo tipo de convencionalismos, los escritores que querían hacer comentarios satíricos sobre los desatinos del mundo no se sentían ligados para ello a ninguna forma determinada, si no que utilizaban gran variedad de ellos. La realidad es que los satíricos han utilizado desde el principio vehículos muy diversos ...[44]

O *principal* veículo da sátira bilaquiana poderia ter sido a crônica, que afinal era o gênero cultivado por Bilac nos jornais. Porém, para se converter em arte, a denúncia, ou o ataque agressivo, da sátira deve ser efetuada com a preocupação estética de produzir puro prazer no espectador, para o qual a utilização de outros recursos verbais é indispensável.

Necessariamente tiene que haber en la sátira otras fuentes de placer, como por ejemplo ciertos juegos de sonidos o palabras, o el tipo de relación de ideas que llamamos ingenio, todo lo cual puede ser bello o intrigante por sí mismo, independientemente del tema de la sátira.[45]

Ora, o engenho verbal de Bilac se manifestava plenamente no verso, que encantava seus contemporâneos por sua naturalidade e seu rigor formal e ainda atualmente desperta a admiração de alguns críticos. Nada mais natural, portanto, que seu talento poético fosse empregado para fins satíricos. Por isso, estuda-se aqui a sátira bilaquiana que utilizava o verso como seu veículo.

---

44 HODGART, M. *La sátira*. Trad. de Angel Guillén. Madrid: Ediciones Guadarrama, 1969, p.11-2.
45 Ibidem, p.11.

Segundo o ponto de vista aqui adotado, o projeto estético delineado em *Poesias* teria adquirido aos poucos contornos ideológicos. A preocupação excessiva com a forma, assumida programaticamente no poema-manifesto que abria o livro e confirmada pela rigorosa fatura do verso ao longo da obra, iria refletir-se na posição ideológica de Olavo Bilac. Os valores de *equilíbrio, ordem, fluência, clareza, objetividade* e *perfeição plástica* passaram de estéticos a ideológicos. Chamado a opinar sobre os problemas sociais e políticos do Rio de Janeiro, em virtude de sua atividade jornalística, o poeta tenderia a defender soluções políticas "parnasianas", manifestando grande interesse pelos aspectos externos da cidade – ruas, praças, edificações, meio ambiente etc. –, ou seja, por sua *forma*. Com uma pitada de irreverência, poderíamos dizer que o parnasianismo *puro* da obra poética daria origem ao parnasianismo *aplicado* da obra jornalística. Dado o caráter híbrido da sátira, sugerido por Felipe Fortuna, o estudo desse gênero pode ser muito esclarecedor da evolução do projeto estético para projeto ideológico.

Se as hipóteses aqui formuladas forem comprovadas, verificar-se-á que não é adequado estabelecer oposições extremas entre a crônica, a sátira e a poesia séria de Bilac. Pelo contrário, poderia ser possível identificar a linha de coerência que concilia as diversas facetas da obra bilaquiana.

Como a perspectiva aqui adotada privilegia a representação satírica da cidade pelo poeta parnasiano, considerou-se mais adequado restringir este estudo da poesia satírica bilaquiana ao período compreendido entre 1894 e 1904. De 1887 a 1889, Bilac estava engajado nos movimentos abolicionista e republicano e utilizava a sátira para combater o regime monárquico. No biênio 1890-1891, durante o governo de Francisco Portela, o poeta conheceria a Europa e se tornaria oficial maior da Secretaria do Interior do estado do Rio de Janeiro; saboreava então as primícias da jovem República, contra a qual não dispararia as setas de sua aljava.[46] O período 1892-1893, ao contrá-

---

46 A metáfora não é aqui utilizada gratuitamente. Bilac adotou o disfarce de um arqueiro, Nemrod, para disparar suas "Flechas de Ouro" no jornal *Novidades*, em janeiro e fevereiro de 1889.

rio, seria marcado pelo combate ao governo ditatorial de Floriano Peixoto; a sátira seria uma das principais armas empregadas pelo poeta contra o Marechal de Ferro e outros líderes políticos. Em dezembro de 1894, quando foram publicadas as primeiras sátiras na *Gazeta de Notícias*, iniciou-se nova fase da poesia satírica bilaquiana, que passou a tratar dos principais problemas do Rio de Janeiro: sujeira, doenças, péssimo calçamento etc. Ao abrandar as disputas partidárias, o governo conciliador de Prudente de Morais contribuiu decisivamente para que o olhar parnasiano de Olavo Bilac se voltasse para a paisagem circundante. Com isso, transformar a acanhada cidade colonial herdada do Império em uma moderna cidade "civilizada", isto é, arejada, limpa, bela, dinâmica, segura e salubre, tornou-se uma obsessão para o poeta. O sonho de um Rio parisiense pareceria tornar-se realidade em 1904, com a inauguração do eixo central da avenida Rio Branco, que se estenderia sobre o terreno antes ocupado por cerca de 640 prédios.[47] Naquele ano, o poeta pouco praticou a sátira mordaz, que definiu como "a expressão comum do descontentamento, da desesperação e da impotência".[48] Talvez nutrisse a partir daí esperanças ou ilusões.

A metamorfose sofrida pelo Rio de Janeiro durante a gestão do prefeito Pereira Passos (1902-1906) talvez possa explicar a "ancianidade" do humor bilaquiano, apontada por Galante de Sousa e reafirmada por Felipe Fortuna. Para bem compreendê-la, não se pode ignorar que o fato de serem os textos satíricos divulgados em periódicos era de importância fundamental. A facilidade de identificação das referências por parte do leitor, possibilitada pelo jornal diário ou mesmo pela revista ilustrada, favoreceu o trabalho do humorista, que pôde ser mais sutil e alusivo. A graça ou a verve satírica, que ao leitor de atual pode parecer ingênua ou mesmo inexistente, estava assegurada pelo contexto histórico-social e por sua representação pela imprensa. Por isso, o poema satírico de Olavo Bilac deveria ser lido

---

47 CARVALHO, J. M. de. *Os bestializados*. São Paulo: Companhia das Letras, 1991, p.93.
48 BILAC, O. *Bocage*. Porto: Renascença Portuguesa, 1917, p.33-4.

contra o pano de fundo formado pelas circunstâncias que presidiram sua enunciação, realizada em um veículo especial, o periódico. Um jornal como a *Gazeta de Notícias* atingia um público relativamente extenso e variado, social e geograficamente, pois poderia ser adquirido de forma ocasional até mesmo pelas camadas mais pobres da população e ser encontrado em outras cidades brasileiras nas quais era distribuído. Poetas satíricos do passado escreveram para públicos bem mais restritos. Gregório de Matos, segundo reza a tradição, divulgava em praça pública seus textos, dos quais eram produzidas cópias manuscritas que corriam o Recôncavo Baiano. Semelhante processo de reprodução teria sido adotado para a divulgação das *Cartas chilenas*, de Tomás Antônio Gonzaga, mas apenas entre pessoas de confiança por causa dos cuidados que o opressivo poder colonial inspirava.[49] Os poemas satíricos ou humorísticos dos românticos teriam sido concebidos para ser lidos no ambiente alegre e tumultuoso das paulistanas repúblicas de estudantes.[50] Como um dos pioneiros importantes da divulgação da poesia satírica em periódicos, pode-se citar o abolicionista negro Luiz Gonzaga Pinto da Gama (1830-1882), que, em 1864, passaria a escrever poemas satíricos para o modesto periódico *Diabo Coxo*, ilustrado por Ângelo Agostini e publicado na cidade de São Paulo.[51]

Dada a especificidade da produção satírica de Olavo Bilac, observa-se aqui a advertência de Elizabeth Eisenstein:

> Quando as idéias são separadas dos meios usados para transmiti-las, são desligadas também das circunstâncias históricas que as enformam, e se torna difícil perceber o contexto cambiante em que devem ser visualizadas.[52]

---

49 CANDIDO, A. *Formação da literatura brasileira*. 6.ed. Belo Horizonte: Itatiaia, 1981, v.1 (1750-1836), p.161.
50 CAMILO, V. *Risos entre pares*. São Paulo: Edusp, Fapesp, 1997, p.44.
51 FERREIRA, L. F. Introdução. In: GAMA, L. *Primeiras trovas burlescas & outros poemas*. São Paulo: Martins Fontes, 2000, p.XXI.
52 Apud FUNDAÇÃO Casa de Rui Barbosa. *Sobre o Pré-modernismo*. Op. cit., p.33.

Em respeito às circunstâncias históricas e às situações concretas de produção e recepção dos poemas satíricos, e em consonância, portanto, com uma tendência atual dos estudos literários,[53] este texto divide-se de acordo com os periódicos em que foram publicados os poemas satíricos de Olavo Bilac, regra que, entretanto, não se aplica ao Capítulo 1, que cumpre a função de evidenciar o envolvimento do intelectual Olavo Bilac com os problemas de seu tempo, condição para o cultivo da sátira, que é empenhada por definição. Esse capítulo seria dispensável se parte da crítica não acusasse Bilac de ser alheio aos "fatos nacionais". O Capítulo 2 é dedicado aos textos publicados na *Gazeta de Notícias*; o Capítulo 3 pode ser considerado uma extensão do anterior, pois considera a participação do poeta em seções humorísticas e em uma efêmera edição vespertina desse jornal; o Capítulo 4 analisa e interpreta as sátiras publicadas no vespertino *A Notícia*; e o 5 e último examina a poesia satírica que Bilac escreveu para as revistas ilustradas *A Cigarra* e *A Bruxa*. Por esse método, estudam-se os poemas e os meios usados para transmiti-los; complementando o esforço em apreender o significado da poesia satírica bilaquiana, dedica-se grande atenção às circunstâncias históricas na abordagem de cada texto específico.

---

53 Cf. LAJOLO, M.; ZILBERMAN, R. *A formação da leitura no Brasil*. São Paulo: Ática, 1996, p.308.

1
UM INTELECTUAL EMPENHADO

Bovarismo?

Em 6 de maio de 1944, registrando em seu *Diário crítico* o aparecimento do livro *A vida exuberante de Olavo Bilac*, de Eloy Pontes, o modernista Sérgio Milliet (1898-1966) deplorou a ausência da "parte econômica" no quadro da sociedade brasileira do fim do século XIX esboçado pelo biógrafo, que teria pretendido "mostrar as determinantes do fenômeno parnasiano entre nós e de Olavo Bilac entre os parnasianos".[1] O crítico, no entanto, ponderou que a lacuna não seria relevante em virtude do perfil dos intelectuais da época.

> o que caracteriza esses literatos boêmios do início da República é o seu total isolamento da vida da nação, o seu exaltado bovarismo. Vivem no mundo da lua, mais em Paris que no Brasil, e alheios aos fatos nacionais. Cultivam com carinhos absurdos uma planta de estufa em meio ao carrascal e à miséria do país. Transplantam para o Rio, numa cópia servil, a boemia parisiense, com seu espírito, suas preocupações mundanas, suas lutas literárias.[2]

---

1 MILLIET, S. *Diário crítico de Sérgio Milliet*. 2.ed. São Paulo: Martins, 1981, v.2 (1944, p.140).
2 Ibidem, loc.cit.

Sérgio Milliet incluiu Bilac, ao lado de Raimundo Correia (1860-1911) e Alberto de Oliveira (1857-1937), entre "os mais impermeáveis à vida plena e sadia, natural e verdadeira"³ desses literatos. Segundo o crítico, o autor das *Panóplias* tornara-se um "jornalista atrabiliário"

> movido menos pela paixão política que pela necessidade de ganhar a vida. Era a única saída uma vez que não lhe apeteciam os estudos mas sim a vadiagem e a parolagem dos cafés.⁴

Provavelmente, afirmações tão categóricas e incisivas basearam-se na leitura do livro de Eloy Pontes, em que muito se destacava a *vida literária* brasileira. Entretanto, uma breve apreciação da vida e da obra de Olavo Bilac permitiria discordar ao menos parcialmente das críticas formuladas por Milliet.

Via Láctea (1883-1888)

Aos quinze anos, antes da idade mínima exigida, Bilac matriculou-se no curso de Medicina para satisfazer o desejo de seu pai, o dr. Brás Martins dos Guimarães Bilac, médico que atuara na Guerra do Paraguai.⁵ Porém, na Escola de Medicina, onde permaneceu de 1881 a 1886, o jovem Bilac, além de realizar satisfatoriamente os estudos exigidos, sendo por isso promovido a preparador de Fisiologia Experimental e interno de clínica,⁶ começou a escrever seus primeiros versos. E logo nos primeiros anos de estudante, tornou-se colaborador de diversas folhas: *Gazeta Acadêmica*, *Gazeta de Sapucaia*, *A*

---

3 Ibidem, op.cit., loc.cit.
4 Ibidem, p.141.
5 Como era praxe nesses casos, um decreto do imperador autorizou a matrícula. MAGALHÃES JR., R. *Olavo Bilac e sua época*. Rio de Janeiro: Americana, 1974, p.18-9.
6 CARVALHO, A. de. *Bilac*: o homem, o poeta, o patriota. Rio de Janeiro: José Olympio, 1942, p.11.

Semana, O Vassourense, A Quinzena, também de Vassouras,[7] e A Estação. A folha dos estudantes de Medicina, a Gazeta Acadêmica, acolheu em 1883 as primícias do poeta, que contava então apenas dezessete anos: três sonetos contra a "padraria ignava" (sic) enfeixados sob a epígrafe "Deus";[8] um soneto em resposta a outro do colega Anastácio Viana, ambos glosando o tema "O amor da pátria", pela qual Bilac se dispunha até a perder a "noiva qu'rida";[9] e o poema "Depois do baile...",[10] provável primeira e tímida versão de "De volta do baile", que depois seria publicado no Mequetrefe.[11]

A estréia literária na grande imprensa ocorreu em 31 de agosto de 1884 com a publicação do soneto "Nero",[12] que fora levado à Gazeta de Notícias pelo amigo Alberto de Oliveira. Porém, na opinião de Bilac, seu batismo literário se daria no ano seguinte, quando Artur Azevedo (1855-1908), cronista prestigiado do Diário de Notícias, apresentou aos leitores da sua coluna "De palanque" o novo poeta, a quem elogiou e de quem transcreveu dois sonetos.[13]

---

7 DIMAS, A. Bilac, o jornalista. In: FUNDAÇÃO Casa de Rui Barbosa. Sobre o Pré-modernismo. Rio de Janeiro: s.n., 1988, p.170.
8 Gazeta Acadêmica. Rio de Janeiro, 1º jul. 1883, p.3, 2ª col.
9 BILAC, O. Tu tens razão, amigo! Enquanto for o mundo. Gazeta Acadêmica. Rio de Janeiro, 15 jul. 1883, p.3, 4ª col.
10 Gazeta Acadêmica. Rio de Janeiro, 15 ago. 1883, p.1, 3ª col. Afonso de Carvalho, no que foi seguido por outros biógrafos de Olavo Bilac, declarou que o primeiro "soneto de rapaz" do poeta publicado na imprensa teria sido "Manhã de maio...", que, na verdade, saiu na Gazeta Acadêmica apenas em 19 de setembro de 1883 (p.3, 4ª col.), depois, portanto, dos poemas citados. CARVALHO, A. de. Bilac. Op.cit., p.13-4.
11 Rio de Janeiro, 10 jun. 1886, p.6.
12 Primeira versão da "Sesta de Nero", que seria publicada em Panóplias (Poesias, 1888). MAGALHÃES JR., R. Olavo Bilac e sua época. Op.cit., p.39.
13 Cf. PASSOS, G. Biografia express. O Álbum. Rio de Janeiro, mar. 1893, p.1 e 2. Em crônica sobre a morte de Artur Azevedo, Bilac expressa o reconhecimento pelo que lhe fez o amigo. "... sei dizer quanto me dói o desaparecimento deste [sic] homem, que foi quem me iniciou na carreira literária, publicando os meus primeiros versos de adolescente." B. [Olavo Bilac] Registro. A Notícia. Rio de Janeiro, 23 out. 1908, p.2, 3ª col. Em entrevista publicada posteriormente, reconheceu que Artur Azevedo e Alberto de Oliveira haviam sido os seus padrinhos. PINHEIRO JR. Uma palestra com Olavo Bilac. O Estado de S. Paulo. São Paulo, 14 out. 1915, p.3, 1ª-2ª col.

Além de dedicar-se à poesia,[14] Bilac envolveu-se com a vida boêmia do Rio de Janeiro. Como sua família mudara-se para o Engenho Novo, bairro distante do Centro, dormia na república dos colegas ou passava as noites no café-concerto Maison Moderne e em certos hotéis.[15] Nada mais natural para quem nascera na Rua da Vala, onde funcionava o célebre Alcazar, no mesmo ano da estréia de *Orphée aux enfers*, opereta que *anos mais tarde* iria, segundo crônica de 1901, iniciar o adolescente Olavo nas seduções da noite.

Quando ouvi pela primeira vez essa obra-prima do grande Offenbach, era eu um pirralho de calças curtas, que pagava com a dor das palmatoadas e das varadas cada fuga para as regiões da gandaia. Oh! essa primeira iniciação nas cousas da brejeirice e da malícia! qual de nós esquece essa época agitada e febril, em que a alma, despojando-se da primitiva e virginal inocência, começa a espiar e a compreender o Vício – esse monstro formoso e devorador?[16]

Preocupado com o futuro do filho, o dr. Brás procurava afastá-lo da vida noturna e das rodas literárias, mas não obtinha sucesso. Consolava-se talvez pensando que, uma vez formado, a profissão respeitável o afastaria das "más companhias". Por isso, quando, em 1886, Bilac tornou-se mais assíduo nos cafés e botequins do que na Faculdade de Medicina, o rompimento entre os dois foi definitivo.[17] Nessa época, provavelmente, já se aproximara de José do Patrocínio (1854-1905), em cujo jornal, a *Gazeta da Tarde*, trabalharia como conferente de revisor.[18]

---

14 Nas folhas citadas, Bilac publicava versos. O poeta precedeu o jornalista, ao contrário do que afirmou Marisa Lajolo. Cf. *Usos e abusos da literatura na escola*. Rio de Janeiro: Globo, 1982, p.46.
15 JORGE, F. *Vida e poesia de Olavo Bilac*. 4.ed. rev. e aum. São Paulo: T.A. Queiroz, 1991, p.26.
16 L. FLAMINIO [pseudônimo de Olavo Bilac]. Os sete dias. *A Notícia*. Rio de Janeiro, 17 ago. 1901, p.3, alto.
17 JORGE, F. *Vida e poesia de Olavo Bilac*. Op.cit., p.30-1. Coelho Neto confidenciou a Humberto de Campos que o dr. Brás apresentara a Bilac duas alternativas: ou concluir o curso de Medicina ou pôr-se para fora de casa. Foi aceito o segundo alvitre. CAMPOS, H. de. *Diário secreto*. Rio de Janeiro: O Cruzeiro, 1954, v.1, p.349-50.
18 PINHEIRO JR. *Uma palestra com Olavo Bilac*. Op.cit., loc.cit.

No plano sentimental, o poeta acalentava o projeto de esposar uma irmã de Alberto de Oliveira. Amélia, que também escrevia seus versos, logo se identificou com seu pretendente. De 1885 a 1887, à sombra das árvores da Engenhoca, chácara pertencente à família Oliveira, localizada do outro lado da Baía da Guanabara, os dois apaixonados trocaram sonetos e declarações de amor.

O idílio, entretanto, sofria a surda oposição de José Mariano (1855-1930), o Juca. O engenheiro, pessoa prática e moderada, não via com bons olhos a provável união de sua irmã a um jornalista e poeta, que não tinha emprego seguro. Embora também cometesse seus versos, Juca considerava os poetas seres com forte inclinação à boemia e ao ócio.[19] Bilac concorria com denodo para reforçar esse estereótipo, pois, como desde 1886 já não podia contar com a então extinta mesada paterna, recebia constantemente ajuda financeira da mãe, Delfina Belmira dos Guimarães Bilac,[20] que ainda lhe lavava as roupas.[21]

Em 22 de abril de 1887, Bilac decidiu ir a São Paulo estudar Direito, possivelmente para agradar à família de sua noiva. A carta de bacharel o habilitaria a pleitear a mão de Amélia. O amor da noiva obtivera aquilo a que não obrigou o temor do pai: o poeta se curvara aos preconceitos burgueses.

Naquela cidade, engajou-se na luta pela República e pela Abolição, tornando-se, graças a seus dons de orador, líder estudantil da Faculdade de Direito. Para custear seus estudos, empregou-se no *Diário Mercantil*, de Gaspar da Silveira, português liberal e rebelde,

---

19 Em crônica que comentava a calorosa acolhida do autor d'*A conquista* em Porto Alegre, Bilac comparou a apoteose de então com a desconfiança que, no passado, cercava os romancistas e poetas. "... quando Coelho Neto começou a aparecer e a brilhar, há menos de vinte anos [por volta de 1886], ainda no Rio de Janeiro o literato era uma personagem, não direi desprezível, mas suspeita: ouviam-no e liam-no com prazer, mas evitavam tratá-lo de perto – não só pelo receio que sempre inspirava ao 'burguês' a eventualidade de um pedido de dinheiro, mas também pelo terror que dava aos homens graves (a gravidade é irmã da hipocrisia e da estupidez) o perigo das más companhias...", B. [Olavo Bilac] Registro. *A Notícia*. Rio de Janeiro, 22 dez. 1906, p.2, 2ª col.
20 ORCIUOLI, H. *Bilac*: vida e obra. Rio de Janeiro: Guaíra, 1944, p.35.
21 CAMPOS, H. De. *Diário secreto*. Op.cit., p.350.

encarregando-se de resumir o noticiário carioca.²² Como os rendimentos eram modestos, assumiu também a seção literária da *Vida Semanária*, de Emiliano Perneta (1866-1921), jornal ilustrado por Bento Barbosa.²³ Nas horas de folga, reunia-se com amigos paulistanos como Alfredo Pujol (1865-1930) e Paulo Prado (1869-1943) no bar do Jacó ou no Grande Hotel, freqüentado por atrizes francesas.²⁴

Nesse período de labuta paulistana, Bilac escrevia ao irmão de sua noiva, Bernardo de Oliveira. Em uma de suas cartas, deu um depoimento no qual percebemos certa insatisfação com o que se poderia chamar de "mercantilização da arte literária".

> Receberás por estes dias a *Vida Semanária*. Sabes o que é esse bicho? Uma revista política daqui, que paga ao teu pobre amigo algumas miseráveis dezenas de mil réis mensais para que ele lhe encha de matéria literária oito páginas de cada número. ... Mata-me esta necessidade de ganhar dinheiro: não nasci para este triste ofício de literato de fancaria.²⁵

Nessa fase de sua carreira literária, Bilac considerava a literatura e o jornalismo inimigos irreconciliáveis. Entrava nas redações um pouco a contragosto, constrangido pela necessidade de sobreviver. Escrever para as folhas parecia-lhe uma conspurcação da Arte pura.

Na primeira quinzena de novembro de 1887, durante breve permanência na Corte, Bilac pediu a mão de Amélia à sua mãe, dona Ana. Graças à ausência de Juca, a embaixada do poeta foi bem-sucedida; faltava apenas a anuência do pai da noiva, que procurava recuperar a saúde em São José de Além Paraíba.

De nada adiantou a carta carinhosa com que José Mariano, pai, aprovara o casamento, pois sua morte colocaria como chefe da família Juca, que logo se declarou formalmente contrário à projetada união. Mesmo assim, Bilac tentou, por carta, obter o improvável consentimento do irmão de Amélia.

---

22 JORGE, F. *Vida e poesia de Olavo Bilac.* Op.cit., p.70.
23 Ibidem, p.85.
24 Ibidem, p.71-2.
25 BILAC, O. Carta a Bernardo de Oliveira. *Revista da Academia Brasileira de Letras.* Rio de Janeiro, 39(129): 244-7, jun. 1932.

Percebendo malparado seu projeto conjugal, o poeta deixou São Paulo em março de 1888, abandonando o curso de Direito, do qual fora apenas ouvinte. No mesmo mês, recebeu na Engenhoca carta com que Juca indeferia seu pedido.[26]

O noivo infeliz talvez tenha encontrado algum consolo em um grande êxito literário. Seu primeiro livro, *Poesias* (1888), do qual vários textos já haviam sido divulgados nos jornais, foi bem recebido pelo público e pela crítica. Embora Alberto de Oliveira e Raimundo Correia já houvessem publicado livros ditados pela musa parnasiana, Bilac tornou-se o poeta mais prestigiado e popular da nova estética, à qual dedicou a sua "Profissão de fé", texto que abria o volume.

Raul Pompéia não levou em consideração o poema-manifesto, porque considerou que Bilac não era parnasiano, uma vez que tinha "a forma fácil e a inspiração ardente", traços que o removiam "para

---

26 Para conhecer detalhes sobre o relacionamento do poeta com Amélia de Oliveira, ver ELTON, E. *O noivado de Bilac*. Rio de Janeiro: Organização Simões, 1954. Apesar da negativa de Juca, Bilac continuou a procurar Amélia, que, com a família, se mudara em fins de setembro de 1888 para Niterói. O irmão e chefe da família desconhecia que o namoro prosperava à sua revelia, pois se encontrava havia muitos meses ausente de casa. Em outubro de 1888, aconteceu o inevitável: Juca, de volta ao lar, foi informado das visitas do poeta. No domingo seguinte, quando mais uma visita de Bilac era esperada, Juca postou-se à sua espera no portão. Travou-se então uma violenta discussão entre ambos, o que fechou definitivamente as portas da casa para o poeta. Dias depois, Bernardo de Oliveira, irmão de Amélia e grande amigo de Bilac, jogou a pá de cal no malogrado casamento ao ir à casa do poeta apanhar todos os pertences de Amélia que estivessem em seu poder. O rompimento ocorreu em outubro de 1888 e em novembro, possivelmente com a intenção de mostrar-se um noivo digno do respeito e da confiança de qualquer família, Bilac assumiu compromisso de casamento com Maria Selika, a filha mais velha do violinista Francisco Pereira da Costa, homenageado por um longo poema publicado em *Novidades* (A Pereira da Costa. Rio de Janeiro, 24 ago. 1888, p.1, rodapé). Poucos meses durou esse noivado. Segundo Brito Broca, o fato de ser poeta e boêmio não seria motivo suficiente para suscitar a oposição de Juca, pois os irmãos Oliveira eram poetas eles próprios e aceitavam a presença de rapazes considerados boêmios nos serões familiares da Engenhoca. Broca acreditava que Juca tinha conhecimento de algum impedimento mais grave, que, uma vez revelado, colocou toda a família contra Bilac. BROCA, B. *Pontos de referência*. Rio de Janeiro: Ministério da Educação e Cultura [1962], p.69-73. Sobre o noivado de Bilac, também foi publicada uma biografia "romanceada". ORCIUOLI, H. A. *O mundo de Olavo Bilac*. São Paulo: Clube do Livro, 1971.

longe da escola dos *Emaux et Camées*"[27] (livro publicado em 1852 por Theophile Gautier, teórico da Arte pela Arte). Ao resenhar *Poesias* para a *Gazeta de Notícias*, o autor d'*O Ateneu* classificou Bilac entre os "poetas do amor" e o seu livro como um "romance lírico, em que o poeta historia[va] e metrifica[va] os seus entusiasmos",[28] apesar de apontar a "poesia objetiva" da primeira parte, *Panóplias*, e notar a diferença entre o erotismo das *Sarças de fogo* e a expansão franca do sentimento e a alta inspiração do livro anterior, *Via Láctea*.

> Na terceira parte modificam-se os hinos. O elevado platonismo brutaliza-se numa reação carnal agitada, cheia de gritos, como uma desforra da candura anterior ...[29]

No entanto, o crítico Araripe Jr., ao resenhar *Poesias*, não hesitou em colocar seu autor entre os seguidores do parnasianismo.

> Fiel discípulo da escola que opõe a concisão da frase ao verbalismo oco dos últimos imitadores de V. Hugo, dos líricos que se desfaziam na irradiação de um sentir difuso, Olavo Bilac visa a glória dos artistas irrepreensíveis, dos artistas que compreendem a fatura do poema como a natureza a produção do diamante.[30]

Mas Araripe Jr. não levou em conta o compromisso do poeta de lutar até a morte pelo estilo, porque, malgrado a "Profissão de fé", parecia-lhe que Bilac fazia do estilo um mero instrumento, que vibrava

---

27 POMPÉIA, R. Poesias de Olavo Bilac. In: COUTINHO, A. (Org.). *Caminhos do pensamento crítico*. Rio de Janeiro: INL, Pallas, 1980, v.2, p.662. Publicado originalmente na *Gazeta de Notícias* em 8 de outubro de 1888.
28 Ibidem, p.661.
29 Ibidem, p.662.
30 ARARIPE JR., T. de A. Poesias de Olavo Bilac. *Novidades*. Rio de Janeiro, 19 out. 1888, p.1, 7ª col. No dia 10 daquele mesmo mês, Machado de Assis já havia filiado o novo poeta à estética parnasiana por sua preocupação com o *mot juste*: "é um parnasiano e parnasiano de uma definida espécie: a sua ambição consiste em exprimir o pensamento por uma forma correta e elegante. É-lhe preciso o termo justo, a palavra adequada e precisa, que diga perfeita, mas unicamente, o que há de ser dito. É este o esquema do seu processus". Apud BANDEIRA, M. *Antologia dos poetas brasileiros da fase parnasiana*. Rio de Janeiro: Ministério da Educação e Saúde, 1938, p.7-22.

como uma lâmina de Toledo, em prol do amor, para gravar no bronze da estrofe a paixão que inflama[va] a sua mente, a impressão em que seu espírito se evapora[va].[31]

Segundo o crítico, cada um dos livros que compõem *Poesias* seria correspondente a determinado "estado de espírito" do poeta.

Um sensualismo franco, positivo, encontra-se revolto nas *Sarças de fogo*, que constituem a última parte da obra, talvez a mais recente. Ali há visões da carne, saturnais do pensamento, mal escondidas por trás da cadência de versos como os do "De volta do baile" e de "Tentação de Xenócrates". O poeta chega até a descobrir lascívia no repouso da morte, e, embora puro, ... desejou e escreveu com um crayon de fogo as estrofes fulgurantes d'"O beijo eterno".[32]

Os versos eróticos deste último poema sugeriram a Araripe Jr. que Bilac tinha um "temperamento lúbrico" com que conduziria a nós, leitores,

por diante das severas *Panóplias*, de onde pendem as armas dos mestres com que ele se exercitou, e que nos eleva até a *Via Láctea*, caminho aéreo posto entre o céu e a terra, pelo qual vemos desaparecer o poeta entre nuvens de um amor como não há.[33]

Para o crítico, o grande mérito do poeta seria haver mantido afastado das "feras de seus sentidos" seu "amor etéreo, crepuscular, divino". O domínio sobre a "sensação carnal" seria o traço fundamental do livro.

As *Poesias* têm quanto a mim este profundo sentido – do mesmo modo que um largo pensamento comprimido dá um grande estilo, um louco sensualismo contido pode produzir o lirismo extremo.[34]

---

31 Ibidem.
32 Ibidem. As reticências substituem trecho ilegível.
33 Ibidem.
34 ARARIPE JR., T. de A. *Poesias de Olavo Bilac*. Op.cit.

Ao esboçar o "Retrospecto literário e científico" do ano de 1888, Sílvio Romero (1851-1914) observou um retorno dos poetas brasileiros ao "puro lirismo quase romântico". Pode-se supor que a avaliação do crítico baseava-se em grande medida na leitura de *Poesias*, o principal livro de versos publicado naquele ano. A obra de Bilac correspondia à renovação que Romero identificava na poesia.

> O gradual abandono dos pretensiosos sistemas de poesia científica, pessimística, socialista... pelo lirismo tradicional, *doce e vivace*, é o fenômeno mais notável na literatura poética do ano passado.[35]

Araripe Jr. (1848-1911) e Raul Pompéia, direta, e Sílvio Romero, indiretamente, ressaltaram o lirismo de *Poesias*, que de certa forma atenuava a impassibilidade e a fria objetividade do parnasianismo – principalmente considerando-se os sonetos da *Via Láctea*.

No turbilhão da rua (1888-1894)

Como já não possuísse pretensões matrimoniais, Bilac atirou-se ao jornalismo, que lhe permitiria viver do que escrevesse, sem se preocupar com os preconceitos burgueses. Abria-se nova fase em sua carreira, em que cultivaria profissionalmente a crônica, colaborando em diversos jornais. Conhecido pelos poemas publicados em periódicos e pela intensa atividade jornalística e política desenvolvida em São Paulo, passou a colaborar no *Novidades*, de Alcindo Guanabara (1865-1918), e na *Cidade do Rio*, de José do Patrocínio, para a qual escreveria a "Pantomima" e a "Crônica panachée".

Mesmo que não fosse uma fonte de renda respeitável ou regular, o jornalismo permitia ao poeta saborear a vida boêmia do Rio de Janeiro; à tarde, bebericava com os amigos na confeitaria Pascoal ou no Castelões e, à noite, jantava alegremente nos hotéis Ravot e Frères

---

35 ROMERO, S. Movimento espiritual do Brasil no ano de 1888. (Retrospecto literário e científico.) In: Ibidem. *Novos estudos de literatura contemporânea*. Rio de Janeiro: Garnier, 1898, p.112.

Provenceaux, cujos andares superiores abrigavam imigrantes francesas muito visitadas.[36]

Bilac participou dos acontecimentos da Proclamação. Afastando-se da *Cidade do Rio*, em que o antigo abolicionista José do Patrocínio cultivava o isabelismo, fundou com Raul Pompéia (1863-1895), Luís Murat (1861-1929) e Pardal Mallet (1864-1894) o jornal republicano *A Rua*, que foi publicado de abril a julho de 1889. Na tarde do dia 15 de novembro, com Patrocínio e seus companheiros Murat e Mallet, invadiu a Câmara Municipal, onde aquele que até a véspera defendera a Princesa Regente saudou a República "em nome do povo". À noite, seguiu para o campo de Sant'Ana com uma grande multidão, que, em frente à casa de Deodoro, aclamou entusiasticamente o marechal e a República.[37]

No primeiro ano do novo regime, escreveu crônicas para o *Correio do Povo*, de Sampaio Ferraz (1857-1920), e publicou na *Gazeta de Notícias* o folhetim "O esqueleto" (de 17 a 31 de março) em parceria com Pardal Mallet. Sob o pseudônimo comum de Victor Leal, inventaram um Príncipe Regente (futuro Pedro I) mulherengo, impetuoso e *habitué* de tavernas e prostíbulos.

Foi de Patrocínio que Bilac recebeu o principal apoio no seu início de carreira.[38] Além do emprego regular, reassumido após a extinção d'*A Rua*, a *Cidade do Rio* garantiu ao poeta sua primeira viagem à Europa, para onde foi como correspondente do jornal. A institui-

---

36 CRULS, G. *Aparência do Rio de Janeiro*. Rio de Janeiro: José Olympio, 1949, p.415-8.
37 B. [Olavo Bilac] Crônica. *Gazeta de Notícias*. Rio de Janeiro, 8 jan. 1905, p.1, 8ª col. V. também: CARVALHO, J. M. de. *Os bestializados*. 3. ed. São Paulo: Companhia das Letras, 1991, p.25.
38 Por ocasião da morte de Patrocínio, com quem tinha uma dívida de gratidão, Bilac reconheceu o papel do jornalista na revelação dos jovens talentos. "Meu grande, meu generoso, meu Santo Amigo! ... Eu não sei quanto dinheiro ganhaste... mas sei quanto gastaste – e sei em que foi que o gastaste! a tua mão abençoada – que, como a Noite, eternamente se desfazia em estrelas – era o amparo de todos os que sofriam. Essa mão querida e paternal ia arrancar do anonimato os moços que queriam trabalhar ..." B. [Olavo Bilac] Registro. *A Notícia*. Rio de Janeiro, 1º fev. 1905, p.2, 1ª col.

ção do enviado estrangeiro significou um *tour de force* do jornal, que, por suas limitações financeiras, não podia contar com um serviço telegráfico... real; os telegramas que publicava vinham de Mesão Frio, Feira da Ladra, Feijão Cru e Poço da Panela, entre outras cidades imaginárias.[39] De julho de 1890 a março de 1891, Bilac enviaria para o Rio de Janeiro o seu verdadeiro e autêntico "Jornal da Europa".

Talvez como prêmio por sua dedicação à causa republicana em São Paulo e no Rio de Janeiro, ou simplesmente por simpatia pelos literatos boêmios, o governador do estado do Rio de Janeiro, Francisco Portela (1833-1913), nomeou Bilac oficial maior da Secretaria do Interior em 1891.[40] Da mesma forma, foram contemplados com cargos públicos Coelho Neto (1864-1934), Aluísio Azevedo (1857-

---

39 Reproduzem-se a seguir telegramas sobre, respectivamente, uma liderança republicana e um chefe monarquista. "S. J. D'El-Rei, 23. / Mentirosos telegramas sobre minha conferência. / Falei no quarto, porque estive indigesto por causa do banquete, muitas adesões. – Silva Jardim. / S. J. D'El-Rei, 23. / O homem falou no quarto, auditório composto do dono do hotel, dous caxeiros, dous republicanos, fiasco completo. / Arneirós, 23. / À vista do fiasco do Silva Jardim em S. João d'El Rei, não querem mais conferências, ora bolas!..." TELEGRAMAS. *Cidade do Rio*. Rio de Janeiro, 24 abr. 1889, p.2, 4ª col. "Europa. / Extremadura, 16. / Consta-nos que o Antônio [Augusto Teixeira] está feito chefe e vai ser barão, é verdade? / Bom Jesus do Monte, 16. / Ainda é tempo de mandar para aí um rapaz, ele é esperto como um rato, tal qual o Augusto? / Ilha do Pico, 16. / O Antônio Augusto quando veio aqui esperar o título de barão, deu uma libra para a nossa igreja. Mas olhe, que é libra de cera, não se vá enganar. / Trebisonda, 16. / Mande-nos a coleção dos discursos do Antônio; se for ilustrada, melhor." TELEGRAMAS. *Cidade do Rio*. Rio de Janeiro, 17 abr. 1889, p.1, 6ª col. Em crônica, Bilac relembrou a invenção de Patrocínio. "Já pertenci, aqui no Rio, à redação de um jornal, que era pobre. Pobre, boêmio e alegre. Não havia dinheiro para pagar telegramas do exterior. Mas era absolutamente necessário que o jornal publicasse telegramas... Que fez o diretor? contratou o serviço de dois fios telegráficos humanos – um encarregado de inventar notícias do Rio da Prata, e outro incumbido de noticiar, sem sair daqui, tudo quanto acontecia no resto do mundo." B. [Olavo Bilac] Registro. *A Notícia*. Rio de Janeiro, 21 jan. 1908, p.2, 6ª col.

40 Péricles Eugênio da Silva Ramos informa que a nomeação ocorreu em 1891. In: PAES, J. P.; MOISÉS, M. (Orgs.). *Pequeno dicionário de literatura brasileira*. 2.ed. São Paulo: Cultrix, 1987, p.81.

1913), Luís Murat (1861-1929) e Pardal Mallet (1864-1895),[41] que, por alguns meses, tomariam todos os dias a barca para Niterói.

Em 3 de novembro de 1891, Deodoro fechou o Congresso, que fazia forte oposição às "reformas econômicas" que o Governo pretendia implementar. Na verdade, o "Golpe Lucena" ou "Golpe da Bolsa", como ficou conhecido, pretendia eliminar a fiscalização indesejada do Legislativo sobre facilidades suspeitas que eram concedidas pelo Executivo a especuladores,[42] mesmo após a saída de Rui Barbosa, que promoveu o temerário Encilhamento durante sua gestão no Ministério da Fazenda (novembro de 1889 a janeiro de 1891).

O contragolpe não tardou. Articulações de congressistas nos estados (que não foram coibidas), a rebeldia de Lauro Sodré no Pará, um movimento de resistência velada na Capital Federal, a oposição de elementos da Marinha e do Exército, uma crise de dispnéia de Deodoro e um balázio contra a torre da Candelária comprometeram o êxito do "Golpe da Bolsa". Por isso, em 23 de novembro, Deodoro, não resistindo às pressões, renunciou e passou o cargo de presidente da República a seu substituto constitucional, Floriano Peixoto.[43] Na grande confusão, partidários de Floriano empastelaram o *Novidades*, em que colaborara Bilac, porque consideravam que o jornal era simpático ao golpe.[44]

O novo presidente, entretanto, não estava seguro de sua posição política. Por isso, iniciou um processo ilegal de deposição das câmaras e governos estaduais que se lhe mostraram hostis, mantendo o país em um clima de instabilidade política.[45] Em meio às mudanças, Francisco Portela foi destituído e, com ele, caíram Bilac e seus companheiros.

---

41 JORGE, F. *Vida e poesia de Olavo Bilac*. Op.cit., p.152-3. A nomeação de Aluísio Azevedo, segundo um seu biógrafo, teria ocorrido em 1º de julho de 1891. Pode-se supor que Bilac tenha sido nomeado na mesma data. Cf. MÉRIAN, J.-Y. *Aluísio Azevedo*. Vida e obra (1857-1913). Rio de Janeiro: Espaço e Tempo; Brasília: INL, 1988. p.406.
42 CARONE, E. *A República Velha*. 4.ed. São Paulo: Difel, 1983, v.2 – Evolução política (1889-1930), p.62.
43 Ibidem, p.64-8.
44 RONEGA. 23 de Novembro. *A Notícia*. Rio de Janeiro, 23 nov. 1896, p.1, 2ª col.
45 CARONE, E. *A República Velha*. Op.cit., v.2, p.71-84.

Em seguida, coincidência ou não, Bilac fundou com Lopes Trovão (1848-1925) e Pardal Mallet *O Combate* (1892), onde passou a escrever textos críticos e satíricos contra Floriano e seu ministro da Marinha, Custódio José de Melo, responsável pelo disparo contra a igreja. A linguagem ácida do novo jornal, que militava a favor da volta de Deodoro ao poder,[46] provocou um desentendimento entre Bilac e o florianista exaltado Raul Pompéia. Os antigos amigos chegaram ao extremo de ensaiar um duelo, que, no entanto, não chegou a ser realizado.[47]

Bilac, que era simpatizante de Deodoro, participou de uma tentativa de golpe em 10 de abril de 1892. O "impassível" poeta parnasiano estava, com outros intelectuais, à frente de uma grande manifestação popular que pretendia restituir o presidente deposto ao poder. A reação do Marechal de Ferro não se fez esperar. Na noite do mesmo dia, Bilac foi preso e submetido a longo interrogatório, que invadiu a madrugada. Considerado culpado pela ação subversiva, provou o amargo sabor do cárcere, sendo libertado somente em 5 de agosto do mesmo ano.[48] Ficou detido na Fortaleza da Laje durante

---

46 MÉRIAN, J.-Y. *Aluísio Azevedo*. Op.cit., p.383-7.
47 MAGALHÃES JR., R. *Olavo Bilac e sua época*. Op.cit., p.150-2. Em 1889, por razões obscuras, Bilac já havia experimentado sua habilidade de espadachim nas costelas de Pardal Mallet.
48 Cf. JORGE, F. *Vida e poesia de Olavo Bilac*. Op.cit., p.176-7. Em crônica, Bilac atribuiu a sua prisão apenas ao conteúdo do jornal que dirigia. "Há muitos anos, tínhamos Pardal Mallet e eu um jornal diário, revolucionário, vermelho, terrível – *O Combate*, por amor do qual fomos parar, como dois conspiradores perigosíssimos – ele na fronteira do Peru, a ver tartarugas, e eu na fortaleza da Laje, a ver navios." B. [Olavo Bilac] Registro. *A Notícia*. Rio de Janeiro, 21 maio 1906, p.2, 3ª col. Logo após a repressão, uma nota publicada no *Diário Oficial* procurava rebater as acusações de que o governo violava a liberdade de expressão. "No decreto de desterro [e detenção] de alguns réus de sedição e conspiração estão incluídos nomes de cidadãos que exerciam nesta capital a profissão de jornalistas. Para que se não possa enxergar contradição entre este procedimento e a declaração de manter-se a liberdade de imprensa, importa esclarecer que os jornalistas atingidos por aquele decreto não o foram por quaisquer abusos que houvessem cometido na imprensa, mas por atos positivos de conspiração e sedição, praticados fora do jornalismo." Apud PONTES, E. *A vida exuberante de Olavo Bilac*. Rio de Janeiro: José Olympio, 1944, v.1, p.200.

quatro meses,⁴⁹ após haver experimentado sucessivamente as instalações do quartel dos Barbonos, da praça de armas do Arsenal da Guerra e do navio Aquidaban.⁵⁰

Da Laje, Bilac enviava aos amigos cartas em que se queixava das duras condições da vida no cárcere, em que o tédio se associava à péssima comida. Transcreve-se a seguir trecho de carta a Max Fleiuss.

> Pedes-me que te escreva... Que queres tu que eu te escreva? Fisicamente, vivo, há quase quatro meses, insulado no meio do mar alto; moralmente, vivo insulado no meio do meu tédio, do meu profundo, do meu imenso Tédio. Mar e céu, nuvens que vão, nuvens que vêm, navios que entram, navios que saem, marés que sobem, marés que descem... e eu parado. Parado, e engordando, prodigiosamente, monstruosamente. Ó paternal! ó afetuoso! ó imensamente benigno governo, que me atribulas a alma, violando-me a correspondência e cercando-me de vexames – mas que, em compensação, me cevas a carne, com enxurradas de feijão bichado e com himalaias de carne seca podre! Nem te sei dizer, meu caro Max, o quanto estou mudado. Creio que daqui a pouco, quando me anistiarem, com a mesma sem-cerimônia com que me prenderam – eu surpreender-me-ei a odiar a liberdade e a ter náuseas diante da carne fresca! Força de hábito.⁵¹

Libertado, Bilac retornou à *Cidade do Rio*, onde continuou a criticar o governo até agosto de 1893, quando se mudou para a moderada *Gazeta de Notícias* por não compactuar com o apoio do jornal de Patrocínio ao ex-ministro da Marinha Custódio José de Melo, que, em abril, rompera com Floriano e, segundo se dizia, tramava um golpe de Estado. Apesar da mudança de emprego, o poeta voltaria a ser preso por poucos dias após a publicação — na edição de 24 de outubro de 1893 da *Cidade do Rio*, que foi apreendida — do mani-

---

49 CARONE, E. *A República Velha*. Op.cit., v.2, p.95.
50 CARVALHO, A. de. *Bilac*. Op.cit., p.51. No vaso de guerra, também ficaram detidos José do Patrocínio e Pardal Mallet.
51 BILAC, O. Carta a Max Fleiuss. *Revista da Academia Brasileira de Letras*. Rio de Janeiro, v.40, n.132, p.483-4, dez. 1932.

festo da Armada, rebelada desde 6 de setembro sob o comando do ex-ministro.[52]

Apesar das privações e das violências sofridas, a prisão não intimidaria o poeta.[53] No início de novembro de 1893, Bilac, Luís Murat e Guimarães Passos, que corriam permanentemente o risco de ser presos com o estado de sítio decretado pelo marechal Floriano Peixoto, acuado desde setembro pelo bombardeio da Armada, publicaram um número da *Cidade do Rio* repleto de críticas e diatribes endereçadas ao ditador, e, ato contínuo, fugiram da Capital Federal. Enquanto Bilac experimentava um repousante auto-exílio em Minas Gerais, o gerente do jornal amargava uma prisão de oito meses.[54]

Em Ouro Preto, iniciou uma fecunda amizade com Afonso Arinos (1868-1916), que recebia os amigos em casa própria, pequena e

---

52 MAGALHÃES JR., R. *Olavo Bilac e sua época*. Op.cit., p.156. Outro biógrafo atribuiu essa detenção às sátiras contra Floriano. JORGE, F. *Vida e poesia de Olavo Bilac*. Op.cit., p.182-3. Raimundo Magalhães Jr. afirmou que a fuga do poeta para Minas Gerais fora empreendida logo após a soltura, sem fazer menção a nova edição da *Cidade do Rio* de que participasse o poeta. Observa-se aqui, no entanto, depoimento a Humberto de Campos do próprio poeta, que não atribuiu seu auto-exílio à publicação do manifesto custodista. CAMPOS, H. de. *Diário secreto*. Op.cit., p.60.

53 Da leitura de uma de suas crônicas, deduz-se que Bilac não recebeu nenhum tratamento especial por ser poeta. "Todos aqueles que, nestes dezessete anos de República, têm praticado a tolice de entrar em conspirações e revolta, sabem o que é a ferocidade com que as autoridades policiais tratam os conspiradores – não porque os odeiem, mas porque precisam ser agradáveis ao governo. Eu, que aqui estou, já experimentei essa coisa..." B. [Olavo Bilac] Registro. *A Notícia*. Rio de Janeiro, 21 abr. 1906, p.2, 3ª col.

54 CAMPOS, H. De. *Diário secreto*. Op.cit., p.60. Em romance que tratou da vida dos exilados em Minas, Bilac e Magalhães de Azeredo recordaram os motivos pelos quais muitos intelectuais deixaram o Rio de Janeiro. "... com a revolta coincidia o estado de sítio, relativamente brando a princípio, crescendo depois em violência, pouco a pouco, até chegar aos últimos excessos. E muitos que nem o calor nem as granadas obrigariam a fugir, apontados pelas suas doutrinas suspeitas, pelas suas simpatias e antipatias livremente manifestadas, saíam do Rio açodadamente, demandando sítios menos agitados, em que não fosse delito pensar e falar com independência." BILAC, O.; AZEREDO, C. M. de. *Sanatorium*. São Paulo: Clube do Livro, 1977, p.8.

confortável, apropriada para um rapaz solteiro.⁵⁵ Juntos consultavam arquivos dos tempos coloniais.⁵⁶ Talvez seja fruto dessas pesquisas e do ambiente mineiro, impregnado de história, o patriotismo que se iria pronunciar mais tarde na obra do poeta.⁵⁷ Mesmo no exílio, não se manteve afastado dos jornais; além de enviar alguns textos para a *Gazeta de Notícias*, colaborou na *Opinião Mineira*, de José Cesário de Faria Alvim (1839-1903). São desse período suas *Crônicas e novelas*, publicadas em 1894, e o romance-folhetim *Sanatorium*, escrito em parceria com Magalhães de Azeredo (1872-1964), que seria publicado na *Gazeta de Notícias* de 11 de novembro a 12 de dezembro do mesmo ano.⁵⁸

Entretanto, Bilac não pôde permanecer todo o tempo do exílio na então capital mineira; acontecimentos alheios à sua vontade obrigaram-no, em fevereiro de 1894, a buscar abrigo em Juiz de Fora.⁵⁹ Como a vitória de Floriano contra os revoltosos em março acalmara a Capital Federal, decidiu abandonar as montanhas de Minas. Em

---

55 BROCA, B. *Naturalistas, parnasianos e decadistas*. Campinas: Ed. da Unicamp, 1991, p.149.
56 BILAC, O. *Últimas conferências e discursos*. Rio de Janeiro: Francisco Alves, 1927, p.29.
57 Essa era a opinião de A. Amoroso Lima, em *Olavo Bilac*: Poesia. Rio de Janeiro: Agir, 1957, p.10. Glosando o mote "Nacionalismo e regionalismo na história da literatura", que esteve no centro de mesa-redonda em evento acadêmico, Antônio Dimas procurou investigar as conseqüências do auto-exílio em Minas Gerais para a formação do intelectual Olavo Bilac, que descobriu o passado nacional nos arquivos mineiros. Arinos, mestre de Bilac. I Seminário Internacional de História da Literatura, 1995, Porto Alegre. *Cadernos do Centro de Pesquisas Literárias da PUCRS*: Anais... Porto Alegre: Curso de Pós-Graduação em Letras, Instituto de Letras e Artes, PUC-RS, v.3, n.1, abr. 1997, p.61-7.
58 Sobre a vida do poeta sob Floriano, ver SIMÕES JR., A. S. Do cárcere ao exílio: percalços do cronista Bilac (1892-1894). In: OLIVEIRA, A. M. D. de; ESTEVES, A. R.; CAIRO, L. R. *Estudos comparados de literatura*. Assis: Faculdade de Ciências e Letras de Assis, UNESP-Publicações, 2005, p.9-26.
59 Por uma brincadeira de mau gosto, foi duramente injuriado por sua vítima, um rico e idoso proprietário rural. Sentindo-se ofendido, obrigou, com emprego de força física, o fazendeiro a pedir desculpas de joelhos. Dias depois, filhos do ancião reuniram um grupo de pessoas cujas ameaças e protestos fizeram Bilac fugir da cidade de Ouro Preto. MAGALHÃES JR., R. *Olavo Bilac e sua época*. Op.cit., p.161-3.

julho, retornou discretamente ao Rio de Janeiro. Porém, ao desembarcar na Central do Brasil, foi detido pela polícia de Floriano Peixoto. Como resultado de sua volta precipitada, acrescentou a seu currículo mais uma semana de prisão, da qual só foi libertado por intercessão do ministro Fernando Lobo.[60] Do cárcere, enviou a Coelho Neto um soneto datado de 9 de julho de 1894.

EM CUSTÓDIA

Quatro prisões, quatro interrogatórios...[61]
Há três anos que as solas dos sapatos
Gasto a correr de Herodes a Pilatos,
Como Cristo por todos os pretórios.

Pulgas, baratas, percevejos, ratos...
Caras sinistras de espiões notórios,
Fedor de escarradeiras e mictórios,
Catingas de secretas e mulatos!

Para tantas prisões é curta a vida!
Ó Dutra! ó Melo! ó Valadão! ó diabo!
Vinde salvar-me, vinde em meu socorro!

---

60 JORGE, F. *Vida e poesia de Olavo Bilac.* Op.cit., p.200-1. Em biografia do poeta (*Olavo Bilac e sua época*. Rio de Janeiro: Americana, 1974, p.179-80), Raimundo Magalhães Jr. também localizou essa detenção em julho; porém, no prefácio a *Sanatorium*, publicado em livro em 1977, o mesmo autor afirmou que a prisão ocorrera na primeira quinzena de novembro, pouco antes da posse de Prudente de Morais, e que a soltura fora obtida por intercessão de Coelho Neto, ardoroso florianista. In: BILAC, Olavo; AZEREDO, C. de M. *Sanatorium*. Op.cit., p.vi-vii. Os sofrimentos de Bilac e a coragem com que enfrentou a repressão política contrariam certas afirmações que se fazem a respeito da imprensa do período. "Entre champanhas e vermutes, empadas de camarão e balas de coco, a oposição a Floriano, por exemplo, se faz por trovas e epigramas. A participação política é uma grande blague, alegre e galhofeira como seus autores." LAJOLO, M. *Usos e abusos da Literatura na escola*. Op.cit., p.41.
61 Esse primeiro verso contradiz a contabilidade destas notas biográficas, que registraram apenas três prisões. Pondere-se, no entanto, que a métrica e o provável interesse de engrandecer as punições sofridas poderiam ter aconselhado Bilac a contar mais uma detenção. Além disso, quem já leu suas crônicas sabe que o poeta não é muito preciso ao citar datas e quantidades.

Livrai-me desta fama imerecida,
Fama de Ravachol, que arrasto ao rabo,
Como uma lata ao rabo de um cachorro![62]

Sob o pseudônimo de Fantasio, Bilac lamentava-se de receber um tratamento digno de um perigoso anarquista como Ravachol (François Claudius Kofnigsteins), guilhotinado em 1892 pelos atentados que cometera para vingar outros anarquistas condenados à morte pela Justiça francesa. O apelo às autoridades terrenas – provavelmente o delegado auxiliar Francisco Correia Dutra (1848-1906), o chefe de polícia coronel Manuel Presciliano de Oliveira Valadão (1849-1921) e o chefe de polícia do estado de Minas Gerais Alfredo Pinto Vieira de Melo (1863-1923) – e infernal do décimo verso demonstrava, apesar das evidentes intenções humorísticas, certo arrefecimento do ímpeto oposicionista do poeta.

O caçador de oportunidades (1894-1908)

Quando se vira obrigado a abandonar às pressas a Capital Federal, Bilac, sem recursos para enfrentar as despesas do exílio, pedira auxílio à mãe, que, temerosa pela integridade física do filho, empenhara suas jóias para obter o dinheiro necessário à viagem. Ao retornar ao Rio de Janeiro, o poeta descobriu alarmado que as jóias maternas iriam a leilão. Em busca de apoio, procurou Coelho Neto, a quem expôs a gravidade do caso. O amigo dispôs-se a tentar a sorte com o livreiro Francisco Alves (1848-1917), a quem ofereceu um romance ou um livro de contos escolares. O editor aceitou a segunda proposta, pela qual adiantou a Coelho Neto metade dos quatro contos que lhe foram pedidos. As jóias foram salvas, mas criou-se um novo problema, pois o livro ainda não existia. Por isso, Bilac e Coelho Neto, na mesma terça-feira em que honraram a penhora, fecharam-se em seus respectivos quartos a escrever contos escolares. No

---

62 Apud FONTES, M. *Boêmia galante*. Santos: Bazar Americano, 1924, p.146.

sábado, receberam o dinheiro restante pelo manuscrito dos *Contos pátrios*, publicados ainda em 1894.[63]

Esse episódio curioso inaugurou uma nova fase da vida de Bilac. De 1894 a 1908, o poeta conseguiria conquistar uma posição de destaque na sociedade carioca trabalhando intensamente na imprensa, assumindo diversas funções e cargos públicos, publicando vários livros e desempenhando as mais variadas atividades profissionais. Nesse período, manteve intensa colaboração no vespertino *A Notícia* e no matutino *Gazeta de Notícias* e dirigiu, auxiliado por Julião Machado (1863-1930), as revistas ilustradas *A Bruxa* e *A Cigarra*. Foi também cronista da luxuosa *Kosmos*, revista ilustrada mensal (1904-1908), e do jornal ilustrado diário *O Mercúrio* (1898), de Julião Machado, e correspondente dos jornais paulistanos *O Estado de S.Paulo* (1897-1898) e *Correio Paulistano* (1907-1908), para os quais enviava o seu "Diário do Rio". Além dessas colaborações regulares, pode-se mencionar a participação esporádica no matutino *O País*, no vespertino *Cidade do Rio* e na revista ilustrada *Renascença*, entre outros periódicos. Tanta dedicação ao jornalismo demonstrava que a aversão às redações, confessada a Bernardo de Oliveira, se dissipara totalmente.[64] Em 1904, Bilac reuniu pequena fração de seus textos jornalísticos no livro *Crítica e fantasia*.

Passada a crise política no Rio de Janeiro, Bilac dedicou boa parte de sua energia a produzir livros didáticos ou paradidáticos. Em

---

63 CAMPOS, H. de. *Diário secreto*. Op.cit., p.74. Na inscrição do dia 29 de junho de 1917, o cronista relembrou conversa mantida com Coelho Neto, que lhe detalhara as circunstâncias que presidiram à redação do livro escrito com Bilac. Segundo Humberto de Campos, o autor das *Panóplias* voltara clandestinamente para o Rio de Janeiro, onde se mantinha escondido.

64 Em crônica de 1906, Bilac explicou como surgia a "escravidão" ao jornalismo. "Um pobre rabiscador de crônicas principia a escrever uma seção diária, numa folha, por necessidade ou por desfastio; dentro de poucos meses, já a escreve por gosto; e dentro de menos de dois anos, escreve-a por paixão – por uma dessas paixões que são feitas ao mesmo tempo de amor e de hábito, de prazer e de vício, de revolta e de ciúme – cativeiro voluntário, que o cativo às vezes amaldiçoa, mas do qual não se quer libertar." B. [Olavo Bilac] Registro. *A Notícia*. Rio de Janeiro, 17 set. 1906, p.2, 1ª col.

parceria com Coelho Neto, escreveu *A terra fluminense* (1898) e *Teatro infantil* (1905); com Manuel Bonfim, redigiu *Prática da língua portuguesa* (1899) e *Livro de leitura para o Curso Complementar das escolas primárias* (1901). Também para as crianças, traduziu *Juca e Chico* (1901), de Wilhelm Busch (1832-1908),[65] *Para todos, Ride comigo* e *Vida das crianças* (1902), de Lothar Margendorff, e escreveu as suas *Poesias infantis* (1904).

Em 1895, talvez estimulado pelo sucesso de *Contos pátrios*, Bilac dedicava-se à redação de mais um livro para crianças, que seria publicado três anos depois (*A terra fluminense*). No final de janeiro, o poeta pediu ao amigo Afonso Arinos informações sobre Diamantina. A carta revelava o empenho com que se dedicava ao novo trabalho.

> Eu por aqui vivo numa faina bárbara. Meti-me em casa, e vivo como um caramujo. Há uma diferença: o caramujo dentro da sua carapaça dorme como um porco que é, e eu dentro da minha casa trabalho como um burro que sou. Meti ombros a uma empresa formidável, que me está ensopando de suor as barbas e a alma. Imagina que se trata disto: fazer um livro de contos (educação cívica!!!) que possa ser adotado como livro de leitura nas escolas.
>
> Calcula: fazer literatura que as crianças entendam e que, ao mesmo tempo, não seja fancaria! Oh! Estou acabrunhado já, e faze idéia: apenas dois contos estão feitos![66]

A incursão do poeta pelo campo da literatura paradidática aproximou-o do diretor-geral do Pedagogium, Manuel Bonfim (1868-1932), que, mais do que indicar seus livros para as escolas, se tornaria seu amigo e parceiro na produção de textos. Quando o pedagogo foi nomeado diretor da Instrução Pública do Rio de Janeiro em 1898, logo tratou de indicar Bilac para ser seu substituto interino no

---

65 A terceira parte — intitulada "A primeira tradução para a Última Flor do Lácio" — de uma dissertação de mestrado sobre a recepção da obra do desenhista e humorista alemão no Brasil, avaliou o trabalho do tradutor Olavo Bilac. POMARI, G. L. *O pintor e o poeta*: Wilhelm Busch no Brasil. Faculdade de Ciências e Letras (Universidade Estadual Paulista). Assis, 1999, v.1, p.138-83.

66 BILAC, O. Carta a Afonso Arinos. *Revista do Livro*. Rio de Janeiro, v.16, dez. 1959, p.165.

Pedagogium. Passado algum tempo, sugeriu ao prefeito a criação de cargos de inspetor escolar. Com o atendimento de sua reivindicação, Bonfim obrigou o poeta, que, por orgulho, relutava, a escrever a Cesário Alvim (1839-1903) candidatando-se a uma das vagas. O prefeito, que também era poeta e conhecera pessoalmente o autor das *Panóplias* em Minas, atendeu à solicitação, nomeando Bilac em 13 de outubro de 1899,[67] em detrimento de outros candidatos que contavam com o apoio de lideranças políticas. O emprego público aceito aparentemente a contragosto assegurou a Bilac um rendimento estável até sua morte. Na área do ensino, o poeta poderia ter sido diretor da Instrução Pública, cargo bem remunerado que lhe fora ofertado por José Joaquim de Campos da Costa Medeiros e Albuquerque (1867-1934); mas o poeta recusou a proposta por não se julgar habilitado a suportar críticas e contrariedades.[68]

No ano de 1905, Bilac, com o auxílio de Guimarães Passos, invadiu o terreno da poética, até então soberanamente ocupado pelo poeta português Antônio Feliciano de Castilho, e publicou seu *Tratado de versificação*, que se tornou o *vademecum* de muitos aspirantes a vate.

---

67 Biógrafos e críticos forneceram datas diferentes para essa nomeação. Leonardo Arroyo (*Olavo Bilac*. 2.ed. rev. e amp. São Paulo: Melhoramentos, 1952, p.47), por exemplo, informou que Bilac teria assumido o cargo em 1908, no que foi seguido por Marisa Lajolo (*Usos e abusos da literatura na escola*. Rio de Janeiro: Globo, 1982, p.53). Em livro posterior, por ela organizado, a pesquisadora adotou a data de 1899 (LAJOLO, M. (Org.). *Os melhores poemas de Olavo Bilac*. São Paulo: Global, 1985, p.149). Notícia da nomeação publicada na imprensa não deixa margem a dúvidas. *Gazeta de Notícias*. Rio de Janeiro, 14 out. 1899, p.1, 3ª col.

68 Cf. carta a Medeiros e Albuquerque. *Revista da Academia Brasileira de Letras*. Rio de Janeiro, v.40, n.129, p.111-2, set. 1932. Em livro póstumo (*Quando eu era vivo...* Porto Alegre: Globo, 1942), assim se expressou Medeiros e Albuquerque a respeito do funcionário Olavo Bilac: "Durante alguns anos, ele serviu sob as minhas ordens como inspetor escolar, sendo eu Diretor de Instrução. Era um excelente funcionário, exato, pontual, metódico, um burocrata admirável" (p.232). (Note-se que o orgulhoso pernambucano negou as maiúsculas a "inspetor escolar".) Esses episódios ilustram o *esprit de corps* dos literatos. Se um escritor se visse na possibilidade de distribuir cargos e facilidades, procuraria favorecer um colega da recente profissão das letras.

Poeta consagrado, cronista de prestígio e membro da Academia Brasileira de Letras desde sua fundação em 1897, Bilac aderiu prontamente à idéia de Medeiros e Albuquerque de realizar no Instituto Nacional de Música conferências literárias, que seriam proferidas pelos principais escritores da época. A estréia ocorreu em 12 de agosto de 1905. Daí em diante, todos os sábados, às quatro horas da tarde, a fina flor da sociedade carioca pagaria ingresso para ouvir embevecida Coelho Neto, Manuel Bonfim, Medeiros e Albuquerque, Alberto Nepomuceno (1864-1920) e Olavo Bilac,[69] que fez sua primeira aparição no dia 25 de novembro de 1905, discursando sobre "O diabo". Nos anos seguintes, a equipe de conferencistas recebeu os seguintes reforços: D. Júlia Lopes de Almeida (1862-1934), João do Rio (1881-1921), Alcindo Guanabara, Oscar Lopes (1882-1938), Viriato Correia (1884-1967), Afonso Celso (1860-1938), Alberto de Oliveira, padre, Severiano de Resende (1871-1931) e Artur Azevedo.

Como Bilac esclareceria em crônica, o objetivo dos escritores era apenas "distrair e recrear". Por terem sido as conferências do Instituto muito criticadas por sua futilidade, o poeta procurou defendê-las.

> Queriam talvez esses críticos que os preletores fossem para ali falar de coisas vertiginosamente profundas, escolhendo assuntos hermeticamente cabalísticos, como, por exemplo, "a psicologia dos habitantes das aldeias lacustres", ou "o amor nos *kjekkenmedingers* da velha Dinamarca", ou ainda "a interpretação simbólica dos hieróglifos da pirâmide de Queóps"... Pois, sim! às quatro horas da tarde ninguém tem necessidade de dormir, e não é para arranjar sono que o público vai às Conferências do Instituto![70]

---

69 B. [Olavo Bilac] Registro. *A Notícia*. Rio de Janeiro, 11 ago. 1905, p.2, 1ª col.
70 B. [Olavo Bilac] Registro. *A Notícia*. Rio de Janeiro, 15 jun. 1906, p.2, 2ª col. Para Medeiros e Albuquerque, a superficialidade das palestras era exigida pelo público ouvinte. "As salas se enchiam, sobretudo de senhoras e mocinhas muito gentis, muito encantadoras, mas que não possuíam nem instrução regular, nem, por isso mesmo, preocupação literária de espécie alguma. Tinham vindo à cidade passear ou fazer compras e aproveitavam a ocasião para ir ouvir a conferência do dia." Apud BROCA, B. *A vida literária no Brasil – 1900*. Rio de Janeiro: José Olympio, 1975, p.140.

O espetáculo literário e mundano permitia maior aproximação do escritor com seu público e, assim, poderia favorecer a edição e a venda de livros.[71] Bilac reuniu seus apontamentos no volume *Conferências literárias* em 1906, antes, portanto, que a concorrência da Exposição Nacional, inaugurada em agosto de 1908, esvaziasse definitivamente o Instituto, que já não se enchia como nas primeiras tardes.[72]

Sempre necessitado de dinheiro, Bilac não hesitou em colocar sua habilidade de versejador a serviço da publicidade comercial. Na *Gazeta de Notícias*, defendeu as qualidades insuperáveis da Vela Brasileira[73] e do Sabão da Luz[74] e garantiu a eficácia dos medicamentos da Casa Werneck.[75] Na festa de reinauguração da Casa Colombo, que havia sido destruída por incêndio, Bilac declamou "primorosas quintilhas" em louvor do caráter diligente de Antônio Portela, proprietário do estabelecimento especializado em tecidos, aviamentos, roupas e artigos de papelaria.[76]

---

71 Segundo Bilac, as conferências teriam projetado novos escritores. "O salão do Instituto já favoreceu duas ou três estréias; e não há melhor incentivo, do que esse, para um jovem escritor, que ali se põe diretamente em contato com o público – e com o público mais fino, mais inteligente, mais culto. Uma conferência de 'sucesso', no Instituto, pode imediatamente dar nome a um escritor ainda na véspera desconhecido..." B. [Olavo Bilac] Registro. *A Notícia*. Rio de Janeiro, 17 ago. 1906, p.2, 3ª col.

72 B. [Olavo Bilac] Registro. *A Notícia*. Rio de Janeiro, 31 ago. 1908, p.2, 1ª col. Segundo o texto "As conferências e o Cinematógrafo", publicado no *Correio da Manhã* em 16 de novembro de 1907, o cinema teria dado o golpe de morte nas conferências, porque era "mais barato, mais divertido" e ainda proporcionava "a vantagem de se poder levar as crianças". No Instituto, o público pagaria "2$000 réis para sair com ouvidos saturados de baboseiras decoradas, quase sempre catadas em almanaques e folhinhas de larga distribuição". Apud BROCA, B. *A vida literária no Brasil*. Op.cit., p.138-9.

73 FLAMINIO, L. No paraíso. *Gazeta de Notícias*. Rio de Janeiro, 2 ago. 1905, p.1, 8ª col. Idem. Ode-Panamericana. *Gazeta de Notícias*. Rio de Janeiro, 2 ago. 1906, p.3, 2ª col.

74 FLAMINIO, L. No Olimpo. *Gazeta de Notícias*. Rio de Janeiro, 2 ago. 1907, p.5, 4ª col.

75 PUCK. O século XIX e a Casa Werneck. *Gazeta de Notícias*. Rio de Janeiro, 1º jan. 1900. p.2, rodapé. Sobre esse texto, publicou-se breve comentário. SIMÕES JR., A. S. Poesia parnasiana e publicidade. *Pós-História*. Revista de Pós-Graduação em História (Universidade Estadual Paulista). Assis, v.7, 1999, p.225-37.

76 CASA Colombo. *A Bruxa*. Rio de Janeiro, ano IV, n.9, 10 mar. 1999, p.6 e 7.

Com a crescente popularidade, as oportunidades de trabalho não deixaram de aparecer. Em 1900, acompanhou, como representante da *Gazeta de Notícias*, o presidente Campos Sales em viagem à Argentina, onde fez as vezes de orador oficial – com grande sucesso. Em 1906, foi nomeado secretário-geral da III Conferência Pan-Americana, realizada no Rio de Janeiro, o que demonstrava seu prestígio perante o barão do Rio Branco. No ano seguinte, tornou-se secretário do prefeito do Distrito Federal, Sousa Aguiar.[77] Em 1908, Bilac foi agraciado com a incumbência de ser cronista oficial do *Jornal da Exposição Nacional*.[78]

Em comemoração do décimo aniversário da crônica dominical assinada por Bilac e também dos seus vinte anos de jornalismo, Henrique Chaves (1849-1910), diretor da *Gazeta de Notícias*, promoveu verdadeira consagração pública ao poeta, a quem foi dedicado um suntuoso banquete, animado por duas orquestras, no Palace Theatre, todo enfeitado de flores.[79] A grande mesa, armada na platéia, possuía o formato da letra "O". No discurso que proferiu na ocasião, o poeta destacou o esforço de sua geração para a profissionalização do trabalho intelectual no Brasil.

> Que fizemos nós? Fizemos isto: transformamos o que era até então um passatempo, um divertimento, naquilo que é hoje uma profissão, um culto, um sacerdócio; estabelecemos um preço para o nosso trabalho, porque fizemos desse trabalho uma necessidade primordial da vida moral e da civilização da nossa terra; forçamos as portas dos jornais e vencemos a inépcia e o medo dos editores ...[80]

---

77 CARVALHO, A. de. *Bilac*. Op.cit., p.86.
78 HARDMAN, F. F. Engenheiros, anarquistas, literatos. In: FUNDAÇÃO Casa de Rui Barbosa. *Sobre o Pré-Modernismo*. Rio de Janeiro: s. n., 1988, p.27.
79 Compareceram à festa, entre outros: marechal Hermes da Fonseca, prefeito Sousa Aguiar, Machado de Assis, Oliveira Lima, Coelho Neto, Rodolfo e Henrique Bernardelli, Alberto de Oliveira, Guimarães Passos, Graça Aranha, Inglês de Sousa, Manuel Bonfim, senador Pinheiro Machado, Guglielmo Ferrero, Luís de Castro, Oscar Lopes, ex-prefeito Pereira Passos, Paulo Barreto, Martins Fontes, Julião Machado, Raul Pederneiras, Alcindo Guanabara, Dunshee de Abranches e Figueiredo Pimentel. A FESTA de Bilac. *Gazeta de Notícias*. Rio de Janeiro, 4 out. 1907, p.1, 1ª-3ª col.
80 BILAC, O. *Últimas conferências e discursos*. Op.cit., p.78.

O ex-boêmio – que, no passado, se sentia violentado ao ser obrigado a escrever por dinheiro –, cercado por homens e mulheres elegantemente vestidos, comemorou a inclusão dos literatos na sociedade respeitável do Rio de Janeiro. Suas palavras correspondiam a uma palinódia à orgulhosa "Profissão de fé" da juventude.

> permiti-me que insista em poucas palavras no valor do serviço que me parece o maior de quantos prestamos ao Brasil. Aluímos, desmoronamos, pulverizamos a pretensiosa torre de orgulho e de sonho em que o artista queria conservar-se fechado e superior aos outros homens; viemos trabalhar cá embaixo, no seio do formigueiro humano, ansiando com os outros homens, sofrendo com eles, padecendo com eles todas as desilusões e todos os desenganos da vida; e isso, porque compreendemos em boa hora que um homem, por mais superior que seja, ou por mais superior que erradamente suponha ser, aos outros, não tem o direito de fechar os olhos, os ouvidos, a alma, às aspirações, às esperanças, às dúvidas da época em que vive: – quem faz isso comete um crime de lesa-humanidade. Assim, não nos limitamos a adorar e a cultivar a Arte pura, não houve problema social que não nos preocupasse, e, sendo "homens de letras", não deixamos de ser "homens".[81]

Apesar de tanto trabalho "no seio do formigueiro humano", o poeta encontrava tempo para dedicar-se à sua musa predileta. No ano de 1898, em "comemoração da descoberta do caminho da Índia", publicou *Sagres*. Em 1902, saiu à luz a edição definitiva das *Poesias*, ampliadas com mais três livros: *Alma inquieta, As viagens* (que incluiriam *Sagres*) e *O caçador de esmeraldas*.

Registrando o lançamento da obra, José Veríssimo (1857-1916) observou que, após muitos anos de carreira, a produção de Olavo Bilac era parca, *se comparada à de outros poetas*. Para o crítico, haveria uma razão para essa sobriedade.

> o estro do Sr. Bilac carece de extensão e profundeza. A sua inspiração é limitada a poucos temas poéticos, tratados com virtuosidade talvez en-

---
81 Ibidem, p.79-80.

tre nós sem igual, pelo menos nada vulgar, mas sem intensidade de comoção correspondente ao brilho da forma, que a sobreleva sempre.[82]

Na primeira edição de *Poesias*, o brilho da forma de alguns poemas parecia, segundo Veríssimo, destinado a "agradar à gente que ama a eloqüência na poesia". Mas a parte mais sólida e mais bela do livro originava-se de "uma sensualidade mais refinada, uma expressão mais intelectual ... do amor, ou de outro sentimento da mesma fonte derivado".[83] Referia-se, como esclareceria a seguir, aos poemas da *Via Láctea* e a apenas alguns outros, como "Delenda Cartago" e "Sesta de Nero", textos que, em sua opinião, não eram superados pelos de *Alma inquieta*. Para o crítico, a nova edição não revelava "nenhuma evolução, nenhum progresso".[84] A diferença que se poderia notar entre os poemas de 1888 e os de 1902 era o maior "desenvolvimento da objetividade", mais evidente em *As Viagens*. Segundo Veríssimo, o poeta seria um "descritivo", atento ao "aspecto exterior das coisas", mas carente de "vida interior". Pode-se supor que essas limitações se tornaram perceptíveis após o surgimento dos simbolistas, que publicaram seus poemas entre uma e outra edição das *Poesias*. Segundo Veríssimo, os simbolistas, ao contrário de Bilac, saberiam pôr nas "representações da sua fantasia" a "idéia ou a sensação" que "sintetizasse a sua concepção" de arte.[85]

Concluindo sua crítica, Veríssimo acusou Bilac de acomodação e indiferença pela pesquisa estética, apesar de considerá-lo "o mais brilhante dos nossos poetas". Talvez a leitura dos simbolistas haja inspirado as restrições.

> Não sei se não acerto supondo que, consciente da sua excelência, ele deixou-se ficar estranho ao movimento social, filosófico e estético que por toda a parte renova a poesia. E é grande lástima; que ele era entre os melhores poetas nossos talvez um dos mais capazes de trazer à nossa

---

82 VERÍSSIMO, J. *Estudos de literatura brasileira* – 5ª série. Belo Horizonte: Itatiaia, São Paulo: Edusp, 1977, p.9-10.
83 Ibidem, p.11.
84 Ibidem, p.13.
85 Ibidem, p.15.

anêmica poesia o sangue novo que, com mais presunção do que talento, lhe procuram injetar poetas, ou que tais se supõem, sem nenhum dos dotes que nele abundam.[86]

Opinando sobre *Poesias*, Nestor Vítor (1868-1932) considerou Bilac "o mais querido dentre todos os nossos artistas do verso", pois, quando passeava pela rua do Ouvidor, atraía todas as atenções. Era "a realização mais completa do tipo de poeta que o nosso meio pôde assimilar".[87]

Por esse início, o artigo, publicado em 1902, poderia parecer louvaminheiro, se gradativamente não se insinuasse a ironia. Depois de elogiar Luís Delfino (1834-1910) e Cruz e Sousa (1861-1898) como os "mais copiosos e mais sedentos de atingir às regiões onde pairam as águias" e referir-se a Alberto de Oliveira, "o mais propriamente parnasiano", a Raimundo Correia, "o mais sintético e *pensieroso*", e a B. Lopes (1859-1916), "*virtuose* da rima", "malabarista da frase", Vítor comparou Bilac a estes seus contemporâneos.

> Bilac não tem vôos geniais. Não é caracteristicamente um brâmane abstrato, falando da Natureza e para a Natureza, como que perante a eternidade, sob grande e solene emoção [como Alberto de Oliveira]. Não é meditativo de forma concisa, quase lapidar. Nunca falou em duquesas, e não será na sua obra que se possa encontrar um maior número de frases novas ou de rimas imprevistas.[88]

O poeta da *Via Lactea* destacava-se por ser "o mais simples, o de mais seguro bom gosto, o mais humano e o mais natural". Segundo Nestor Vítor, sua poesia não oferecia obstáculos ao leitor, pois representava "o termo médio da nossa capacidade estética".

> No seu livro ... nada de atormentado se encontra; suas frases são dessas que todo o mundo se julga capaz de fazer. Seus sentimentos, como

---

86 Ibidem, loc.cit.
87 VÍTOR, N. Olavo Bilac. In: COUTINHO, A. (Org.). *Caminhos do pensamento crítico*. Rio de Janeiro: INL, Pallas, 1980, v.2, p.872.
88 Ibidem, p.874-5.

os que todo o mundo tem: se ele ama, diz-nos que ama, se deseja diz-nos que deseja, se aborrece não oculta seu enfaro a ninguém.[89]

Consideradas isoladamente, essas palavras do crítico não conteriam um reparo ou uma restrição, podendo parecer até elogiosas. No entanto, deixando o poeta de lado, Nestor Vítor fez, como era praxe naqueles dias, considerações acerca do homem.

> Percebe-se que Bilac não toma verdadeiramente a sério senão o seu divino ócio de preferido das musas, que ele nunca se fará um homem grave, no sentido pesado da palavra.
> Esse ócio, no entanto, como o tem aplicado ele até hoje? Simplesmente, naturalmente, num inteiro e completo acordo com a natureza de que foi dotado. Lendo livros quase sempre ligeiros, revistas leves, fazendo crônicas para ganhar algum dinheiro, e no mais flanando com os amigos, freqüentando cafés e teatros, deitando-se tarde, levantando-se tarde igualmente.
> Nunca tomou a peito empresa alguma de verdadeiro vulto, quase nunca se meteu em questões, amigo de todo o mundo, em geral, sem êmulos literários que lhe façam guerra, sem fazer guerra a ninguém.[90]

O caráter irônico do elogio ao poeta se revelava, embora de maneira sutil, em um dos últimos parágrafos do texto.

> Só havia uma possibilidade de que empalidecesse, ainda em vida sua, a auréola formada em torno à fronte deste nosso ídolo, mesmo antes de um grande decurso de tempo: era se o Brasil subitamente acordasse para um engrandecimento verdadeiramente imprevisto: se ele ganhasse outra cerebração, se se fizesse águia, e brandisse poderosamente, em demanda de altos horizontes, duas grandes asas possantes.[91]

O que Nestor Vítor, crítico do simbolismo e editor de Cruz e Sousa, queria dizer e apenas insinuou foi que um poeta leviano e fútil como Bilac, autor de platitudes e colecionador de banalidades e lugares-comuns, só poderia ser considerado o maior poeta brasilei-

---

89 Ibidem, p.875.
90 Ibidem, loc.cit.
91 Ibidem, p.876-7.

ro e gozar do apreço geral por causa da mediocridade espiritual do meio, para a qual não havia remédio à vista e impedia a apreciação dos "vôos geniais" dos simbolistas.

Note-se que as críticas severas de Veríssimo e Vítor baseavam-se em grande medida na comparação de Bilac com os simbolistas, que combatiam e eram combatidos pelos parnasianos.

A Tarde (1908-1918)

Em 1908, Bilac interrompeu sua longa participação no jornalismo carioca em represália a acusações veiculadas nos jornais de que teria sido favorecido indevidamente com gorda subvenção do Itamarati, graças à influência de seu amigo barão do Rio Branco. O poeta recebera 27 contos de réis para instituir, com o auxílio de Medeiros e Albuquerque e do italiano Alfredo de Ambris, a Agência Americana, destinada a informar os homens de negócios, particularmente exportadores de café, das oscilações das Bolsas de Londres, de Paris e de Nova York.[92] No dia 2 de dezembro daquele ano, extremamente ressentido, Bilac partiu para a Europa, onde encontraria Afonso Arinos, com quem renovou a antiga camaradagem.

Regressando do Velho Continente em maio de 1909, recebeu do prefeito Sousa Aguiar a incumbência altamente honrosa de fazer, no dia 14 de julho do mesmo ano, o discurso de abertura da cerimônia de inauguração do Teatro Municipal.[93]

Em 1910, em uma clara demonstração de que seu prestígio nos círculos oficiais permanecia inabalado, foi indicado delegado do Brasil para a IV Conferência Pan-Americana, realizada em Buenos Aires, recebendo verba de representação do Itamarati, que procurou tirar partido da boa impressão deixada pelo poeta em sua passagem por aquela cidade dez anos antes.[94]

---

92 MAGALHÃES JR., R. *Olavo Bilac e sua época*. Op.cit., p.318. V. também: JORGE, F. *Vida e poesia de Olavo Bilac*. Op.cit., p.289-90.
93 MAGALHÃES JR., R. *Olavo Bilac e sua época*. Op.cit., p.314.
94 CARVALHO, A. de. *Bilac*. Op.cit., p.86.

Mesmo longe das redações, Bilac conseguia manter um padrão de vida bastante razoável, que lhe permitia fazer viagens anuais à Europa, iniciadas no fim de 1908. Em 1911, visitou até mesmo Nova York, onde estudou a viabilidade de implantação da Agência Americana.[95]

Apesar de seu rompimento com a imprensa, Bilac continuou a publicar livros. Como os didáticos e paradidáticos, que possuíam público leitor assegurado, eram sucessivamente reeditados, o poeta animou-se a lançar mais dois títulos: *Através do Brasil* (1910), escrito com Manuel Bonfim, e *A pátria brasileira* (1911), em co-autoria com Coelho Neto, que logo também se tornaram sucessos de vendas.

Em 1912, Bilac lançou uma segunda edição, ampliada, de suas *Conferências literárias* e atenuou seu afastamento da imprensa, iniciando a publicação na revista *Careta* de vários sonetos luxuosamente ilustrados por J. Carlos (1884-1950). No ano seguinte, provavelmente como homenagem ao saudoso amigo, falecido em 1909, o poeta publicou a segunda edição, por ele revista e ampliada, do *Dicionário de rimas*, de Sebastião Cícero dos Guimarães Passos. Bilac provavelmente sentia-se à vontade para doutrinar sobre a arte poética, pois era reconhecido como grande poeta pelos contemporâneos; prova disso é sua eleição em 1913 como Príncipe dos Poetas Brasileiros por outros escritores,[96] em concurso promovido pela revista *Fon-Fon!* Sua coroação ocorreu no dia 21 de julho em festa em sua homenagem realizada no salão do *Jornal do Comércio*.[97]

No dia 9 de outubro de 1915, Olavo Bilac deu início à campanha pelo serviço militar obrigatório, à qual iria dedicar seus últimos anos de vida, com um discurso inflamado na Faculdade de Direito de São Paulo. Tratava-se de uma pregação pelo cumprimento de lei, aprovada em 1907, que instituía o sorteio militar, e pela obrigatoriedade do alistamento, que até então se baseava em uma espécie de "volun-

---

95 MAGALHÃES JR., R. *Olavo Bilac e sua época*. Op.cit., p.322.
96 Votaram em Bilac, entre outros, Lima Barreto, João do Rio, Gilberto Amado e Manuel Bandeira.
97 MAGALHÃES JR., R. *Olavo Bilac e sua época*. Op.cit., p.336.

tariado coercitivo".[98] Foi mais uma manifestação de seu engajamento político, embora menos apreciada atualmente, por ser confundida com militarismo puro e simples. Naquele momento histórico, marcado por um conflito de proporções mundiais, o poeta preocupava-se com a segurança do país, que se via ameaçado pelo imperialismo das grandes potências. Como antídoto para o nacionalismo europeu, prescrevia o nacionalismo brasileiro.

Mas a muitos contemporâneos deveria parecer estranho que o poeta, dado a ouvir estrelas, se houvesse empenhado na campanha pelo sorteio militar[99] e trocasse vivas e brindes com generais.[100] Contudo, a pregação de Bilac não era oportunista; fundamentava-se em antigas convicções, já expressas em crônica de 1905, motivada por boatos a respeito de supostas pretensões do Peru sobre o território brasileiro.

> Ninguém é mais inimigo de guerras e de guerreiros do que quem escreve estas linhas. As guerras são um legado abominável da barbaria, das épocas escuras em que a Violência imperava, como senhora absoluta, sem admitir o domínio da Razão. Deus me livre da desgraça de ainda ter de ver a minha terra convertida numa nação militar e conquistadora, armada até os dentes para ameaçar e ferir o direito e a liberdade das suas vizinhas. Sob um certo ponto de vista, mais vale ser fraco do que ser brutal, e antes ser mártir do que ser tirano...
>
> Mas o amor da paz não deve levar um homem (e muito menos uma nação) a despojar-se da sua liberdade, da sua honra e da sua vida, por

---

98 Ibidem, p.364.
99 Teixeira Mendes, em nome dos positivistas, desaprovou a cruzada do poeta. "Somos contrários [...] à encenação espalhafatosa e desnecessária das excursões cívicas do Sr. Olavo Bilac, a quem nos parece que as graves atitudes apostólicas não assentam bem. Antes o estão perdendo num inevitável ridículo." Apud MONTEIRO, M. *Bilac e Portugal*. Lisboa: Agência Editorial Brasileira, 1936, p.150.
100 Em desagravo ao poeta, que vinha sendo alvo de críticas e ironias da imprensa, três generais organizaram um banquete suntuoso no Clube Militar em 6 de novembro de 1915. A Marinha de Guerra também promoveu a sua homenagem, a que teriam comparecido três mil pessoas no dia 19 do mesmo mês. MAGALHÃES JR., R. *Olavo Bilac e sua época*. Op.cit., p.381.

imprevidência e por desleixo. Não devo querer ser um sicário, um salteador, um profissional do crime – mas também não devo querer ser um mole, um covarde, um pobre carneiro exposto a todas as tosquias.[101]

Bilac temia o imperialismo dos países europeus havia muito tempo, pois percebera que um país desarmado como o Brasil corria o perigo de ser por eles dominado. É o que se notava em crônica de 1908, na qual avaliava os riscos de um grande conflito mundial.

> Ainda vem longe o dia em que os monstruosos tubarões da Europa sintam a necessidade de comer-se uns aos outros: na África, na Ásia, na América, ainda há muitas tribos de selvagens pretos, e muitas hordas de índios, e muitos povos pequenos e fracos, que podem servir de opíparos almoços, lautos jantares e ceias pantaguélicas para a bulimia formidável da Inglaterra, da Alemanha, da França e da Rússia.[102]

Mais do que a garantia da capacidade de defesa, o poeta via no serviço militar obrigatório um poderoso instrumento para a erradicação de algumas das mazelas do país: o analfabetismo, a falta de higiene e saneamento nas cidades e a ausência de coesão cultural criada pela imigração indiscriminada. Foi brandindo esses argumentos que defendeu a proposta em seu discurso aos estudantes paulistanos com o mesmo ardor com que lutara pela Abolição e pela República.

> Que é o serviço militar generalizado? É o triunfo completo da democracia; o nivelamento das classes; a escola da ordem, da disciplina, da coesão; o laboratório da dignidade própria e do patriotismo. É a instrução primária obrigatória; é a educação cívica obrigatória; é o asseio obrigatório, a higiene obrigatória, a regeneração muscular e física obrigatória. As cidades estão cheias de ociosos descalços, maltrapilhos, inimigos da carta de ABC e do banho, – animais brutos, que de homens têm apenas a aparência e a maldade. Para esses rebotalhos da sociedade a caserna seria a salvação.[103]

---

101 FLAMINIO, L. Conversando... *A Notícia*. Rio de Janeiro, 15 abr. 1905, p.3, alto.
102 B. [Olavo Bilac] Registro. *A Notícia*. Rio de Janeiro, 12 nov. 1908, p.2, 1ª col.

Para dar sustentação à campanha pelo serviço militar obrigatório, Bilac criou em 1916, com o auxílio do engenheiro e político Miguel Calmon (1879-1935) e Pedro Lessa (1859-1921), ministro do Supremo Tribunal Federal, a Liga da Defesa Nacional, fundada com um patrimônio inicial de 13 contos de réis, doados pelo presidente Venceslau Brás e um grupo de plutocratas. Críticos da campanha acusaram o poeta de locupletar-se com verbas secretas do Tesouro Nacional, que seriam a verdadeira fonte de seus transportes patrióticos.

No dia 17 de dezembro de 1916, Bilac assistiu ao primeiro sorteio militar, que representava um relativo sucesso de sua doutrinação.[104] O ataque de um submarino alemão ao navio Paraná no dia 10 de abril de 1917[105] demonstrou que os temores do poeta não eram totalmente infundados. Na cerimônia de instalação da Liga da Defesa Nacional em Niterói, sede do governo do estado do Rio de Janeiro, em 15 de novembro do mesmo ano, Bilac revelou claramente sua visão do conflito em que o Brasil se envolvera e sua preferência pelos Aliados contra a "barbárie" germânica.

> Neste momento, a sorte do Brasil está sendo jogada. Viveremos ou morreremos: diante desta alternativa tremenda, não pode haver inconsciência. Esta guerra não é uma convulsão passageira da nossa história; não é uma agitação acidental, como os tumultos civis ou dissensões políticas, em que temos vivido durante os vinte e oito anos da República .... Não é esta uma guerra do Brasil. É a guerra da Humanidade.
>
> É uma guerra de extermínio: ou será aniquilada a Civilização, ou será aniquilada a brutalidade.[106]

Apesar de suas intensas atividades pela Liga da Defesa Nacional e de suas viagens transcontinentais, que nem mesmo a Guerra conseguira interromper, Bilac encontrou tempo para organizar, em 1916, um novo livro de crônicas e discursos: *Ironia e piedade*. No primeiro

---

103 BILAC, O. *Últimas conferências e discursos.* Op.cit., p.120.
104 MAGALHÃES JR., R. *Olavo Bilac e sua época.* Op.cit., p.390-8.
105 Ibidem, p.404-5.
106 BILAC, O. *Últimas conferências e discursos.* Op.cit., p.48.

semestre desse mesmo ano, realizou sua última viagem à Europa. No dia 30 de março, foi eleito sócio-correspondente da Academia das Ciências de Lisboa. Suas conferências em prol do Serviço Militar Obrigatório, proferidas em várias cidades do país, deram origem à compilação *A defesa nacional*. Esse livro, artigos publicados no *Boletim da Liga da Defesa Nacional*, a conferência *Bocage*, opúsculo de cinqüenta páginas impresso no Porto, todos de 1917, e cinco sonetos estampados na paulistana *Revista do Brasil*, de Plínio Barreto (1882-1958), no início de 1918, seriam suas últimas publicações em vida. No dia 18 de dezembro de 1918, Olavo Bilac faleceria vitimado por insuficiência cardíaca, falência dos rins e do fígado e edema pulmonar.[107]

Intelectual participante

Do intelectual desaparecido[108] poder-se-ia dizer tudo, exceto que vivera "no mundo da lua". Se em algum momento sofreu de "bovarismo", foi apenas no breve período em que freqüentou a Faculdade de Medicina e percorreu encantado a Via Láctea. O batismo jornalístico ocorrido em São Paulo o colocaria em pleno contato com a "vida da nação". Participou das lutas pela Abolição e pela República e esteve no centro do turbilhão político que foi o governo de Floriano Peixoto, durante o qual foi preso e se auto-exilou. Pacificado o país com o fim da Revolução Federalista, a vida do poeta se-

---

107 CARVALHO, A. de. *Bilac*. Op.cit., p.303-5. Henrique Orciuoli narrou de forma melodramática o passamento do poeta; baseara-se provavelmente no relato de Martins Fontes, que teria assistido às últimas horas do poeta ao lado do leito de agonia. ORCIUOLI, H. *Bilac: vida e obra*. Op.cit., p.181-5. O poeta santista constava da relação dos entrevistados pelo biógrafo.

108 Na última década do século XIX, a palavra "intelectual" era um neologismo. É o que atesta trecho de artigo sobre o teatro carioca. "Aos que escrevem, os intelectuais, como se vai chamando agora, aos que representam, aos que negociam em teatro, compete sem dúvida a grave responsabilidade do futuro do meio em que vivem ..." ALGERANA, V. Os empresários [artigo da série "O teatro (por dentro e por fora)"]. *A Notícia*. Rio de Janeiro, 14 jun. 1898, p.3, 2ª col.

ria caracterizada pelo intenso trabalho intelectual em jornais, escolas, gabinete de estudo, repartições do Estado e tribunas, apesar de ainda apreciar eventualmente o que Milliet chamou de "vadiagem e parolagem dos cafés".[109]

Embora a adesão inicial ao jornalismo pudesse ter sido determinada pela "necessidade de ganhar a vida", o intelectual Olavo Bilac jamais esteve desatento aos "fatos nacionais". Em suas crônicas e sátiras, defendeu a Abolição, a superioridade do regime republicano sobre o monárquico, o Estado de Direito contra o autoritarismo de Floriano Peixoto, o ensino público, laico e gratuito, a reforma urbanística do Rio de Janeiro, a qualidade dos serviços públicos (transporte, abastecimento de água etc.), a difusão do saneamento básico, os investimentos em saúde pública e muitas outras causas. Seu realejo muitas vezes tocava incansavelmente a mesma música;[110] o combate ao analfabetismo e a luta pela instrução primária, por exemplo, foram temas obsessivamente repetidos. Em crônica de 1905, por exemplo, dirigiu-se ao então candidato à Presidência, Afonso Pena, para comentar sua plataforma de governo.

---

109 De acordo com depoimento de Manuel Bonfim, registrado por Humberto de Campos em seu *Diário secreto*, Bilac bebia muito e por longas horas. O educador referia-se, *grosso modo*, ao período de 1899 a 1904. Cf. CAMPOS, H. de. *Diário secreto*. Op.cit., p.111-2. Interessado em erigir um Bilac sóbrio e morigerado, Raimundo Magalhães Jr. apegou-se à memória de Medeiros e Albuquerque, que, em seu livro póstumo *Quando eu era vivo...* (Porto Alegre: Globo, 1942), se referiu à sobriedade que Bilac teria adquirido após a morte em 1905 de José do Patrocínio, influência nefasta. Cf. MAGALHÃES JR., R. *Olavo Bilac e sua época*. Op.cit., p.268. Note-se, no entanto, que os dois testemunhos não são contraditórios. Bilac poderia perfeitamente ter deixado de beber *muito* após a morte do velho mestre e mecenas. O feroz Antônio Torres aludiu mais de uma vez às bebedeiras bilaquianas e aos costumes boêmios do poeta, sobre quem escreveu: "... bebeu; teve, dizem, amores marcados por estigmas degenerativos. Covarde sempre que seus interesses estiveram sob a mais vaga sombra de ameaça, foi, nos últimos dias da sua vida, um cabotino da força, um pedante do patriotismo, sustentados pelas Armas, pela Finança e até pelas bênçãos da Igreja". TORRES, A. *Pasquinadas cariocas*. Rio de Janeiro: A. J. Castillo, 1921, p.92.

110 A comparação de sua coluna a um realejo apareceu em crônica de 1906. B. [Olavo Bilac] Registro. *A Notícia*. Rio de Janeiro, 1º nov. 1906, p.2, 2ª col.

Nós não temos, no Brasil, vários problemas temerosos; temos um só, mas temerosíssimo problema: o da instrução. O problema da instrução não é um problema: é *O Problema*. O Brasil é uma agremiação de analfabetos. E uma agremiação humana qualquer pode ter boas finanças, boa lavoura, bom comércio, boa indústria, bom exército, boa marinha: se não tiver instrução, poderá ser tudo o que quiserem, mas nunca será *uma nação*.[111]

Bilac, que José Aderaldo Castello em obra recente considerou um "intelectual participante",[112] possuía efetivamente certo "sentimento de missão", que não lhe permitia calar-se diante dos problemas de interesse público. Numa crônica do fim de 1900, em que noticiava a realização do Congresso de Engenharia, cujo principal objetivo era discutir um projeto de saneamento do Rio de Janeiro, Bilac revelava consciência da sua função de orientador da opinião pública.

Unamo-nos, decidamo-nos a trabalhar, saiamos desta ignóbil apatia; se não houver já e já um ...[113] movimento de propaganda em favor da nossa reabilitação; se nós, que pretendemos honrar a nossa profissão de jornalistas, não concitarmos o povo a associar-se ao Congresso de Engenharia, no desejo de pôr um paradeiro a esta vergonha [ruas sem calçamento, casas abarracadas, construções da era colonial etc.]; se o Rio de Janeiro chegar ao século vinte e um como vai chegar ao século vinte, – uma eterna mácula cobrirá com o seu opróbrio a nossa raça.[114]

---

111 B. [Olavo Bilac] Crônica. *Gazeta de Notícias*. Rio de Janeiro, 15 out. 1905, p.1, 3ª col. Grifos do autor.

112 *A literatura brasileira*. Origens e unidade (1500-1960). São Paulo: Edusp, 1999, v.1, p.321.

113 Trecho ilegível.

114 B. [Olavo Bilac] Registro. *A Notícia*. Rio de Janeiro, 29 dez. 1900, p.2, 1ª col. Mais de um ano depois, Bilac ainda glosava o mesmo mote, estimulado pela transformação que testemunhara em Santos. "O que é preciso é que nenhum de nós fique inativo: trabalhemos, esforcemo-nos, escrevamos até que a pena nos caia da mão, gritemos até que a voz se nos suma da garganta – e desse infindável pedir de providências, resultará aquilo que todos desejamos: o aparecimento de um governo que se cubra de glória, salvando da ignomínia a capital mais rica, mais povoada, mais inteligente... e mais suja da América do Sul." B. [Olavo Bilac] Registro. *A Notícia*. Rio de Janeiro, 18 mar. 1902, p.2, 1ª col.

A crença nesse *império* dos jornalistas sobre "o povo" talvez possa explicar o empenho de Bilac na defesa do ensino primário, pois o analfabeto estava fora do campo de influência da imprensa civilizadora. Na amena crônica escrita mensalmente para a luxuosa revista *Kosmos*, o poeta não pôde deixar de comentar a sangrenta Revolta da Vacina (1904), que, segundo ele, teria sido desencadeada pela manipulação das massas analfabetas por políticos oportunistas. Como nada se fazia em prol da alfabetização, Bilac temia a ocorrência de novos distúrbios.

Amanhã, um especulador político irá, pelos becos e travessas em que reside a gente humilde, murmurar que o governo tenciona degolar todos os católicos, ou fuzilar todos os protestantes, ou desterrar todos os homens altos, ou encarcerar todos os homens baixos. E a gente humilde aceitará, como uma verdade, essa invenção imbecil, como aceitou a invenção da vacina com sangue de rato pestiferado... E pouco importa que em todas as esquinas se preguem editais aniquilando a calúnia, e pouco importa que todos os jornais destruam a infâmia em artigos, em notícias, em anúncios: – e a sua revolta brutal e irresponsável continuará a servir de arma aos especuladores.[115]

O analfabetismo preocupava o cronista porque colocava a maioria dos cidadãos fora do alcance da ação *orientadora* e *controladora* da imprensa e sob o domínio do obscurantismo e do extremismo político. O poeta tentava demonstrar ao poder público que o ensino primário generalizado *interessava muito mais ao Estado* do que ao cidadão particular.

A preocupação dos escritores com os problemas sociais e políticos era uma tendência da época. Leitor de periódicos parisienses, Bilac certamente acompanhou o caso Dreyfus, que empolgou a imprensa brasileira após a intervenção de Zola com "J'accuse", carta aberta ao presidente da República francês publicada no jornal *L'Aurore* em 1898. A calorosa defesa da inocência de Alfred Dreyfus, que rendeu ao romancista do *Germinal* perseguições e exílio, marcou

---

115 BILAC, O. Crônica. *Kosmos*. Rio de Janeiro, nov. 1904.

a afirmação da figura do intelectual empenhado. Apenas por ter defendido idéias e propostas que interessavam a setores dos grupos dirigentes, não se pode, evidentemente, considerar Olavo Bilac um alienado da vida social do país, pois, como observa Domenico Losurdo, "o *engagement* é uma categoria totalmente formal, que pode subsumir os mais variados conteúdos".[116] Talvez críticos como Sérgio Milliet, que acusariam Bilac de "bovarismo", defendessem um conceito parcial de *engagement*, produzido no bojo da polarização ideológica que marcou o século XX.

Do lado marxista, procura-se superar o formalismo da categoria *engagement*, identificando o empenho por excelência na luta ao lado das classes subalternas e dos povos oprimidos e do partido revolucionário, que deveria exprimir tais interesses.[117]

Defensor de idéias que foram paulatinamente encampadas pelo poder público, Bilac foi um típico intelectual empenhado das primeiras décadas da República Velha, que, após um período de boêmia e relativa rebeldia, aproximou-se do poder público, colocando seu talento à disposição do Estado. Mas esse aspecto de sua atividade foi por muito tempo menosprezado pela crítica literária.

À mercê dos pósteros

Em 9 de janeiro de 1919, na sede da Academia das Ciências de Lisboa, José Fernandes Costa (1848-1920) fez o elogio acadêmico do sócio-correspondente brasileiro recentemente desaparecido. O sócio-efetivo exaltou Bilac como um dos grandes prosadores da língua portuguesa, ao lado de Eça de Queirós (1845-1900), filiou-o à família literária portuguesa e negou que fosse parnasiano, por ter utiliza-

---

116 LOSURDO, D. Os intelectuais e o conflito: Responsabilidade e consciência história. Trad. de Carlos Alberto Dastoli. In: BASTOS, E. R.; RÊGO, W. D. L. (Orgs.). *Intelectuais e política*: A moralidade do compromisso. São Paulo: Olho d'Água, 1999, p.181.

117 Ibidem, p.181-2.

do rimas "fáceis" (com gerúndios) e criado uma poesia "pessoal e subjetiva".[118]

Tarde, último livro de poesia de Olavo Bilac, foi publicado postumamente em 1919,[119] mesmo ano em que saiu a *Pequena história da literatura brasileira*, de Ronald de Carvalho (1893-1935). Mas o historiador não pôde analisar detidamente o novo livro, ao qual dedicou apenas uma nota de rodapé. Da poesia bilaquiana, ressaltou a "singeleza e a limpidez do estilo", embora também apontasse a ausência das "grandes notas da inquietação e da dúvida". Segundo Carvalho, o que asseguraria a popularidade e o prestígio do poeta seria sua "concepção essencialmente epicurista e voluptuosa da vida". Como povo "em formação", que busca "como fins realizáveis e imediatos o prazer e o gozo", o povo brasileiro se reveria na obra do poeta, "no boleio nervoso de sua frase, no capricho de suas evocações formosas e sugestivas". Após citar fragmento do "Beijo eterno" (*Sarças de fogo*), poema em que o amor transbordaria com "violência equatoriana", o historiador revelou o "segredo da fascinação" de Olavo Bilac.

> Esse pansexualismo, em que se misturam todas as vozes do cosmos e em que todas vibram, uníssonas, no mesmo sonho de amor, é a mais forte característica da obra poética de Olavo Bilac, onde há um pouco do exotismo baudelairiano, muito da graça do renascimento italiano e espanhol e uma leve tinta de Heredia.[120]

Escrevendo um "bosquejo prematuro" sobre o livro póstumo de Bilac, Alceu Amoroso Lima (1893-1983) endossou a opinião de Ronald de Carvalho sobre essas "influências estranhas" sofridas pelo poeta, mas observou que a "mocidade ardente" a que pertencera o

---

118 COSTA, J. F. *Elogio acadêmico de Olavo Bilac*. Lisboa: Aillaud e Bertrand, 1919. p.42. No Teatro Amazonas, a Sociedade Amazonense dos Homens de Letras também reverenciou a memória do poeta. Na ocasião, discursou Benjamin de Araújo Lima. *Olavo Bilac*. Manaus: Imprensa Pública, 1919.
119 A partir da sétima edição da Francisco Alves, de 1921, as *Poesias* passaram a incorporar *Tarde*.
120 CARVALHO, R. de. *Pequena história da literatura brasileira*. 5.ed. Rio de Janeiro: Briguiet, 1953, p.306-10.

autor da Via Láctea não fora *parnasiana* nem *impassível*, pois nunca perdera, malgrado a "leve tinta de Heredia", "o lirismo natural, a solicitação dos sentidos, o calor estuante". A julgar por seu primeiro livro, Bilac não seria um "parnasiano".

> De quem era a própria epígrafe que escolhia para a sua profissão de fé? De Vítor Hugo. Ao correr do livro, raramente a arte supera o sentimento. A forma é cuidada mas sem demasia. As rimas são um complemento natural do verso, e não o seu objetivo. Não se lhe distingue a poética por virtuosidades excepcionais e antes por grande simplicidade na fatura. A emoção pessoal é a nota quase constante do livro, ainda nas descrições. Os temas clássicos não absorvem a inspiração, que se estende sem esforço aos motivos nacionais, passionais ou cotidianos.[121]

Seu parnasianismo manifestar-se-ia sobretudo "na escolha dos assuntos e mais freqüentemente no amor pelas palavras". Para Alceu Amoroso Lima, o autor das *Poesias* era um "escravo dos sentidos", principalmente da visão, que dele fazia um "sensualista profundo", porém limitado por uma "sensibilidade simples". Por isso, Bilac não possuiria "concepções torturadas nem momentos de psicologia aguda".[122]

Segundo o crítico, o livro póstumo registraria sensíveis mudanças no poeta.

> a vida é o próprio túmulo dos entusiasmos que desperta. O tempo atenua dores e alegrias, transfigurando-as. Bilac viveu, e vivendo subiu lentamente à serenidade. Seu último livro é quase uma vitória da razão sobre os sentidos. Não que o poeta se transforme de sensualista em pensador. Bilac desconheceu a tortura do pensamento ou, pelo menos, nunca a revelou.[123]

O "espírito de síntese" manifestado em *Tarde* haveria, segundo Alceu Amoroso Lima, comprometido a "facilidade" e a "esponta-

---

121 LIMA, A. A. *Primeiros estudos*. Rio de Janeiro: Agir, 1948, p.82.
122 Ibidem, p.84.
123 Ibidem, p.86.

neidade", que asseguraram a popularidade de Bilac. A idéia da morte iminente teria neutralizado o "sensualismo ardente" da mocidade.

> o poeta espiritualizou-se. Entoando um canto mais nobre e duradouro, atingiu a uma perfeição por ele ainda não alcançada, se bem que perdendo um pouco da espontaneidade simples e elegante de outrora que por vezes ressurge. *Tarde* é um grande livro, com alguns defeitos de suas qualidades, mas de nobre inspiração, pensamento sereno e às vezes profundo, expressão simples e forte.[124]

Ainda em 1919, no lançamento da pedra fundamental de monumento a Olavo Bilac que seria erigido em São Paulo, Amadeu Amaral (1875-1929) homenageou com um discurso laudatório o poeta morto, em cuja vida distinguia uma "linha de ascensão moral". O orador reconhecia que Bilac fora "um dos boêmios mais completos que a vida de jornal, de literatura, de botequim e de cabotinagem tem engendrado, no Brasil", mas assegurava que, mais tarde, deixara "a vida de boêmio, absolutamente como quem despe um fato já imprestável".[125] Na poesia bilaquiana, também percebia uma "ascensão harmoniosa", pois subira "de um alado materialismo a uma alta espiritualidade".[126]

Em seu discurso, Amaral contrapôs-se aos que consideraram *Tarde* um "livro de declínio".

> A meu ver, *Tarde* não só é incomparavelmente superior, em tudo, à primeira produção do poeta, como é muito superior a quase tudo quanto existe de melhor em nossa poesia.
>
> A obra de Bilac é como uma pirâmide invertida, gradual e insensivelmente crescendo tanto em altura como em largueza. Na *Tarde* estão as suas maiores medidas, num e noutro sentido. A sua arte chegou aí à máxima elevação de pensamento e desdobrou-se, harmoniosamente, numa rica multiplicidade de intenções.

---

124 Ibidem, p.92.
125 AMARAL, A. *O elogio da mediocridade*. Estudos e notas de literatura. São Paulo: Hucitec, Secretaria de Cultura e Tecnologia do Estado de São Paulo, 1976, p.72.
126 Ibidem, p.87.

Já não o contentavam, nesse livro, os puros efeitos plásticos do verso, juntos à exploração estreita de certos recantos da alma, nem sempre os mais nobres, os mais superiores ao jogo dos instintos e das tendências elementares. A sua poesia deixou de ser a avena canora, cujo som forte traça desenhos melódicos de uma simplicidade recortada e primitiva, para se tornar num órgão possante e perfeito, apto a interpretar todos os movimentos da alma, até os mais vagos e fugitivos, os mais recônditos e intraduzíveis.[127]

Enquanto Ronald de Carvalho e Alceu Amoroso Lima apontavam o sensualismo como importante característica de Bilac, cuja amenização no livro póstumo teria, de acordo com o segundo crítico, comprometido a "facilidade" e a "espontaneidade" de sua poesia, o admirador Amadeu Amaral tentou negar a fidelidade do poeta à vida de boêmio e defendeu a tese de sua ascensão espiritual constante, completada com a publicação de *Tarde*.

Críticas posteriores ao modernismo

Na mesma cidade em que se projetava o monumento ao poeta, surgiriam alguns de seus críticos mais severos. O autor de *Via Láctea* era um *medalhão* que obstruía o caminho da afirmação de uma nova e ambiciosa geração literária.[128]

Mário de Andrade (1893-1945) foi o primeiro modernista a fazer uma avaliação crítica mais ampla e bem fundamentada da contribuição do parnasianismo para a poesia brasileira. Em 1921, o autor de *Pauliceia desvairada* publicou no *Jornal do Comércio*, edição

---

127 Ibidem, p.74.
128 Bilac tinha plena consciência da luta que se trava entre as gerações literárias. A esse respeito, era muito ilustrativo o seguinte trecho de uma "crônica de saudades", na qual Bilac evocava nostalgicamente seus dias de anonimato: "Para mim ... há sempre encanto e novidade na recordação daquele tempo, em que eu, ainda menino, dava a qualquer dos outros, já homens feitos ou velhos, os mesmos epítetos de 'medalhão' e de 'mastodonte', que os meninos de hoje já me devem dar por aí". Crônica. *Gazeta de Notícias*. Rio de Janeiro, 2 ago. 1903, p.1, 8ª col.

de São Paulo, uma série de artigos intitulada "Mestres do Passado", na qual analisou as obras dos mais famosos poetas parnasianos: Francisca Júlia (1874-1920), Raimundo Correia, Alberto de Oliveira, Olavo Bilac e Vicente de Carvalho (1866-1924). A série fora precedida por calorosa polêmica na imprensa, motivada pela divulgação, por Oswald de Andrade (1890-1945), de alguns poemas "futuristas" de Mário de Andrade.[129] Por isso, aqueles artigos do *Jornal do Comércio* eram em certa medida uma reação modernista a ataques desfechados pelo *status quo* literário. Com sarcasmo mal disfarçado por um falso tom "amistoso", Mário de Andrade classificou sua intervenção nos debates como um *"réquiem"* aos parnasianos.

> Ó Mestres do Passado, eu vos saúdo! Venho depor a minha coroa de gratidões votivas e de entusiasmo varonil sobre a tumba onde dormis o sono merecido! Sim: sobre a vossa tumba, porque vós todos estais mortos![130]

Com efeito, esse balanço poético pretendia "enterrar" a contribuição do passado a fim de abrir espaço no campo literário para os novos poetas modernistas, portadores exclusivos de "vida, alegria e liberdade", elementos que seus antecessores teriam desprezado. Notava-se a estratégia com bastante nitidez na parte intitulada "Coral" do último artigo, em que Mário de Andrade, em um premeditado tom enfurecido, amaldiçoava os Mestres do Passado. O trecho equivalia a um exorcismo dos fantasmas que teimavam em perturbar a marcha triunfal dos vivos.

Após a consolidação do movimento modernista, admiradores e detratores da obra de Olavo Bilac não mais puderam ignorar as

---

129 Com o artigo "O meu poeta futurista", publicado no *Jornal do Comércio*, edição de São Paulo, em 27 de maio de 1921, Oswald de Andrade atraiu sobre o poeta da ainda inédita *Paulicéia desvairada* a fúria e o sarcasmo de todos aqueles que não aceitavam a arte moderna e consideravam a designação de futurista um anátema. Depois, Mário de Andrade negaria pertencer à escola de Marinetti no artigo "Futurista?!", publicado no mesmo jornal em 6 de junho de 1921. Cf. BRITO, M. da S. *História do modernismo brasileiro*. 4.ed. Rio de Janeiro: Civilização Brasileira, 1974, v.1, p.227-38.
130 Ibidem, p.257.

críticas de Mário de Andrade quanto à falta de espontaneidade, originada pela busca da "perfeição", e outros "vícios" parnasianos: eloqüência gratuita, predomínio do virtuosismo versificatório sobre a inspiração, sensualidade que às vezes se transformava em "pornocinematografia", falsidade de alguns temas, repetição mecânica de estruturas sintáticas etc.

Depois da catilinária, uma exaltação. Para Humberto de Campos (1886-1934), em texto publicado em 1923, Bilac era o "expoente da elegância na civilização brasileira", elegância que se manifestava em sua individualidade e em sua poesia.

A sua obra não tem rimas preciosas, imagens imprevistas, conceitos escandalizadores. Pautado nos clássicos, ele foi, na beleza do conceito, na pureza da língua, na discrição da imagem, um clássico da idéia e da linguagem. A corrente harmoniosa que vinha de Petrarca, através de Garcilaso, de Lope de Vega, de Quevedo, de Camões, de Bocage, dos sonetistas líricos universais, chegou até ele com a sua pureza originária. Nada de arrebatamentos. Nada de exageros. Nada que fizesse, pelo estrondo do vocábulo ou pelo fulgor da idéia, tapar o ouvido e fechar os olhos. A medida que lhe regulava os gestos na vida disciplinava-lhe, exata, o vôo do pensamento.[131]

Humberto de Campos preferia, no entanto, o "sonetista sensual, impetuoso, ardente" das *Poesias* ao "assombroso ourives literário" da *Tarde*, que teria surgido por imposição dos preconceitos do tempo e do meio.

Continuar, na maturidade, a ser o mesmo espírito ardente dos seus dias de juventude, o mesmo fauno coroado de pâmpanos e rodeado de ninfas, seria expor-se, talvez, ao ridículo, à mofa, à zombaria da gente nova.[132]

O autor de *Carvalhos e roseiras* assim justificou sua preferência:

---

131 CAMPOS, H. de. Olavo Bilac. In: BILAC, O. *Obra reunida*. Org. e int. de Alexei Bueno. Rio de Janeiro: Nova Aguilar, 1996, p.48.
132 Ibidem, p.51.

Bilac sem beijos, sem a ronda voluptuosa dos corpos sensuais e fugitivos, das bocas súplices e dos braços estendidos como tentáculos do pecado, não seria Bilac. A sua força literária, como a de todos os grandes líricos, estava na sede dos sentidos, ou, melhor, na mulher, que é a fonte em que ela se desaltera.[133]

Em 1924, Jackson de Figueiredo (1891-1928), luminar do pensamento católico, procurou defender Bilac das "acusações levianas" de que era vítima.

Surpreendeu-me ver que muitos bravos espíritos empreendessem diminuir o entusiasmo da nossa mocidade pelo seu grande poeta, apresentando-o como um boêmio ou um feliz caçador de aplausos.[134]

Para Figueiredo, Bilac e Castro Alves eram os grandes poetas da nacionalidade brasileira. O parnasiano seria o "gênio da plasticidade", que se imporia "aos nossos ouvidos, à nossa memória, ao nosso coração, ao nosso espírito".

Uma das provas de que se refletia na alma de Olavo Bilac a alma brasileira é a melancolia que, sobre a sua obra, está, dos versos mais sensuais e brilhantes às inquietações do seu vespertino crepúsculo intelectual – cortado de tão íntimas aflições – como a figura angélica, misteriosa, que a protegeu sempre da sujeira realista e, emprestando-lhe as asas de um tênue intelectualismo, pôde conservá-la, até o fim, entre os límpidos raios de uma estesia, se bem que sensual, como todas o são mais ou menos, se bem que ardentemente sensual, jamais de sensualidade grosseira.[135]

Iniciando a "revisão de valores", que seria promovida pela revista *Movimento Brasileiro*, Renato Almeida (1895-1981) avaliou em 1929 a obra bilaquiana do ponto de vista do modernismo.

---

133 Ibidem, loc.cit.
134 FIGUEIREDO, J. de. Traços para uma apologia de Bilac. In: COUTINHO, A. (Org.). *Caminhos do pensamento crítico*. Rio de Janeiro: INL, Pallas, 1980, p.900.
135 Ibidem, p.893.

Ninguém negará a poesia de Olavo Bilac, mas, hoje em dia, ela não pode mais comover. Feita para os sentidos, pode ser lida com deleite, mas o interesse passou e, como tudo que não tem invenção, que não tem mistério, será incapaz de deter a inteligência humana que, nessa pesquisa, renova incessantemente a arte. São obras feitas e acabadas, incapazes de despertar emoções novas. Cada época pode refazer Goethe ou Byron, haverá sempre descobertas. Esse é o segredo da eternidade dos grandes artistas, que nunca se esgotam. Todos os homens viverão com eles o seu modo diferente de ser. Mas, não terão esse privilégio aqueles que, como Olavo Bilac, se limitaram nas aparências, por mais extraordinárias que tivessem sido.[136]

Para Almeida, Bilac era naquele momento um poeta superado.

Como explicar a passagem rápida de Olavo Bilac? Há vinte anos era um dominador. Hoje já se lhe revêem os valores em debate frio. Nos poetas modernos não perdura dele a menor influência e já se fixou no passado. É que a poesia do Brasil atual é uma força dinâmica, de criações novas e foge de todo artificialismo, despreza a retórica e a afetação. Procura os motivos nacionais, na sua simplicidade, no sentido íntimo do folk-lore [sic], na vida quotidiana. É uma poesia de síntese, celebraliza-se, constrói.[137]

Segundo Agripino Grieco (1888-1973), em texto do início da década de 1930, as críticas ao poeta eram simplesmente fruto de "inveja", pois Bilac fora um homem encantador e delicadíssimo, cujos amores eram "puramente cerebrais". O crítico fez questão de registrar suas dívidas com o poeta.

Todos os da nossa geração (embora se tratasse de um templo suspeito) fizemos em Bilac a nossa iniciação intelectual, deliciados com os seus versos de amor em que há cristal e veludo, em que há doçuras de pagem enamorado, ou com os seus versos lúbricos, em que há um calor de fe-

---

136 ALMEIDA, R. Revisão de valores: Olavo Bilac. *Movimento Brasileiro*. Rio de Janeiro, v.1, n.8, ago. 1929, p.7.
137 Ibidem, p.8.

bre, algo do latejar do pulso da Loucura. Quaisquer que fossem os seus defeitos, não nos envergonhemos dele...[138]

Em 1934, Afonso de Carvalho (1897-1953) publicou *Poética de Olavo Bilac*,[139] estudo minucioso e documentado dos recursos técnicos empregados pelo poeta. A obra reagia às críticas modernistas, defendendo a versificação e o ritmo parnasianos, as rimas raras, o culto ao dicionário – em suma, o que seu autor considerava *a* Poética, que, malgrado "todas as modernas inovações", permaneceria "sempre soberana nos seus princípios, eternos, básicos, invariáveis...".[140] No entanto, paradoxalmente, Carvalho procurou demonstrar que Bilac não fora um parnasiano ortodoxo, mas sim "um grande lírico ... que [tinha] sua musa educada, disciplinada, obediente a ritmos e pausas".[141]

Quatro anos depois, Afonso Arinos de Melo Franco intentou situar a "grande voz extinta" no meio da "vida moderna", traduzindo "uma certa posição coletiva", que era, em suma, a dos modernistas. De início, observou que faltava à musa bilaquiana "uma espécie de vitalidade, de substância nos temas".[142] Depois de conceder que o pleno domínio da forma, entendida como "limite da substância" e "individualização e concentração da essência", é caraterística de poetas díspares, como Rimbaud e Camões, o crítico apontou o equívoco do parnasianismo.

Mas não há vida sem forma, não pode haver, tampouco, na arte poética, forma sem vida. E a fatalidade do parnasianismo foi precisamente esta: a de procurar dar forma a motivos mortos. A poesia parnasiana querendo ser fria conseguiu mais que desejava, pois foi letal. Mumifi-

---

138 GRIECO, A. *Evolução da poesia brasileira*. Rio de Janeiro: Ariel, 1932, p.74.
139 Rio de Janeiro: Civilização Brasileira, 1934. Essa obra seria depois incluída em outro livro de Afonso de Carvalho: *Bilac*: o homem, o poeta, o patriota. Rio de Janeiro: José Olympio, 1942.
140 CARVALHO, A. de. *Bilac*: o homem, o poeta, o patriota. Rio de Janeiro: José Olympio, 1942, p.193.
141 Ibidem, p.123.
142 FRANCO, A. A. de M. *Idéia e tempo*. São Paulo: Cultura Moderna, 1938, p.6.

cou cadáveres, vestiu e perfumou defuntos colocando-os assim, hirtos e gélidos, nos sarcófagos de cristal dos alexandrinos.[143]

O mesmo problema afetaria a poesia de Bilac e o incompatibilizaria com a "sensibilidade moderna".

nada está mais distante do Brasil de hoje do que a sua poesia incontestavelmente inspirada e bela..., mas que se perde na fixação de temas já mortos no seu tempo e que hoje não nos interessam mais. Episódios de uma História gongórica e heróica, que não é a que praticamos, anotações morais e filosóficas que não passam de lugares comuns, um problema sexual sem mistério e cuja descrição nunca prima pelo bom gosto, um amor retórico pela sua terra, suspeito como os amores que acabam em pontos de exclamação, eis a magra messe que se obtém por debaixo das roupagens enganosas da sua musa.[144]

Das *Poesias*, Afonso Arinos admirava apenas a *Via Láctea*; em sua opinião, o último livro, *Tarde*, reunia o melhor de Olavo Bilac, por ser o resultado de um "longo, lento esforço para a humanização e para a vida".[145]

O "pan-sexualismo" identificado por Ronald de Carvalho nas *Poesias* inspiraria a conferência "O sensualismo na poesia de Olavo Bilac", pronunciada em Montevidéu em 1937 por Guilherme de Almeida, que desenvolveu a percepção do historiador.

A poesia de Bilac é um contato sexual com tudo que o [sic] cerca. O poeta é uma forma de amor pela qual se conformam todas as formas. Em torno dele, numa embriaguez afrodisíaca, tudo da terra e do céu, as árvores e montanhas, estrelas e nuvens – tudo, para mais e melhor amar e ser amado, vai tomando o aspecto humano, num antropomorfismo lúbrico, lascivo, exaltado, ofegante, lânguido, desfalecido... Tudo, ao magnetismo do seu desejo irresistível, vai ficando de carne humana viva e quente, vai adquirindo cinco sentidos, vai acendendo-se de uma cha-

---

143 Ibidem, p.9.
144 Ibidem, p.9-10.
145 Ibidem, p.17.

ma furiosa, vai olhando com delírio, ouvindo com gula, provocando com beijos, tocando com luxúria, aspirando com espasmo, humanamente... Tudo é gente, em derredor. E tudo em torno é só amor...[146]

Partidário da tese do "movimento ascensional" na poesia de Olavo Bilac, Melo Nóbrega (1901-1978), em obra de 1939, reagiu à interpretação acalorada do poeta modernista, procurando atribuir o erotismo inicial do poeta a outras causas.

> Bilac tinha o feiticismo da perfeição plástica. Seu verso lembra, na contextura, linhas arquitetônicas. Via no corpo feminino a esquematização desse equilíbrio de formas, que o obcecava.[147]

Em 1945, em seu *Ensaio sobre o parnasianismo brasileiro*, Duarte de Montalegre (1920), endossando a interpretação de Afonso Arinos, identificou "uma comprida jornada espiritual" na poesia bilaquiana. Mas sua concordância com o crítico brasileiro não era absoluta, pois dele discordava a respeito da ausência de "sentimento poético" em *Panóplias* e de "vitalidade ou substância nos temas", sustentando que a "imortalidade" de Bilac estava assegurada por ter sido o "maior" dos parnasianos brasileiros.[148] O crítico português defendeu que a "evolução espiritual" do poeta não teria afetado "a estética parnasiana no seu aspecto técnico, nem tão pouco no seu aspecto ideal".[149] No entanto, Montalegre, que, explicitamente assumira a defesa do parnasianismo, páginas adiante acusou essa estética de ter "acorrentado" o poeta a "temas menos vivos", dos quais o poeta se libertara com sua evolução "num sentido de maior simplicidade, de mais profunda humanização".[150] Com essas palavras, dava involuntariamente razão a Afonso Arinos.

---

146 Apud NÓBREGA, H. G. de M. *Olavo Bilac*. Rio de Janeiro: Brasílica, 1939, p.113-4.
147 Ibidem, p.115.
148 MONTALEGRE, D. de. *Ensaio sobre o Parnasianismo Brasileiro*. Coimbra: Coimbra, 1945, p.83-4.
149 Ibidem, p.88.
150 Ibidem, p.98-9.

Na *Apresentação da poesia brasileira*, publicada em 1954, Manuel Bandeira (1886-1968) observou que, com seu livro de estréia, *Poesias*, Olavo Bilac

> se apresentava no maior rigor da nova escola [o parnasianismo], e no entanto com uma fluência na linguagem e na métrica, uma sensualidade à flor da pele que o tornavam muito mais acessível ao grande público.[151]

Das partes que compunham o volume, o poeta modernista considerou as *Panóplias* "tipicamente parnasianas", pois nelas se notaria a influência de Leconte de Lisle; na *Via Láctea*, por outro lado, distinguia

> outra fonte de lirismo mais próximo e aparentado ao nosso: a dos grandes mestres portugueses, na velha tradição subjetiva que vem desde os poetas dos cancioneiros. Aqui o Poeta esqueceu o fútil ideal de artífice programado na "Profissão de fé", e a salvo dos prejuízos da escola exprimiu com simplicidade as alegrias e os alvoroços de uma paixão purificadora. Havia realmente nesses trinta e cinco sonetos um sabor novo em nossa poesia e muito pessoal.[152]

Já os poemas "eloqüentemente sensuais" das *Sarças de fogo*, considerou – ecoando restrição formulada por Veríssimo – agradáveis às "sensibilidades mais vulgares", mas deles destacou o soneto "Nel mezzo del camin..." como "digno de figurar entre os mais perfeitos da nossa língua".[153]

Quanto à "edição definitiva" das *Poesias*, aumentada de três novas partes, Bandeira, ainda seguindo os passos de Veríssimo, avaliou que o poeta "não se ultrapassou" nela. Ressalvou apenas o "esforço considerável" representado por *O caçador de esmeraldas*, que "apontava à epopéia uma direção mais nacionalmente verdadeira que a do indianismo".[154]

---

151 BANDEIRA, M. *Apresentação da poesia brasileira*. Rio de Janeiro: Casa do Estudante do Brasil, 1954, p.100.
152 Ibidem, p.101.
153 Ibidem, loc.cit.
154 Ibidem, p.103.

Finalmente, pronunciou-se sobre *Tarde*, que considerou uma coleção de sonetos tão diversa da *Via Láctea* "quanto um triste crepúsculo o é de uma manhã de sol". Sua avaliação do livro póstumo diferia frontalmente da esboçada por Afonso Arinos.

> Nota-se na forma desses sonetos uma involução para a rigidez parnasiana, para a lógica da chave de ouro, para a solenidade vocabular. Desejaríamos menos clangor de metais nessa grave sinfonia da tarde.[155]

Com este último período, Bandeira aludia ironicamente ao último soneto de *Tarde*, "Sinfonia". Pode-se deduzir que, para o poeta modernista, Bilac foi melhor poeta quando menos foi parnasiano.

As restrições de Bandeira, a crítica cerrada de Mário de Andrade e a pá de cal jogada por Afonso Arinos, somadas às críticas de José Veríssimo e Nestor Vítor, ainda hoje influenciam a apreciação crítica do autor das *Poesias*, como se demonstra adiante.

Novos admiradores

Apesar das críticas modernistas, que aliás não foram totalmente desfavoráveis a Bilac, boa parte do público permaneceu fiel ao poeta, cujos livros ainda encontravam boa receptividade em 1949, segundo observação de Otto Maria Carpeaux (1900-1978).[156]

Em 1955, na obra coletiva *A literatura no Brasil*, organizada por Afrânio Coutinho (1911-2000), Péricles Eugênio da Silva Ramos (1919-1992), um dos poetas mais representativos da chamada Geração de 45, ousou mudar o enfoque dado pelos modernistas à poesia parnasiana, que, para ele, não era a estética desgastada combatida pelos modernistas, mas sim a responsável por uma renovação na poesia brasileira mediante a superação do romantismo e de efêmeras correntes realistas: poesia filosófico-científica, poesia científica

---

155 Ibidem, p.104.
156 *Pequena bibliografia crítica da literatura brasileira*. 2.ed. rev. e aum. Rio de Janeiro: MEC/Serviço de Documentação, 1955, p.73.

tout court e a *soi-disant* poesia socialista. Segundo Ramos, Bilac seria o mais "equilibrado" e "representativo" dos parnasianos brasileiros, em cuja poesia se notariam "o trabalho formal e o culto do estilo", "a correção do verso e da língua" e a "simplicidade como resultado do lavor".[157] O crítico creditou a popularidade do poeta à sua simplicidade clássica, opondo-se a outra explicação.

Julgar que a nota erótica é a responsável direta pelo favor popular que sempre o acompanhou, não é perceber com justiça o fenômeno Bilac: sua poesia sensual não tinha novidade quanto ao fundo, pois derivava de Baudelaire e do Realismo brasileiro; o que houve foi que Bilac deu às sugestões da época o prestígio de sua expressão, e com essa fórmula atingiu o êxito.[158]

Ramos identificou "diretrizes díspares" nas três partes do livro de estréia do poeta, pois nas *Panóplias* e nas *Sarças de fogo* haveria um culto à objetividade, enquanto na *Via Láctea* predominaria o lirismo, ou melhor, "um subjetivismo de extração clássica", porque Bilac rejeitaria a herança romântica. Em *Tarde*, o poeta, preocupado com "o problema da morte e do sentido da existência", adotaria "uma atitude filosófica em face da vida", que já se esboçara em alguns poemas de *Alma inquieta* (1902).[159]

No "Suplemento literário" do jornal *O Estado de S.Paulo*, um dos maiores críticos literários brasileiros do século XX publicou em 1958 uma interpretação do soneto "Sahara Vitae", integrante das *Sarças de Fogo*. Para Antonio Candido, Olavo Bilac seria "o mais variado dos parnasianos no campo do soneto", embora apresentasse "inclinação pelo cromo e pelo esquema" como os demais parnasianos.[160] Após breve análise do poema, o crítico observou:

---

157 RAMOS, P. E. da S. Olavo Bilac. In: COUTINHO, A. (Org.). *A literatura no Brasil*. Rio de Janeiro: Sul-Americana, 1955, v.2, p.324-5.
158 Ibidem, p.325.
159 Ibidem, p.327.
160 CANDIDO, A. A vida em resumo. In: Ibidem. *Brigada ligeira e outros escritos*. São Paulo: Editora Unesp, Fundunesp, 1992, p.137-43. Esse artigo foi recolhido pela primeira vez em *O observador literário*. São Paulo: Conselho Estadual de Cultura, 1959.

os recursos do poeta ... parecem bastante simples e quase elementares. No entanto – é preciso insistir – a sua força vem justamente da banalidade dessa atmosfera opressiva e dolorosa [representada por imagens, substantivos e verbos escolhidos, aliterações], que não obstante é a vida.[161]

Candido estendeu sua avaliação do soneto, considerado uma alegoria da "insensibilidade da natureza em face da dor humana", ao conjunto da obra do poeta.

> nesta alegoria de Bilac não vislumbramos qualquer afirmativa da grandeza do homem pelo sofrimento. Graças à técnica parnasiana do soneto *fechado*, temos uma atmosfera naturalista de passividade ante o esmagamento do ser pelas coisas, descartada a miragem fugidia da ilusão e reintegrada a natureza devoradora na sua insensibilidade. Filosofia aparentada à de Quincas Borba, mas sem o alívio aparente do humor. Filosofia de naturalista amargo, embora sereno sob a perfeição formal, que não consegue, porém, grangear a nossa adesão profunda; e isto ocorre na maioria dos versos desse admirável poeta superficial. O motivo se encontra em parte no fato de não ser ele muitas vezes capaz de ver mais que um *espetáculo*, um pretexto para "dobrar a estrofe cristalina".[162]

Apesar de, à maneira de Veríssimo, denunciar a "superficialidade" do poeta e acusá-lo de usar os problemas humanos como pretexto para versejar, Candido reconheceu que ele criara "miniaturas admiráveis de lugares-comuns" capazes de "estimular o nosso desejo de sentir a vida em resumo".[163]

Desde a década de 1920, diversos autores narraram a vida de Bilac.[164] Embora valorizassem o poeta e o patriota da Liga de Defe-

---

161 Ibidem, p.141.
162 Ibidem, loc. cit. Grifos do autor.
163 Ibidem, p.142-3.
164 GUERRA, Á. *Olavo Bilac*. São Paulo: Melhoramentos, 1923. CAVALCANTI, O. M. H. *O artista da forma e da beleza*. Porto Alegre: Oficinas Gráficas da Escola de Engenharia, 1925. MONTEIRO, M. *Bilac e Portugal*. Lisboa: Agência Editorial Brasileira, 1936. CARVALHO, A. de. *Bilac*: o homem, o poeta, o patriota. Rio de Janeiro, José Olympio, 1942, PONTES, E. *A vida*

sa Nacional, não deixavam de referir-se ao boêmio e ao jornalista. Em 1963, surgiria uma biografia que daria grande destaque aos aspectos pitorescos e engraçados da sua biografia. O livro *Vida e poesia de Olavo Bilac*, de Fernando Jorge, colocou em polvorosa os arraiais literários, como recorda o próprio autor no "Prefácio à segunda edição", de 1972.

> Quando saiu a primeira edição deste livro, o autor ficou surpreso com as discussões que se travaram em torno da obra. Choveram tantos ataques, houve tantas polêmicas, que no começo não podemos compreender a razão da extraordinária barafunda. Alguns jornais, lançando gasolina na fogueira, informaram que amigos e pessoas da família de Bilac estavam indignados, pois o biógrafo pintara o lírico de "Virgens mortas" como um libertino, um devasso...[165]

Para um professor universitário, a obra pertenceria "à área de irresponsabilidade, de mexericos e fofocagens abastardantes".[166] Já a reação de Raimundo Magalhães Jr., depois chamado por Fernando Jorge de "fracassado biógrafo de Cruz e Sousa", teria sido mais violenta, por haver-se irritado com a descrição da vida boêmia de Olavo Bilac.

Lendo tal livro, tem o leitor a impressão de que Bilac era um sujeitinho gracejador e irresponsável, pertencente a uma súcia de gaiatos mais ou menos desocupados, que levavam a vida entre brejeirices e anedotas, pregando peças a Deus e ao mundo.[167]

---

exuberante de Olavo Bilac. Rio de Janeiro: José Olympio, 1944, 2v. ORCIUOLI, H. *Bilac: vida e obra*. Rio de Janeiro: Guaíra, 1944. ARROYO, L. *Olavo Bilac*. 2.ed. rev. e amp. São Paulo: Melhoramentos, 1952. ELTON, E. *O noivado de Bilac*. Rio de Janeiro: Organização Simões, 1954. LIMA, A. A. *Olavo Bilac: poesia*. Rio de Janeiro: Agir, 1957. (Nossos Clássicos, 2). LÍBERO, N. *Olavo Bilac: o homem e o amigo*. [São Paulo] Anhambi [1960].
165 JORGE, F. *Vida e poesia de Olavo Bilac*. Op.cit., p.XXI.
166 Palavras de Ary da Matta publicadas no *Diário de Notícias* do Rio de Janeiro em 1963. Apud JORGE, F. *Vida e poesia de Olavo Bilac*. Op.cit., loc.cit.
167 Apud JORGE, F. *Vida e poesia de Olavo Bilac*. Op.cit., loc.cit.

Apesar das reações que provocou, a biografia escrita por Fernando Jorge, luxuosamente ilustrada e fartamente documentada, revelava um renascimento do interesse dos intelectuais pela figura de Olavo Bilac. Significativamente, o livro trazia um prefácio assinado por um modernista, Menotti del Picchia (1892-1988), que amenizou as críticas aos parnasianos formuladas por seus companheiros de geração.

> A forma irreverente com que tratávamos o poeta máximo de sua geração [Olavo Bilac] era, para nós, os de 22, uma reverência. Discuti-lo era amá-lo.[168]

Em 1964, Antonio Candido e José Aderaldo Castello ensaiaram uma síntese das críticas até então feitas a Olavo Bilac.

> Na sua obra há uma combinação feliz da tradição clássica portuguesa [Bandeira] com o exemplo dos parnasianos franceses [Ronald de Carvalho], refundida por um ardente temperamento plástico e retórico [Veríssimo, Mário de Andrade]. Em nossa literatura, não há muitas de tão acabada perfeição formal [Araripe Jr., Ronald de Carvalho], seja na pureza da língua, seja na habilidade da versificação [Mário de Andrade, Afonso de Carvalho, Manuel Bandeira]. Entretanto, embora poucas vezes pareça simples malabarismo [Mário de Andrade], a sua poesia é superficial enquanto visão do homem [Veríssimo, Alceu Amoroso Lima]. Isto se deve com certeza ao fato de parar na camada sensorial das cores, dos sons, das combinações plásticas [Alceu Amoroso Lima], fazendo as próprias idéias e sentimentos se transformarem em meras palavras bem ordenadas [Veríssimo]. Deve-se, também, à incapacidade de concentração mental [Nestor Vítor], que transforma os seus conceitos poéticos em tiradas banais [Afonso Arinos].[169]

Note-se que certas características do poeta foram apresentadas de forma positiva. Se, por um lado, fizeram uma restrição quanto à superficialidade da "visão do homem", que justificaram pelo "senso-

---

168 PICCHIA, M. del. Da biografia e de Olavo Bilac. In: JORGE, F. *Vida e poesia de Olavo Bilac.* Op.cit., p.XVII.
169 CANDIDO, A.; CASTELLO, J. A. *Presença da literatura brasileira:* história e antologia. São Paulo: Difusão Européia do Livro, 1964, v.2, p.243.

rialismo" e pela "incapacidade de concentração mental" do poeta, os autores amenizaram, por outro lado, a crítica de Mário de Andrade à eloqüência vazia de Olavo Bilac, por ele chamado de "o malabarista mais genial do verso português".[170] Para Candido e Castelo, o "simples malabarismo" seria encontrado "poucas vezes" em sua poesia.

Com seu centenário de nascimento em 1965, o nome de Bilac voltou a ser lembrado por admiradores da sua obra ... e pelos militares,[171] no poder desde o ano anterior, que se mostravam sempre gratos ao defensor do serviço militar obrigatório. Em 1939, o dia de seu nascimento fora escolhido por Getúlio Vargas para a comemoração do Dia do Reservista.

Constrangido pela efeméride, Otto Maria Carpeaux viu-se obrigado a pronunciar-se sobre o poeta em nome de *Leitura*, "a revista dos que lêem". Embora reconhecendo que "ninguém poderia impunemente arrancar do tesouro permanente da poesia brasileira a poesia de Bilac", Carpeaux fez questão de afirmar seu direito de crítica naquele tempo em que "todos os direitos humanos" cediam "a imposições de força", apesar da advertência de amigos de que Bilac, doutrinador da Liga da Defesa Nacional, era "tabu". Carpeaux culpou a popularidade do poeta pela não-difusão da poesia estrangeira no país.

> Em vida ele foi idolatrado e endeusado, de modo tão exclusivo e intolerante que no ano de sua morte, em 1918, o Brasil letrado ignorava totalmente a poesia do século XX lá fora, porque era diferente da sua.[172]

No ano de seu centenário, o contexto literário não parecia favorável ao poeta das *Panóplias*.

---

170 BRITO, M. da S. *História do modernismo brasileiro*. Op.cit., p.284.
171 V. MENDONÇA, R. *Bilac, o poeta da pátria*. Conferência pronunciada na noite de 16 de dezembro de 1965 na "Casa Barão de Melgaço", em sessão promovida pelo Comando do 16º Batalhão de Caçadores e Academia Matogrossense de Letras, em comemoração ao transcurso do I Centenário de nascimento de Olavo Bilac (1865-1965). LUZ, M. *Bilac e o serviço militar*. Fortaleza: Artes Gráficas, 1966. Palestra realizada na televisão pelo chefe de Relações Públicas da 10ª Região Militar.
172 CARPEAUX, O. M. A volta de Bilac. *Leitura*. Rio de Janeiro, v.94/95, maio-jun. 1965, p.10-1.

Poesia parnasiana não significa nada aos contemporâneos de Garcia Lorca e Jorge Guillén, de Yeats e Rilke, de Eugênio Montale e de Fernando Pessoa e – para falar do Brasil – aos leitores de Manuel Bandeira e Carlos Drummond de Andrade ... O parnasianismo não é grande poesia do passado, mas uma moda de anteontem, como os pincenez dos cavalheiros e os grandes chapéus das senhoras da "belle époque".[173]

No entanto, uma reportagem-inquérito promovida por Walmir Ayala (1933-1991), para surpresa e desconsolo do crítico, só colhera opiniões favoráveis a Bilac, mesmo entre antigos seguidores de Mário de Andrade. Para Adonias Filho (1915-1990), os brasileiros se instruiriam "aprendendo a língua em seus versos"; Eduardo Portela defendeu Bilac dos ataques da "crítica brasileira contemporânea", que o considerava o "protótipo do antimodernista"; segundo Augusto Meyer (1902-1970), o poeta teria sofrido do "mal da perfeição"; Jesus Belo Galvão (1917-2001) considerou Bilac um poeta "participante da vida coletiva"; para Antônio Olinto (1919), Bilac, como *fabbro*, produtor de versos, promoveu avanços em nossa poesia.[174] Carpeaux associou o resultado à conjuntura política da época.

A aceitação é tranqüila, sem restrições e sem reticências, parece tudo esquecido; como se já não vivêssemos no país de Bandeira e Drummond. Mas será que ainda vivemos no país de Bandeira e Drummond?
Não. O recuo é geral. O mau gosto está triunfando. Como não? A poesia e o gosto poético, mesmo quando aparentemente afastados das "realidades", são os sinais mais seguros da situação na realidade. Voltamos, em muitos casos, à República Velha. Também voltamos ao "poet laureate" da República Velha. A volta de Bilac é um sinal – entre outros sinais – do retrocesso.[175]

Apesar da advertência de Carpeaux, o "retrocesso" seguiria incólume. Como forma de festejar o poeta, o Departamento Cultural

---
173 CARPEAUX, O. M. A volta de Bilac. Op.cit., p.11.
174 AYALA, W. O alexandrino Olavo Brás Martins dos Guimarães Bilac. *Correio da Manhã*. Rio de Janeiro, 20 mar. 1965, Segundo caderno, p.1.
175 Ibidem, loc.cit.

da Universidade Federal da Paraíba instituiu o "Prêmio Olavo Bilac", que foi concedido a Virgínius da Gama e Melo (1923-1975), cuja monografia *O alexandrino Olavo Bilac* era uma defesa do parnasianismo e do poeta parnasiano, a quem o autor atribuiu um profundo "helenismo", responsável pelo "sensualismo estatuário" de muitos sonetos e pela descrição estereotipada da natureza. A fuga para o passado explicaria o desinteresse do poeta parnasiano pelo que Milliet chamou de "fatos nacionais".

Esse afastamento de observação em relação ao tempo atual é o mesmo que provoca a visão falha da realidade atual, quer dizer, a mais proximamente exterior. Não vivendo *no tempo* (pelo menos na obra poética) Bilac também não vivia o *em torno*.[176]

Em 1968, o cinqüentenário de morte iria mais uma vez avivar a lembrança do poeta. O Exército promoveu o concurso de monografias "Serviço Militar" sobre o poeta, e um general tomou da pena para exaltar em 45 páginas, repletas de transcrições, o "homem cívico", que fora Bilac.[177]

Como se percebe nas palavras de Carpeaux, a associação de Bilac ao estamento militar, iniciada com a campanha pelo serviço militar obrigatório e reforçada pelas homenagens prestadas pelos militares à sua memória, provavelmente contribuiu para afastar de sua obra muitos críticos e leitores que abominavam o regime castrense iniciado em 1964.

Bilac hoje

Com um artigo de Bella Jozef (1926) publicado em 1969, inaugurou-se uma nova fase da crítica parnasiana, como revelava a autora ao expressar os propósitos de seu texto.

---

176 GAMA E MELO, V. da. *O alexandrino Olavo Bilac*. João Pessoa: Depto. Cultural da Universidade Federal da Paraíba, 1965, p.58. Grifos do autor.
177 LOPES, M. A. *Olavo Bilac*. Rio de Janeiro: Departamento de Imprensa Nacional, 1968.

Serenados os ânimos em torno das polêmicas do parnasianismo, podemos situar Bilac em seu justo valor e meditar sobre o porquê de sua consagração popular.[178]

Para justificar a revisão de Bilac, Bella Jozef procurou contextualizar as críticas do modernismo.

> Já assinalou Paulo Mendes Campos que os modernistas foram antiparnasianos por uma lei de vitalidade literária, mas foram justamente os que melhor compreenderam o Parnasianismo (basta ver o estudo de Alceu de Amoroso Lima e o de Afonso Arinos sobre Bilac, ídolo da primeira juventude de Arinos). Também é verdade que, quando os modernistas se colocaram contra Bilac, já haviam assimilado suas melhores coisas.[179]

Na poesia de Bilac, autor que, no entanto, considerava "por muitos aspectos ultrapassado", Bella Jozef encontrava alguns fatores que lhe assegurariam a permanência.

> o culto à Beleza, a magia sugestiva que se desprende de muitos de seus versos, bastante próximos do gosto atual, contendo, segundo o preceito de Baudelaire para a arte moderna, "o objeto e o sujeito, o mundo exterior ao artista e o artista ele mesmo".[180]

---

178 A poesia de Olavo Bilac. *Revista do Livro*. Rio de Janeiro, n.36, jan./mar. 1969, p.67.
179 Ibidem, p.72. São estas as palavras do crítico, que foram parafraseadas por Jozef: "Sei que os escritores mais jovens já não olham preconceituosamente o Parnasianismo como os jovens de 22, mas também não procuram obter dos mestres parnasianos o que eles podem dar. E podem dar muito. Os modernistas, antiparnasianos por uma lei de vitalidade literária, foram justamente os que melhor compreenderam o Parnasianismo, e, quando se colocaram contra ele, já haviam assimilado suas melhores coisas. Mostrar o que o Parnasianismo significou para a literatura brasileira seria uma outra história. Diga-se apenas o seguinte: certo ou errado em suas aspirações estéticas, produzindo maus ou bons poetas, o Parnasianismo teve uma grande importância em nossas letras, porque, de qualquer modo, era um esforço de cultura poética em um país onde sempre sobraram qualidades de improvisação e faltou o estudo". CAMPOS, P. M. Olavo Bilac. *O Jornal*. Rio de Janeiro, 6 jun. 1948. Revista, p.3 e 7.
180 Ibidem, p.67.

A despeito das ponderações de Bella Jozef, Alfredo Bosi (1936), em sua *História concisa da literatura brasileira*, publicada em 1970, reforçou as críticas modernistas, considerando a obra de Bilac a principal representante da poesia acadêmica e parnasiana, que tenderia a "cifrar no brilho da frase isolada e na chave de ouro de um soneto a mensagem toda da poesia".[181]

Para o historiador, Bilac afastava a palavra poética da "substância das coisas", o que lhe permitia tratar "motivos diversos [o índio, a guerra, o amor sensual] como puro exercício literário". A "obsessão do efeito" seria um traço determinante de sua poesia.

> Bilac supre a carência de uma real fantasia artística e de um sentimento fundo da condição humana com o intenso brilho descritivo, que conserva graças a um jogo hábil de sensações e impressões.[182]

Considerando seus ensaios épicos e suas *Poesias infantis*, Bosi definiu Bilac como "o poeta que melhor exprimiu as tendências conservadoras vigentes depois do interregno florianista".[183]

Em seu *Diário intemporal*, Mário da Silva Brito (1916), historiador do modernismo brasileiro, argumentou que as críticas do modernismo ao poeta deixaram na penumbra o homem, que era "cidadão, e participante, engajado".

> Para os modernistas, a vida de Bilac foi encarada como uma correspondente fiel da estética que adotara, ou seja, um perpétuo transformar da realidade em beleza, uma permanente idealização da própria contingência humana e nacional, uma visão artística marmórea, impassível e até fria de tudo quanto o circundava.[184]

Brito observou que nem mesmo o poeta isolou-se completamente na torre de marfim; prova disso seriam "os seus versos de sátira po-

---

181 BOSI, A. *História concisa de literatura brasileira*. São Paulo: Cultrix, 1970, p.254.
182 Ibidem, p.256.
183 Ibidem, loc.cit.
184 BRITO, M. da S. *Diário intemporal*. Rio de Janeiro: Civilização Brasileira, 1970, p.20-1.

lítica, a sua poesia de circunstância". Para combater a imagem do poeta "abstrato e distante", fixada pelos modernistas, apontou a intensa atividade a favor da Abolição e da República, a oposição a Floriano Peixoto, a campanha pelas reformas urbanas, a defesa da instrução primária, a propaganda do serviço militar obrigatório, a preocupação com a educação das crianças etc. Como prova decisiva do envolvimento do intelectual com os problemas de seu tempo, Brito invocou uma crônica da *Kosmos* de fevereiro de 1905, em que Bilac manifestava solidariedade com os operários russos massacrados pelos cossacos do czar.[185]

Antonio Candido (1918) considerou essa mesma crônica uma manifestação do "vago socialismo sentimental" que o biógrafo Eloy Pontes apontara no poeta. Bilac seria, como seu contemporâneo João do Rio, apenas um "radical de ocasião", tipo que o autor da *Formação da literatura brasileira* define como

> homem sem qualquer compromisso com a revolução, que freqüentemente até é contra ela, e no entanto em algum período ou apenas em algum instante da vida fez alguma coisa por ela: uma palavra, um ato, um artigo, uma contribuição, uma assinatura, o auxílio a um perseguido.[186]

Em 1974, foi publicada a biografia *Olavo Bilac e sua época*, que tinha o sabor de uma réplica àquela escrita por Fernando Jorge. Colocando grande ênfase no poeta e no intelectual engajado, mas deixando na penumbra o boêmio, Raimundo Magalhães Jr. (1907-1981) recolheu em seu livro, baseado principalmente na consulta de periódicos, cartas e outros documentos, inéditos e variantes dos poemas bilaquianos. Reconstituindo o contexto da criação dos poemas, o biógrafo permitiu ao leitor perceber que Bilac fazia sua literatura *na* imprensa, beneficiando-se do contato com um público mais amplo do que o do livro e aperfeiçoando a forma de seus textos.

---

185 BRITO, M. da S. *Diário intemporal.* Op.cit., p.22-3.
186 CANDIDO, A. Radicais de ocasião. In: Ibidem. *Teresina etc.* 2.ed. São Paulo: Paz e Terra, 1992, p.77. Esse artigo foi originalmente publicado em *Discurso*, n.9, 1978, e recolhido em livro dois anos depois.

Wilson Martins (1921-) procurou contestar em 1978 as críticas à superficialidade de Olavo Bilac, formuladas, entre outros, por José Veríssimo.

> o que se toma por falta de "profundeza" na poesia de Bilac é apenas a qualidade da sua inspiração, que nada tem de mórbido ou doentio: é um poeta solar, repleto de vitalidade, encarando o amor e a vida com a mesma despreocupada e alegre visão dos renascentistas, e que sempre se recusou a choramingar em público as suas dores pessoais.... Como todo temperamento literariamente clássico (o que não contradiz nem impede, ao contrário do que vulgarmente se pensa, o temperamento pessoalmente romântico), Bilac fez do rigor escultural da expressão a defesa sutil do seu pudor.[187]

Resultado de uma tese acadêmica, foi publicado em 1982 o livro *Usos e abusos da literatura na escola*, de Marisa Lajolo, que estudou uma das faces do intelectual empenhado que fora Bilac: o autor de livros didáticos. Lajolo via a produção didática do poeta como "uma quase extensão da comunicabilidade fácil de toda sua obra",[188] característica que se teria formado nas redações dos jornais.

Antes do Bilac poeta houve o Bilac jornalista,[189] e a redação talvez lhe tenha ensinado a importância dos que estão do lado de lá da página impressa: os leitores... Tendo talvez interiorizado esse permanente confronto com o leitor (a quem cumpre interessar na crônica, persuadir e convencer nas conferências e envolver na poesia), a retórica subjaz a qualquer texto bilaquiano. Outra coisa não aponta a crítica contemporânea e exigente, que o acusa de verboso e superficial, empenhado no efeito fácil. Tudo isso seria, por assim dizer, deformação profissional.[190]

---

187 MARTINS, W. *História da inteligência brasileira*. São Paulo: Cultrix, Ed. da Universidade de São Paulo, 1978, v.6, p.136. Grifos do autor.
188 LAJOLO, M. *Usos e abusos da literatura na escola*. Op.cit., p.47.
189 De acordo com o que ficou exposto neste capítulo, essa anterioridade é discutível, embora a tese da influência do jornalista sobre o poeta seja, nos casos apropriados, procedente.
190 LAJOLO, M. *Usos e abusos da literatura na escola*. Op.cit., p.46.

Segundo a autora, a comunicabilidade dos textos bilaquianos ficaria assegurada por uma série de procedimentos lingüísticos e retóricos como símile, paralelismo, parataxe, titulação e agrupamento temático de textos, largo uso da função conativa da linguagem etc.

No caso de textos voltados para um público específico como o livro escolar, a linguagem não seria utilizada apenas para comunicar ou persuadir, mas também para determinar "a perspectiva com que tais ou quais valores são incorporados pelos leitores".[191] O autor didático dirigiria de acordo com seus propósitos o processo comunicativo.

> Trata-se sempre da imposição de um modelo de comportamento: a conduta exemplar é insinuada, ordenada, manifestada pelo eu *ex-cathedra* do livro que não disfarça suas intenções docentes.[192]

O viés autoritário dessa literatura que reservava para o leitor/aluno "uma posição passiva, dócil e conformada"[193] talvez derivasse de uma "visão totalitária de educação", claramente manifestada nas campanhas cívico-educativas da Liga da Defesa Nacional, "mero arremedo e paródia da eficiência espartana".[194]

No prefácio do livro, Antonio Candido ressaltou a contribuição de Lajolo para a compreensão do autor das *Poesias infantis*.

> Bilac surge do livro de Marisa Lajolo como uma espécie de homem providencial para as necessidades ideológicas das camadas dominantes, a partir do momento em que, nele, o vago humanismo igualitário se transforma na idealização nacionalista do homem brasileiro, visto, não como ator eventual de uma rebeldia que mudasse as condições de sua vida miserável (o que se entrevê em Euclides da Cunha e mesmo no Sílvio Romero de alguns momentos); mas como beneficiário de um paternalismo esclarecido, que lhe prometia a plenitude através da vida cívica, se aprendesse a ler, fizesse o serviço militar e estivesse pronto a morrer pelas instituições.[195]

---

191 Ibidem, p.121.
192 Ibidem, p.127.
193 Ibidem, p.132.
194 Ibidem, p.23.
195 CANDIDO, A. Prefácio. In: LAJOLO, M. *Usos e abusos da literatura na escola*. Op.cit., p.10.

Para Candido, Bilac teria desconhecido "o pressuposto disso tudo, ou seja, a satisfação das necessidades econômicas" para a qual propusera apenas "falsas panacéias: cartilha, voto, serviço militar", permanecendo nos graus inferiores da "consciência possível" da época.[196] Partindo da análise das limitações do poeta, Candido ensaiou conclusões gerais a respeito dos intelectuais da República Velha.

> o grau de inconsciência, nos honestos, se correlaciona com a incapacidade de aprofundar o conhecimento da sociedade onde vivem, porque, quando dotados de envergadura intelectual e artística, podem, à maneira de Bilac, construir um brilhante anteparo ideológico, que vai da propaganda das virtudes sancionadas até a metáfora transfiguradora.[197]

Alguns anos depois, Marisa Lajolo voltaria a pronunciar-se sobre a obra de Olavo Bilac em antologia por ela organizada. No texto introdutório, avaliou a lírica amorosa bilaquiana, que teria sobrevivido ao "naufrágio geral de outras partes" da obra do poeta graças não a "uma hipotética universalidade do sentimento amoroso", mas ao fato de que "Bilac era um bom poeta, como não gostam de admitir críticos engajados".[198] Em seu lirismo adulto e vigoroso, seriam encontrados procedimentos modernos que o aproximariam do público leitor atual.

> uma parte da força contemporânea da lírica de Bilac parece-me residir na profunda plasticidade do universo que seus poemas constroem. Seu mundo, como o nosso de hoje, é um mundo de imagens. Formas, cores, texturas, sons, temperaturas, brilhos e movimentos espreitam o leitor a cada verso, dando concretude [sic] ao mundo criado. Essa tendência ao concreto, embora não exclusiva de seus versos de amor, é responsável, neles, pelo erotismo em que se embebe a relação amorosa e que, transbordando, erotiza todo o universo, mesmo aquele permeado de valores outros, mais perecíveis.[199]

---

196 Ibidem, p.10-1.
197 Ibidem, p.11.
198 *Os melhores poemas de Olavo Bilac*. Seleção de Marisa Lajolo. São Paulo: Global, 1985, p.9.
199 Ibidem, p.10.

Outro procedimento moderno identificado por Lajolo seria a reprodução de situações de diálogo, que estabeleceriam entre leitor e poeta vínculos de intimidade e emprestariam aos poemas certo coloquialismo. Um exemplo desse processo seria o antológico décimo terceiro soneto da *Via Láctea*, "Ora (direis) ouvir estrelas!", em que a segunda pessoa gramatical parece incorporar o próprio leitor.[200] Nos casos em que o interlocutor seria a amada, abrir-se-ia espaço para a participação do leitor, instalado na cômoda e prazerosa posição de *voyeur*.[201]

No ano de 1983, saiu em livro a tese de doutoramento de Antônio Dimas (1942), defendida em 1975, sobre a revista *Kosmos*. No capítulo de *Tempos eufóricos* dedicado à crônica, estudou-se a contribuição de Olavo Bilac para o periódico, cuja crônica de abertura – que, segundo Dimas, fazia as vezes de um editorial – fora-lhe confiada. Dos textos bilaquianos, o crítico analisou aqueles que expressavam ou se contrapunham à "vontade deliberada de progresso que *Kosmos* encarnava".[202]

Baseando-se em Pierre Martino, Dimas observou que haveria uma raiz comum ao parnasianismo e ao simbolismo: "uma atitude firmemente contrária à arte utilitária, sobretudo a de intenções sociais, uma das variantes românticas".[203] Como poeta parnasiano, seria, portanto, de supor que Bilac se mantivesse alheio ao progresso material da cidade, evidenciado durante o período de publicação da revista (1904-1909).

No entanto, superando o impasse, deixando o jornalista engolir o poeta, Bilac adere ostensivamente à euforia reformista desencadeada por Pereira Passos, converte-se em um de seus sustentáculos e pretende assumir atitudes públicas de esclarecimento. Esse aspecto divergente de

---

200 Ibidem, p.15.
201 Ibidem, p.16. Em artigo de jornal, Lajolo voltaria a analisar a incorporação do leitor no "espaço do poema" bilaquiano. A estrela de Olavo Bilac. *O Estado de S.Paulo*. São Paulo, 12 jan. 1991. Cultura, p.3-4.
202 DIMAS, A. *Tempos eufóricos*. São Paulo: Ática, 1983, p.81.
203 Ibidem, p.53. O texto de Martino é *Parnasse et Symbolisme*. Paris: Armand Collin, 1947.

seu comportamento intelectual, que colide frontalmente com o teor ora contemplativo, ora saudosista de seus poemas de 1888 ... impede de o rotularmos depreciativamente apenas como poeta em êxtase, alienado de sua civilidade.[204]

A análise da revista *Kosmos* despertou o interesse de Antônio Dimas pela atividade jornalística de Bilac,[205] à qual dedicou suas pesquisas posteriores. Em agosto de 1986, em seminário realizado na Fundação Casa de Rui Barbosa, no decorrer da exposição "Pré-Modernismo: A Produção Literária e o Contexto", coordenada por Júlio Castañon Guimarães, Antônio Dimas divulgou resultados parciais de sua pesquisa. Sua comunicação, intitulada "Bilac, o jornalista", apresentava um "mapa provisório da produção cronística" do autor, que contabilizava 3.298 crônicas publicadas em diversos periódicos. Naquele momento, os textos eram objeto de "leitura criteriosa" e concomitante "seleção preliminar, orientada sempre pelo padrão de consistência argumentativa e da relevância do problema examinado". Dimas então considerava o conjunto das crônicas bilaquianas, das quais ínfima parte fora recolhida em livro, um "baú abandonado".[206]

Mais recentemente, em 1996, veio à luz o fruto mais importante dos esforços de Dimas: o livro *Vossa insolência*, uma representativa antologia das crônicas de Olavo Bilac, publicada pela coleção Retratos do Brasil, da Companhia das Letras. O volume reuniu crônicas importantes para a compreensão do autor – "São Paulo", "Gazeta de Notícias", "Jornais sem leitores" e "Ferreira de Araújo" – e de seu tempo – "Cidade de mesentéricos", "Metrópole de desocupados", "Revolta da Vacina" e "O Rio convalesce", entre outras. Rematando a "Introdução" a essa obra realmente meritória, Dimas retomou

---

204 DIMAS, A. *Tempos eufóricos*. Op.cit., p.54-5.
205 A informação de que o interesse de Antônio Dimas pelo jornalista Bilac se iniciou nessa época foi fornecida pelo próprio pesquisador, em comunicação reunida no volume citado na próxima nota. Sua tese de doutoramento foi publicada em 1983 pela Ática, de São Paulo, com o título *Tempos eufóricos* (Análise da revista *Kosmos*: 1904-1909).
206 DIMAS, A. Bilac, o jornalista. In: FUNDAÇÃO Casa de Rui Barbosa. *Sobre o Pré-modernismo*. Rio de Janeiro: s.n., 1988, p.174.

a imagem lançada no seminário de 1986, que, em sua singeleza, expressou a satisfação do pesquisador por ter colocado à disposição do público leitor um material até então confinado nos arquivos e microfilmes: "O baú está aberto, senhoras e senhores. Sirvam-se à vontade, por favor!".[207]

Enquanto o cronista despertava a atenção de Antônio Dimas, o poeta era relido carinhosamente por Ivan Junqueira. Preocupavam a este ensaísta

> as avaliações críticas que se seguiram à tempestade modernista, todas (ou quase todas) somente interessadas em demolir o que então se entendia por fátua retórica parnasiana.[208]

O ensaio "Bilac: *versemaker*", publicado em 1985,[209] procurava restabelecer a "verdade" sobre o poeta, a quem Junqueira considerava um "competentíssimo *fabbro*", e avaliar sua real contribuição para a poesia brasileira, "em que sempre escassearam os artistas e artesãos do verso".[210] Para o ensaísta, Bilac haveria sido um

> rebento premonitório e solitário entre nós de uma prática que hoje se funda no lema poundiano do "repetir para aprender", estratégia à qual, antes dele, somente Gonçalves Dias haja talvez recorrido.[211]

Segundo Junqueira, Bilac fora "hostilizado" pelos modernistas porque não era um poeta "lutador", que se interessasse pelos problemas e sentimentos de seu tempo como os poetas admirados pelos modernistas.

> Se examinada a fundo, sua arte não radica nem deságua em qualquer dramática aposta humana ou compromisso de maior alcance. Ela é rasa,

---

207 Introdução. In: BILAC, O. *Vossa Insolência*. (Org.). Antônio Dimas. São Paulo: Companhia das Letras, 1996, p.19.
208 JUNQUEIRA, I. Bilac: versemaker. In: BILAC, O. *Obra reunida*. Op.cit., p.57.
209 In: JUNQUEIRA, I. *A sombra de Orfeu*. Rio de Janeiro: Nórdica, 1985.
210 JUNQUEIRA, I. Bilac: versemaker. In: BILAC, O. *Obra reunida*. Op.cit., p.58.
211 Ibidem, loc.cit.

como foi toda a contribuição parnasiana em termos de reflexão crítica sobre o mundo ou o sentido da vida. Bilac perdura assim – e assim não apenas deve ser lembrado, mas também generosamente revisto –como exemplo de uma atitude criativa e artesanal perante o verso, como *versemaker* e *fabbro* de uma arte que dominou com indiscutível rigor e tenaz aplicação, matizando-a com uma pureza e uma intensidade de emoção de que não foram capazes muitos de seus pares.[212]

Em seu ensaio, Junqueira transcreveu fragmentos de vários poemas para revelar ao leitor o encanto de sua técnica poética, proporcionado por *enjambements*, regularidade rítmica, combinação de gerúndios, associação de diferentes metros num mesmo poema, inversões e repetições de palavras, versos e estruturas. A repetição, aliás, representaria a essência da sua poesia.

Bilac repete, infatigavelmente repete. Repete para aprender. Repete Camões. Repete Baudelaire. Repete Lamartine. Repete Bocage. E mais ainda repete, poundianamente repete, *to make it new*.[213]

A cada esforço de revalorização do poeta parece corresponder uma tentativa de sepultamento. Em 1996, Bilac foi homenageado com a publicação da sua *Obra reunida* pela Nova Aguilar. Entretanto, o organizador do volume, Alexei Bueno (1963), mostrou-se empenhado em diminuir a importância e o valor dos textos que reunira, tão rigorosas foram as restrições que fez a eles. Na "Nota editorial", por exemplo, atribuiu a popularidade e a ascendência da obra bilaquiana sobre outros autores contemporâneos a "fatores extrínsecos, de natureza contingente"; em outra passagem, em que aparentemente pretendia explicar e justificar o árduo trabalho empreendido, referiu-se estranhamente à "óbvia superioridade estética de contemporâneos"[214] sobre Olavo Bilac e reconheceu que, de tudo que o poeta produzira, apenas as *Poesias* continuavam a ser reeditadas e lidas. As ressalvas eram no mínimo inusitadas por partirem de quem normal-

---

212 Ibidem, p.60. Grifos do autor.
213 Ibidem, p.63.
214 BUENO, A. Nota editorial. In: BILAC, O. *Obra reunida*. Op.cit., p.9.

mente se esperaria o engrandecimento do autor que fora objeto de seus esforços.

No texto introdutório, "Bilac e a poética da *belle époque* brasileira", Bueno procurou insistentemente identificar as fragilidades da obra bilaquiana, que estaria contaminada de "elementos espúrios", tais como historicismo artificial e hipertrofia formal. Baseando-se no poema "Profissão de fé", acusou o poeta de haver feito uma "opção pela desambição" (sic) por sua defesa enfática da perícia artesanal do verso, que haveria levado a uma "queda de tom" em sua poesia. Comparou o poeta, homenageado com a luxuosa edição em capa dura e papel-bíblia pela qual era responsável, com o Castro Alves das "ambiciosas" profissões de fé "O vidente" e "Adeus, meu canto", observando que entre os dois haveria "distância infinita" – evidentemente a favor do segundo.[215]

Não se pode deixar de notar que Bueno avaliou a obra de Olavo Bilac com base em pressupostos estéticos e históricos que eram estranhos a ela. Fez, por exemplo, uso de critérios da poética simbolista para lamentar a "ausência quase total de inquietação metafísica" em sua poesia.[216]

O organizador não poupou argumentos contra o autor cuja obra era por ele parcialmente reunida. No esforço de demonstrar cabalmente a inferioridade da poesia parnasiana, "correspondente poético da literatura realista", diante do alcance social de parte do simbolismo, citou *como prova conclusiva* um texto das *Poesias infantis*! E para tentar explicar a ressonância popular de Bilac (que parecia incomodá-lo bastante), Alexei Bueno usou um argumento já esgrimido por Nestor Vítor em 1902: "Bilac representa, sem um momento de dissidência, o 'senso comum', aquela sabedoria de todos e de ninguém que é o axioma e o gozo dos povos".[217]

---

215 Ibidem. Bilac e a poética da *Belle Époque* brasileira. In: BILAC, O. *Obra reunida.* Op.cit., p.17.
216 Ibidem, p.18.
217 Ibidem, p.19. Bueno insistiria na acusação de dependência do senso comum ao resenhar a antologia de crônicas organizada por Antônio Dimas. BUENO, A. Senso comum prejudica crônica e poesia bilaquianas. *O Estado de S.Paulo.* São Paulo, 21 dez. 1996, Cultura, p.11.

Para comprovar essa asserção, Bueno vasculhou – com uma disposição invejável – os textos reunidos em busca de coincidências entre crônicas e poemas, repetição que considerou um exemplo da "versificação pura e simples de um texto em prosa", processo que qualificou de "uma das mais flagrantes deficiências da escola".[218] Poucos autores sairiam incólumes de *revista* semelhante, uma vez que a repetição de imagens e palavras-chave *nunca foi* monopólio bilaquiano.

Em 1997, a Martins Fontes encarregou Ivan Teixeira de organizar uma reedição de *Poesias*. O apuro do trabalho já revelou certa estima pelo autor; o papel e a impressão foram de primeira qualidade, o texto foi estabelecido com o maior rigor e o volume trouxe reproduções coloridas de sonetos que, a partir de 1912, haviam sido publicados na revista *Careta*, sempre acompanhados de ilustrações *art nouveau*. Além disso, incluiu-se também uma valiosa iconografia – com material até então inédito em livro – que reproduziu fotos do autor, folhas de rosto da primeira edição de algumas obras, páginas de periódicos e manuscritos.

No prefácio, apropriadamente intitulado "Em defesa da poesia (bilaquiana)", Ivan Teixeira procurou responder às críticas de que Olavo Bilac vinha sendo alvo desde a eclosão do modernismo.[219] Nesse esforço, utilizou os mais diversos argumentos. Lembrou, por

---

218 BUENO, A. Bilac e a poética da *Belle Époque* brasileira. In: BILAC, O. *Obra reunida*. Op.cit. p.19-20.
219 Segundo Ivan Teixeira, o combate modernista afetou decisivamente a recepção da poesia parnasiana. "Os novos escritores [modernistas] conseguiram impor-se. Mais do que isso, transmitiram às novas gerações seu horror literário pelo Parnasianismo. Depois do Modernismo, raros leitores de bom nível conseguiram apreciar os poetas do Parnaso brasileiro. Bilac, Raimundo Correia, Alberto de Oliveira, Vicente de Carvalho, Francisca Júlia... todos previamente recusados, sob pretexto de que são frios, mecânicos, superficiais, formalistas, retrógrados, previsíveis, burgueses etc. Repetem-se hoje os estereótipos criados pela estratégia do combate modernista há mais de oitenta anos, como se essa fosse uma perspectiva absoluta." Em defesa da poesia (bilaquiana). In: BILAC, O. *Poesias*. Org. e pref. de Ivan Teixeira. São Paulo: Martins Fontes, 1997. p.xii-xiii.

exemplo, que autores barrocos haviam sido alvo de desprezo pelos seus sucessores e, por isso, precisaram esperar até que, em meados do século XX, Dâmaso Alonso e outros os reabilitassem; em vista desse precedente, a avaliação atual de Bilac não deveria ser guiada pelos julgamentos dos modernistas, que estavam naturalmente interessados em suplantar os autores mais prestigiados de sua época. Recordou, a propósito, que Machado de Assis (1839-1908), embora tivesse igualmente sofrido restrições por parte de alguns modernistas, é hoje unanimemente considerado um dos maiores escritores nacionais.

Teixeira procurou contextualizar as críticas modernistas, cujas contundência e agressividade deveriam, segundo defendeu, ser creditadas ao gênero pelo qual foram veiculadas, o "manifesto".[220] Observou que, passada a fase heróica do modernismo, se verificou uma reavaliação do legado parnasiano, efetuada pela geração de 45, que buscava um antídoto para "um suposto afrouxamento do verso modernista".[221] Além disso, pretendeu demonstrar que modernistas como Drummond (1902-1987), Manuel Bandeira e João Cabral de Melo Neto (1920-1999) sofreram influência de Bilac e que mesmo muitos críticos e autores modernistas manifestaram admiração e apreço pela obra bilaquiana. Empolgado com a defesa do poeta, chegou até mesmo a arriscar uma frase que, em muitos ouvidos, deve soar como "heresia": "Pode-se ... pensar que entre o Parnasianismo e o Modernismo não houve propriamente ruptura, mas continuidade".[222]

Teixeira mostrou-se disposto a impedir que Bilac fosse vítima de leituras anacrônicas; não admitia que se exigissem de sua poesia procedimentos que lhe fossem totalmente estranhos, ou seja, não aceitava que uma leitura sincrônica da obra bilaquiana, sempre desejável, fosse destituída de um movimento diacrônico, que levasse em conta o contexto histórico-literário do poeta.

---

220 Teixeira afirmou que essa "modalidade de texto" visaria basicamente a "combater a situação dominante em favor de uma nova plataforma". Em defesa da poesia (bilaquiana). In: BILAC, O. *Poesias.* Op.cit., p.xiii.
221 Um intelectual empenhado. Ibidem, p.xv
222 Ibidem, p.l.

Bilac deve ser lido como um poeta declaradamente clássico. Formou-se pelas poéticas do século XVIII, que entendiam a poesia como usuária dos lugares-comuns da retórica antiga, aos quais ele adicionou algo de sensibilidade romântica.[223]

Um leitor atilado notaria que, em grande medida, o texto de Ivan Teixeira poderia ser considerado uma réplica *ponto por ponto* às críticas já mencionadas de Alexei Bueno. Referindo-se à "crítica atual" – o que seria uma forma cortês de não citar Bueno nominalmente –, Teixeira fez a seguinte observação:

> constata-se [na crítica atual contra os processos do Parnasianismo e a poesia bilaquiana] uma condenação sumária, sem ponderação histórica ou discussão acerca de possíveis dificuldades da reciclagem da poética clássica enquanto estratégia contra o suposto desgaste das formas românticas.[224]

Em outras passagens, o diálogo com Bueno tornou-se mais evidente. Como o organizador da *Obra reunida* encontrara um tanto enfastiado algumas "reminiscências intercambiáveis entre prosa e verso"[225] na obra bilaquiana e as usara como prova inquestionável da redução, supostamente perpetrada por Bilac, da poesia a um mero mecanismo de versificação da prosa, Teixeira procurou refutar essa crítica:

---

223 Ibidem, loc.cit.
224 Ibidem, p.lii.
225 BUENO, A. Bilac e a poética da *Belle Époque* brasileira. In: BILAC, O. *Obra reunida*. Op.cit., p.21. Para o crítico, trecho da conferência "Rio Branco", de 1901, recolhida em *Ironia e piedade* (1916), teria dado origem a versos do poema épico "O caçador de esmeraldas", que integrou a segunda edição de *Poesias* (1902). Compare-se o fragmento "... quando, nas vastas campinas e nas altas serras hoje desertas e mudas, cantarem os sinos, mourejarem as charruas, viçarem as famílias e sorrirem as colheitas; quando, conquistado e santificado todo o solo pelo labor humano ..." aos versos "E um dia, povoada a terra em que te deitas, / Quando, aos beijos do sol, sobrarem as colheitas, / Quando, aos beijos do amor, crescerem as famílias, // Tu cantarás na voz dos sinos, nas charruas, / No esto da multidão, no tumultuar das ruas, / No clamor do trabalho e nos hinos da paz!".

desqualificar o poeta porque glosava certos lugares-comuns da sensibilidade de seu tempo não parece ser argumento suficiente.[226]

Teixeira chegou até mesmo a partir para a polêmica aberta, acusando Alexei Bueno de

> erigir o gosto pessoal como critério único de avaliação.... Sua perspectiva aproxima-se da dos manifestos modernistas, que viam no sucesso de Bilac um obstáculo para a circulação da própria poesia, sem a mesma penetração crítica. Alexei parece impor-se como uma espécie tardia de paladino em luta contra o "perigo parnasiano".[227]

À parte esse viés combativo, Ivan Teixeira fez, com a empatia necessária, uma análise muito interessante das principais tendências da poesia bilaquiana – representadas, segundo ele, por poemas de impassibilidade parnasiana, de erotismo espetacular, de lirismo intimista, épicos e reflexivos[228] – sem contudo jamais perder de vista o contraponto com a perspectiva modernista.

No artigo "Ora (direis) ouvir Bilac...", publicado em 1996, Paulo Franchetti pretendeu contribuir para a compreensão do publicista e pedagogo Olavo Bilac, que defendeu o alistamento militar e a instrução primária obrigatórios.

> No fundo, quando lemos os seus textos, percebemos que sempre trabalhou numa só direção, qual seja a de buscar a criação de uma norma civilizacional comum, um substrato cultural básico que permitisse a construção de uma nação republicana e a manutenção da unidade do país.[229]

---

226 TEIXEIRA, I. Em defesa da poesia (bilaquiana). In: BILAC, O. *Poesias*. Op.cit., p.li. Esse texto é desenvolvimento de artigo do autor publicado em jornal: O parnasiano Olavo Bilac continua atual. *O Estado de S.Paulo*. São Paulo, 21 dez. 1996, Cultura, p.10-1.
227 Ibidem, p.xvii-xviii.
228 Ibidem, p.xviii.
229 FRANCHETTI, P. Ora (direis) ouvir Bilac... *Voz Lusíada*. Revista da Academia Lusíada de Ciências, Letras e Artes. Lisboa, n.6, jan./jun. 1996. Texto obtido na Internet.

Para Bilac, a Escola, que seria responsável pela alfabetização, e o Exército, que integraria as classes sociais e as comunidades de imigrantes, seriam instrumentos de homogeneização e integração cultural por meio da difusão da língua portuguesa, para a qual também contribuía a sua poesia, modelo acabado de sintaxe. De acordo com a interpretação de Franchetti, as diferentes áreas de atuação pública do poeta teriam objetivado encontrar solução para um único problema.

> afinal, o que constitui esta nação? Desde que todos deixamos de ser súditos de um mesmo Imperador, o que é que, afinal, nos une e faz de nós um conjunto orgânico? Sem fundo étnico comum, sem um mesmo ritmo de progressão econômica, sem homogênea distribuição das cidades e das riquezas, o que restava, além da inércia e do costume? A língua, respondia o poeta. E foi nela que, de várias formas, concentrou a sua atenção e baseou o seu projeto, sob muitos aspectos vitorioso, de intervenção política.[230]

Seguindo o exemplo de Franchetti, tenta-se aqui também ensaiar uma interpretação abrangente da obra de Olavo Bilac, desta vez mediante o estudo de sua poesia satírica, em que convivem o poeta parnasiano, tão amado por seus leitores e tão combatido por modernistas e seus seguidores, e o cidadão empenhado, que despertou o interesse de Mário da Silva Brito, Antonio Candido, Marisa Lajolo, Antônio Dimas e Paulo Franchetti.

O poeta parnasiano parece estar na ordem do dia dentro e fora dos muros da Universidade. Invadindo pela primeira vez o campo da ficção, mas conservando certo apego aos fatos históricos, Ruy Castro fez do autor da *Via Láctea* o protagonista de uma novela policial e humorística a que deu o nome de *Bilac vê estrelas*.[231] Em concurso de livre-docência, realizado em dezembro de 2000, Antônio Dimas

---

230 Ibidem. Edith Pimentel Pinto também caracterizou Bilac como defensor e difusor da língua portuguesa, última fronteira da nacionalidade. A morte do Grande Pã. *O Estado de S.Paulo*. São Paulo, 17 dez. 1978. Suplemento cultural, p.10-1.
231 São Paulo: Companhia das Letras, 2000.

defendeu a tese *Bilac, o jornalista*, que, reunindo material inédito e textos publicados em periódicos e livros, analisou diversos aspectos das crônicas bilaquianas, das quais reproduziu dezenas nos cinco volumes do trabalho. Esse trabalho acadêmico deu origem ao livro homônimo publicado em 2006 por iniciativa conjunta da Imprensa Oficial do Estado de São Paulo e das editoras da Universidade de São Paulo e da Universidade Estadual de Campinas. Reunidos em uma caixa, os três volumes da obra representam a mais importante contribuição para o conhecimento da produção jornalística do autor de *Ironia e piedade*.

Um intelectual orgânico

Antonio Candido, no prefácio de *Usos e abusos da literatura na escola*, de Marisa Lajolo, disse que Bilac teria variado "como pluma ao vento" do ponto de vista ideológico. *Se existisse*, essa oscilação talvez explicasse a discrepância entre as opiniões que diversos críticos emitiram a seu respeito. Enquanto alguns acusaram-no de bovarismo ou futilidade, outros destacaram seu engajamento ou seu civismo. Antônio Dimas avaliou a trajetória do poeta à luz das categorias gramscianas de intelectuais tradicionais e intelectuais orgânicos. Estes, segundo Gramsci (1891-1937), seriam criados por um grupo social, surgido de "uma função essencial no mundo da produção econômica", para lhe dar "consciência da própria função, não apenas no campo econômico, mas também no social e no político". Gramsci cita como típicos intelectuais orgânicos associados ao empresário capitalista "o técnico da indústria, o cientista da economia política, o organizador de uma nova cultura, de um novo direito etc.".[232] Os tradicionais, por sua vez, seriam "categorias intelectuais preexistentes" que um grupo social "essencial" encontra estabelecidos em seu surgimento na história e os quais são

---

232 GRAMSCI, A. *Os intelectuais e a organização da cultura*. Trad. de Carlos Nelson Coutinho. Rio de Janeiro: Civilização Brasileira, 1968, p.3-4.

representantes de uma continuidade histórica que não fora interrompida nem mesmo pelas mais complicadas e radicais modificações das formas sociais e políticas.[233]

Típicos intelectuais tradicionais são os eclesiásticos. Dimas, que estudava pequena parcela da produção jornalística bilaquiana, não conseguiu enquadrar o poeta em apenas uma dessas categorias.

Quer-me parecer que, no caso concreto de Bilac, sua atuação, aparentemente isolada, foi a de confirmar, num plano explícito, o acerto das medidas governamentais da recuperação urbana carioca ...; e, num plano implícito, embora de maneira esgarçada e contraditória, o acerto da mentalidade materialmente progressista *fin-de-siècle*. Todavia seria esquemático e, portanto, talvez inadequado caracterizá-lo como puro intelectual "orgânico", uma vez que sua atitude colaboracionista fundava-se sobre uma cultura essencialmente livresca e, pois, "eclesiástica".[234]

Ao contrário do que defendeu o autor de *Tempos eufóricos*, não seria talvez possível reconhecer em Bilac traços de um típico intelectual tradicional, pois até mesmo o intelectual orgânico beneficia-se da cultura livresca. Segundo Gramsci, os intelectuais tradicionais da América do Sul

> são o clero e uma casta militar, duas categorias de intelectuais tradicionais fossilizadas segundo o modelo da mãe-pátria européia [Portugal ou Espanha, de acordo com o país].[235]

Ora, Bilac não pertenceu a nenhum desses grupos sociais. Ao contrário, passou pelas tradicionais instituições de formação de quadros para o grupo dominante: a Faculdade de Medicina do Rio de Janeiro e a Faculdade de Direito de São Paulo. A desistência dos cursos não significou, na verdade, um rompimento com a "hegemonia social" de uma classe, mas *uma recusa das "funções subalternas"*[236] que

---
233 Ibidem, p.5.
234 DIMAS, A. *Tempos eufóricos*. Op.cit., p.53.
235 GRAMSCI, A. *Os intelectuais e a organização da cultura*. Op.cit., p.21.
236 Ibidem, p.11.

naquele momento poderiam ser exercidas por um intelectual orgânico. Bilac ansiava por uma nova profissão, um novo sacerdócio. A luta contra Floriano, por sua vez, poderia significar, mais do que radicalismo político, uma resistência ao domínio político da "casta militar", uma anomalia que só seria superada com a fundação da "política do café-com-leite", que asseguraria a hegemonia política a quem detinha a hegemonia econômica: as oligarquias de Minas Gerais e São Paulo. Bilac advertira que a "fama de Ravachol" era imerecida.

Das colunas dos jornais, Bilac exerceu as funções organizacionais e conectivas típicas de um intelectual orgânico, proporcionando ao grupo dominante consciência de sua função social, política e econômica e de suas tarefas históricas – foi, como percebeu Antonio Candido, um "homem providencial" para esse grupo. As críticas formuladas, a partir de 1894, nas crônicas e poemas satíricos às políticas públicas, malgrado sua eventual acidez, tinham o objetivo de esclarecer e orientar o grupo hegemônico, não o de favorecer a ascensão de outro grupo.

As prebendas e comissões oficiais recebidas por Bilac a partir de 1899 representaram o reconhecimento por parte do grupo fundamental dominante da importância de seu trabalho de comunicador na imprensa, nas escolas e na tribuna, que supria uma "necessidade primordial da vida moral e da civilização da nossa terra".[237] Por isso, o banquete no Palace Theatre em 1907 assumiu as dimensões de uma verdadeira apoteose; era a consagração de uma nova "função subalterna" que havia alguns anos era exercida, com vantagens, pelos intelectuais orgânicos. Bilac, como "comissário" do grupo dominante, procurou obter com suas sátiras, crônicas e discursos o

> consenso "espontâneo" dado pelas grandes massas da população à orientação impressa pelo grupo fundamental dominante à vida social, consenso que nasce "historicamente" do prestígio (e, portanto, da confiança) que o grupo dominante obtém, por causa de sua posição e de sua função no mundo da produção ...[238]

---

237 BILAC, O. *Últimas conferências e discursos*. Op.cit., p.78.
238 GRAMSCI, A. *Os intelectuais e a organização da cultura*. Op.cit., p.11.

Na verdade, Bilac fez mais do que isso, pois, apesar de seu radicalismo de ocasião, apontou em seus textos até mesmo a orientação que o grupo hegemônico deveria imprimir à vida social, definindo os contornos do paternalismo esclarecido que garantiria a regeneração da vida nacional.[239]

---

[239] Leia-se, a propósito, o que escreveu um historiador a respeito da imprensa do período das reformas de Pereira Passos. "... nada embaraçava a expansão vitoriosa do jornalismo ...; muito menos os pudores das consciências mais escrupulosas. Sua força e sua ação, quer sobre as classes conservadoras, quer sobre a massa de caixeiros, aventureiros e funcionários de toda espécie, é uma evidência indiscutível. Suas campanhas contra os velhos hábitos e pela implantação dos novos costumes, a criação do clima geral de euforia e otimismo da Regeneração e do smartismo são talvez a primeira manifestação de um fenômeno de manipulação de consciências em massa no Brasil." SEVCENKO, N. *Literatura como missão*. 3.ed. São Paulo: Brasiliense, 1989, p.100.

2
Bilac e a *Gazeta de Notícias*

> *Un calembour console de bien des chagrins; et jouer avec les mots est un moyen comme un autre de jouer avec les pensées, les actions et les êtres.*
>
> Fantasio, na peça homônima de Alfred de Musset

Um jornal popular e liberal

A *Gazeta de Notícias* foi fundada em 1875 por Ferreira de Araújo (1848-1900), Elísio Mendes e Manuel Carneiro (1845-1916), idealizador do jornal e seu primeiro chefe de redação. Depois, a eles se juntaram os redatores Henrique Chaves e Lino de Assunção.

Ferreira de Araújo seria de 1877 até sua morte em 1900 o redator-chefe e o principal jornalista do periódico. A *Gazeta* se diferenciaria dos concorrentes pela venda avulsa; os demais adotavam exclusivamente o sistema de assinaturas. O *gavroche*, como era conhecido o menino encarregado da venda avulsa, oferecia o jornal pelas ruas a um preço verdadeiramente popular: quarenta réis. Uma crônica de Machado de Assis, datada de 1893, dava a medida da importância da invenção do jornal barato e popular para o arejamento da imprensa brasileira da época:

Antigamente as folhas eram só assinadas; poucos números avulsos se vendiam, e ainda assim era preciso ir comprá-los ao balcão, e caro. Quem não podia assinar o *Jornal do Comércio* mandava pedi-lo emprestado, como se faz ainda hoje com os livros – com esta diferença que o *Jornal* era restituído – e com esta semelhança que voltava mais ou menos enxovalhado. As outras folhas não tinham o domínio da notícia e do anúncio, da publicação solicitada, da parte comercial e oficial; demais, serviam a partidos políticos.[1]

O jornal de Ferreira de Araújo criou um novo público leitor e democratizou a informação, que era privilégio de poucos. Era uma reforma jornalística com implicações políticas e sociais, como mais tarde assinalaria um concorrente.

No dia em que o *Jornal* deixou de ser o objeto de empréstimo do armazém para os clientes privilegiados, no dia em que a *Gazeta* entrava triunfantemente em cada tílburi, invadia os cortiços e as estalagens, espalhava-se pelos *bonds* e pelas barcas e abria-se na boléia de cada carroça, nesse dia iniciava-se nesta capital, de hábitos tão conservadores e tão rotineiros, uma reforma cujo alcance talvez nem mesmo previssem aqueles que eram os seus diretos fatores ...[2]

A *Gazeta de Notícias* simplesmente dava os primeiros passos para a formação de uma *opinião pública*. O êxito do jornal, que logo alcançaria tiragens expressivas, impôs a aquisição de uma moderna máquina rotativa Marinoni, que, segundo publicidade da *Gazeta*, teria sido a primeira a desembarcar na América do Sul. O equipamento, instalado logo à entrada da oficina de impressão – localizada na rua Sete de Setembro – para embasbacar os transeuntes, transformou o jornalismo carioca. Em crônica dedicada à morte de Hippolyte Marinoni (1823-1904), Bilac ressaltou a importância de seu invento.

Sem as máquinas Marinoni, a indústria do jornal – indústria em que se funda e baseia o mais belo apostolado da idade moderna – estaria ain-

---

1 A semana. *Gazeta de Notícias*. Rio de Janeiro, 6 ago. 1893, p.1, 1ª col.
2 COMO se fez a "Gazeta de Notícias". *A Notícia*. Rio de Janeiro, 2 ago. 1895, p.1.

da, como utilidade, aquém das exigências da civilização. O jornal, para preencher a sua missão, tem de ser ideado, escrito, composto, impresso e distribuído em minutos: é um alimento que tem de ser servido logo ao sair do fogo, ainda quente; é um organismo vivo, que por ter apenas alguns minutos de vida, não pode perder um só desses minutos em demoras inúteis. Antes da invenção das Marinoni – uma das quais vai, daqui a uma hora, se tanto, reproduzir em milhares e milhares de folhas este *Registro* – a distribuição das nossas idéias e das nossas notícias era retardada pela imperfeição dos meios materiais postos ao serviço do nosso pensamento: o alimento intelectual chegava frio – ou requentado, o que era ainda pior – ao consumidor; e este organismo vivo, que é o jornal, já tinha perdido o melhor da sua vida palpitante e vibrante quando começava a correr as ruas e a iluminar os espíritos.[3]

O editorial da *Gazeta* de 2 de agosto de 1897, intitulado "Vinte e três anos", procurou reavivar a lembrança dos ideais que presidiram à fundação do jornal:

Começamos sem pretensões, e quase sem programa. Queríamos fazer uma folha diversa das que então havia, e que eram de um lado o *Jornal do Comércio*, sério e grave, não se envolvendo em polêmicas, sempre sistematicamente posto ao lado do governo, por amor da ordem, e do outro, folhas partidárias, com todas as suas paixões mais ou menos violentas, mais ou menos intolerantes.
Queríamos ser, e fomos, e temos sido imprensa neutra. ...
Quanto às instituições então vigentes, o nosso papel consistiu, se assim nos podemos exprimir, em faltar-lhes ao respeito. Um velho prestígio as cercava, que fazia parte dos costumes, e esta imprensa neutra, que não tinha compromissos, permitiu-se achar alguns desses costumes anacrônicos e ridículos, e como éramos moços, levamos a cousa a rir.[4]

A irreverência não era apenas uma arma para combater as combalidas instituições do Império;[5] era uma característica essencial

---

3 B [Olavo Bilac]. Registro. *A Notícia*. Rio de Janeiro, 8 jan. 1904, p.2, 1ª col.
4 Rio de Janeiro, 2 ago. 1897, p.1, 1ª col.
5 De acordo com *A Notícia*, as crônicas de Ferreira Araújo concorreram para o descrédito do antigo regime. "No dia em que o papo de tucano serviu de assunto

da *Gazeta de Notícias*, cujo bom humor se refletia em quase todas as seções.

Logo em seu primeiro ano, o caráter liberal do jornal ficou marcado por um episódio muito significativo. O clero imperial exigiu e obteve do Conservatório Dramático a proibição do drama português *Os Lazaristas*, primeira peça de Antônio Ennes (1848-1901). A *Gazeta* insurgiu-se contra a censura, sem conseguir vencê-la. Decidiu então publicar o texto como folhetim.

A folha de Ferreira de Araújo logo se destacou pelo alto nível de seus colaboradores: Artur de Oliveira (1851-1882), Joaquim Serra (1838-1888), Paula Ney (1858-1897), Ferreira de Menezes, França Jr. (1838-1890), Tomás Alves Filho (1857-1920), Azevedo Monteiro, Joaquim Nabuco (1849-1910), Capistrano de Abreu (1853-1927) e muitos outros. O estabelecimento da colaboração literária *remunerada* foi uma iniciativa inovadora seguida por outros jornais. Publicaram na *Gazeta*, entre outros escritores famosos: Machado de Assis (1839-1908), Eça de Queiroz (1845-1900), Ramalho Ortigão (1836-1915), Aluísio Azevedo (1857-1913), Valentim Magalhães, Raul Pompéia, Coelho Neto, Alberto de Oliveira, Cruz e Sousa (1861-1898), Artur Azevedo e José Veríssimo (1857-1916).

A *Gazeta de Notícias* trazia geralmente apenas quatro páginas e oito colunas em cada página; o texto, já concentrado por este número de colunas (a *Folha de S.Paulo*, por exemplo, utiliza atualmente seis), era impresso em tipos pequenos e entrelinhas simples. Os títulos, quando havia, eram extremamente genéricos, como: "Suicídio", "Envenenamento", "Tentativa de assassinato" etc. As manchetes, títulos e fotos, elementos essenciais dos jornais hoje, só foram gradualmente incorporados a partir de 1904.

O jornal de Ferreira de Araújo valorizava a prestação de serviços e o entretenimento tanto quanto a informação. As notícias propria-

---

para balas de estalo, nesse dia a monarquia sofreu abalo maior em seu prestígio do que sofreria com um artigo de fundo sobre o poder pessoal, sobre o art. 1º ou sobre o art. 5º da Constituição do Império." COMO se fez a "Gazeta de Notícias". *A Notícia*. Rio de Janeiro, 2 ago. 1895, p.1.

mente ditas eram espalhadas pelo jornal, muitas vezes sem nenhum título que as identificasse. As notícias de outras praças, nacionais ou estrangeiras, eram publicadas na coluna "Telegramas", introduzidas pelo local e a data da mensagem recebida.

A literatura era oferecida como entretenimento para os leitores. A *Gazeta* dava grande destaque à crônica, da qual eram publicados diversos subgêneros: política, semanal, livre, impressões de viagem etc. O folhetim, assinado por autores nacionais ou estrangeiros, saía geralmente no rodapé da primeira página. Os poemas eram muitas vezes estampados com destaque: na primeira página e entrelinhados.

A prestação de serviços era realizada sob a forma de anúncios classificados, obituário, agenda de eventos sociais, resultados de loterias etc.

Um jornal popular e barato não poderia descurar de uma importante fonte de renda. Por isso, pelo menos metade da *Gazeta de Notícias* era ocupada com publicidade, sobretudo de remédios e drogas em geral, como o Óleo de São Jacob, as Pílulas de Vallet, o Vinho Reconstituinte de Morrhuol, as cápsulas Cognet e as drágeas de Ferro Rabuteau. Eram bem menos freqüentes anúncios de produtos de outra natureza, como o Brookes Soap, a cerveja alemã conhecida pelo nome de Dous Machados e a Farinha Láctea Nestlé. A desproporção talvez se explicasse pelas condições sanitárias do Rio de Janeiro, cuja população era flagelada por diversas endemias e freqüentes epidemias.

Em 1904, quando a direção estava confiada a Henrique Chaves (1849-1910), que substituía Ferreira de Araújo desde 1900, a *Gazeta de Notícias* sofreu uma reforma gráfica. No alto da primeira página, passou a figurar uma manchete geral com o assunto das principais matérias da edição. Instituiu-se também a charge diária, que passou a ocupar um grande espaço da primeira página. A edição de domingo chegou a ter 24 páginas e, a partir de 3 de julho, fez-se acompanhar de um "Suplemento ilustrado", impresso em papel especial, que foi ofertado como um "mimo" aos leitores. O caderno prometia texto escolhido e variado e gravuras desenhadas com esmero. Significativamente, essa reformulação gráfica da *Gazeta* coincidiu com a reurbanização do Rio de Janeiro, marcada pela abertura da avenida Central naquele mesmo ano.

Olavo Bilac e a Consagradora

Trabalhar na *Gazeta* foi um sonho longamente acalentado por Bilac em sua adolescência. Em uma "crônica de saudades", publicada por ocasião de um aniversário da *Gazeta,* o poeta consagrado e cronista respeitado evocou nostalgicamente a sedução que o jornal de Ferreira de Araújo exercia sobre seu espírito.

> desconhecido e feliz, com a cabeça cheia de versos, eu parava muitas vezes ali defronte, naquela feia esquina da travessa do Ouvidor, e ficava a namorar, com olhos gulosos, estas duas portas estreitas, que, para a minha ambição literária, eram as duas portas de ouro da fama e da glória. Nunca houve dama, fidalga e bela, que mais inacessível parecesse ao amor de um pobre namorado: escrever na *Gazeta*! ser colaborador da *Gazeta*! ser da casa, estar ao lado da gente ilustre que lhe dava brilho! – que sonho![6]

O jovem Bilac revelava conhecer o meio intelectual do Rio de Janeiro ao aspirar a um emprego no jornal de Ferreira de Araújo, que consagrava e popularizava seus colaboradores literários, autores do porte de um Machado de Assis e de um Eça de Queiroz. Por outro lado, a *Gazeta* via seu prestígio e sua credibilidade engrandecidos por esses nomes respeitados e admirados.

Sendo assim, Bilac precisou adquirir certa notoriedade para ser aceito como colaborador regular. Sua participação na *Gazeta* foi gradualmente aumentando em volume e importância. Para o jovem poeta de dezoito anos, ver um de seus poemas, "Nero", estampado no jornal mais popular do Rio de Janeiro foi uma glória incomparável.

> Nunca esquecerei, em cem anos que viva, a manhã do ano 1884, em que vi um dos meus primeiros sonetos na primeira página desta amada

---

6 Rio de Janeiro, 2 ago. 1903, p.1, 8ª col., e p.2, 1ª col.

folha... Doce e clara manhã! – talvez fosse, realmente, uma agreste manhã, feia e chuvosa; mas a minha alegria, o meu orgulho de rimador novato, a minha vaidade de poeta "impresso" eram capazes de acender um sol de verão na mais nevoenta alvorada de inverno.[7]

A publicação do poema no "único jornal que acolhia e prezava a literatura" representou para Bilac um verdadeiro batismo literário e um grande estímulo para a continuidade de seus esforços poéticos. Nos anos seguintes, outros periódicos franquearam suas páginas ao poeta: em 1885, *O Mequetrefe*; no ano seguinte, *A Estação*, revista de modas; no início de 1887, Olavo Bilac conseguiria colaborar nos prestigiados periódicos *A Semana*, de Valentim Magalhães, e *Novidades*, de Alcindo Guanabara.

Em meados de abril desse ano, em um dos muitos episódios do conturbado namoro com Amélia, irmã do poeta Alberto de Oliveira, Bilac seguiu para São Paulo sob o pretexto de estudar Direito para mostrar-se um noivo digno. Na capital paulista, iniciou sua carreira jornalística, colaborando no *Diário Mercantil* e dirigindo a *Vida Semanária*. Retornando ao Rio de Janeiro em 1888, publicou o livro *Poesias*, que foi bem recebido pelo público e pela crítica, e passou a trabalhar na *Cidade do Rio*, de José do Patrocínio. No ano seguinte, começou a colaborar também no *Correio do Povo*, de Sampaio Ferraz.

Reconhecido como jornalista e poeta, foi então convidado por Ferreira de Araújo a ser colaborador eventual da *Gazeta de Notícias*.[8] Assim, no centro da primeira página da edição de 24 de abril de 1890 foi publicada a primeira crônica das centenas que depois seriam assinadas pelas iniciais O. B.: "Os fortes".

---

7 Ibidem. Não era a primeira vez que Bilac publicava poemas em periódicos. No ano anterior, 1883, a *Gazeta Acadêmica*, jornal dos alunos da Faculdade de Medicina, já estampara versos do poeta.
8 Quando da morte do jornalista em 1900, Bilac enalteceu em sua crônica dominical o apoio que Ferreira de Araújo dispensava aos jovens. "Quando um poeta, um prosador, um jornalista, um pintor, um compositor começavam a romper às cotoveladas a massa espessa do anonimato, era ele um dos primeiros a desbravar-lhes o caminho, a pô-los ao sol, a empurrá-los para a evidência, a celebrar-lhes o valor...", *Gazeta de Notícias*. Rio de Janeiro, 26 ago. 1900, p.1, 3ª col.

No mesmo ano, Bilac partiu para a Europa como correspondente da *Cidade do Rio*. Essa viagem pode ter retardado o estreitamento dos laços do poeta com a *Gazeta*, que iriam traduzir-se em uma relação profissional estável apenas em 22 de agosto de 1893, quando Bilac, admitido como colaborador fixo da casa, inaugurou o gênero "crônica livre".

A consagração jornalística ocorreria em março de 1897, quando Ferreira de Araújo atribuiu ao poeta a incumbência altamente honrosa de substituir Machado de Assis, então considerado o maior escritor brasileiro, na crônica semanal, a coluna de maior prestígio do periódico.[9]

Como redator, Bilac escreveu para a *Gazeta* textos dos mais variados gêneros, de *fait divers* a editoriais, além das crônicas costumeiras. Bilac também concedeu ao jornal a honra de publicar pela primeira vez algumas de suas traduções e poemas líricos que depois seriam reunidos em livro.

O humor de Bilac na *Gazeta*

A maior parte dos textos publicados por Bilac na *Gazeta de Notícias* era marcada pelo humor, seja por revelar a comicidade dos fatos cotidianos, seja pelo tom irônico que o poeta freqüentemente adotava. Quando a ironia beirava o sarcasmo ou a imaginação o levava a criar personagens fictícias e situações inverossímeis, o poeta entregava sua crônica aos cuidados de um "heterônimo", Fantasio,[10] assim apresentado ao leitor do jornal:

---

9 Bilac publicou sua primeira crônica em 7 de março de 1897. Não possui nenhum fundamento a data de janeiro do mesmo ano fornecida por Leonardo Arroyo. Cf. *Olavo Bilac*. 2.ed. rev. e amp. São Paulo: Melhoramentos, 1952, p.31.

10 Ao estudar as crônicas que Olavo Bilac escreveu para a revista *Kosmos*, Antônio Dimas observou que os textos assinados com o nome próprio apresentavam certa seriedade que não se conservava nos atribuídos a Fantasio. Cf. *Tempos eufóricos*. São Paulo: Ática, 1983, p.75-8.

Cada um de nós tem o seu bom amigo, o seu velho camarada, sempre disposto a prestar um serviço, pronto sempre a aturar uma impertinência. O bom amigo, o velho camarada de quem todos os domingos escreve esta crônica, é aquele extravagante *Fantasio* — um misterioso sujeito, que, apesar de louco varrido, ou talvez por isso mesmo, tem momentos de raro bom senso. Ora, ontem, estando o cronista a estudar economia política (porque ainda não perdeu a esperança de ser um dia chamado a levantar o câmbio) e não querendo distrair-se dessa árdua tarefa — mandou um próprio à nuvem que *Fantasio* habita, pedindo-lhe que enchesse esta coluna, hoje, com a sua prosa maluca.[11]

Por Fantasio ser um poeta divinizado, que habitava ora as nuvens do céu, ora o Olimpo, os textos assinados por essa personagem eram muitas vezes dispostos em versos. Fantasio, que já colaborara na *Cidade do Rio*, começou por assinar duas paródias das fábulas de La Fontaine em dezembro de 1894 e, no dia 14 desse mesmo mês, publicou o poema satírico "Ode ao bacilo-vírgula". Até janeiro de 1898, Fantasio colaboraria regularmente com suas sátiras.

O nome da personagem veio da peça homônima de Alfred de Musset (1810-1857), cujo protagonista se tornara bufão do rei da Baviera para esconder-se de seus numerosos credores sob uma corcunda postiça e uma peruca vermelha.[12] Mantém-se aqui o nome sem acento gráfico porque Bilac provavelmente procurava com ele evocar a obra do dramaturgo francês e, ao mesmo tempo, o presente do indicativo do verbo *fantasiar*, como forma de indicar o caráter burlesco dos textos assinados com pseudônimo.

Além de Fantasio, Bilac adotaria outros pseudônimos para escrever seus versos satíricos, que se extinguiriam em 1905. Esses textos eram publicados na primeira página com algum destaque gráfico, isto é, entrelinhados. A partir de 1896, os poemas satíricos de Bilac e de outros redatores e colaboradores da *Gazeta*, que vinham sendo publicados esporadicamente, passaram a contar com uma seção humorística diária, "O Filhote", que foi sucedida por "O Engrossa" e

---

11 Rio de Janeiro, 1º ago. 1897, p.1, 2ª col.
12 *Fantasio*. In: MUSSET, A. de. *Comédies et proverbes*. Édition établie par Edmond Biré. Revue et complété par Maurice Allem. Paris: Éditions Garnier Frères, 1956, v.1, p.231-74.

"Casa de Doidos".¹³ Graças ao estímulo proporcionado pelo jornal, a produção satírica do poeta intensificou-se entre 1896 e 1902.

Neste capítulo, estudam-se alguns dos poemas satíricos publicados isoladamente e concebidos espontaneamente ao sabor da "inspiração". A sátira, em muitos casos, pode ser o resultado de incontrolável acesso de indignação e, ao mesmo tempo, realizar a catarse dessa emoção.¹⁴ Sendo assim, esses textos revelam muito sobre as questões que inquietavam o espírito do poeta a ponto de motivá-lo a escrever sobre elas.

Crônicas em versos

Algumas vezes, Bilac trocou a prosa de sua coluna dominical por longos poemas satíricos, que, de certa forma, procuravam ser a versão em versos da crônica, tratando do(s) assunto(s) da semana ou dos temas preferidos do cronista. Nesses textos, Fantasio atacava a sujeira da cidade, tratava das festividades da semana, como o Carnaval e o Natal, e comentava notícias veiculadas pela imprensa.

Bilac também praticou a crônica em versos sob outras rubricas, como "Balas de Estalo", "Crônicas do Parnaso" e "Gazeta rimada". Em 14 de fevereiro de 1895, Fantasio publicou a primeira e única "Crônica do Olimpo", transcrita a seguir.¹⁵

> Também no Olimpo as hepatites,
> Graves e túrgidas, florescem:
> Também nos chega o humano mal...
> – Leitor! talvez não acredites:
> Porém os deuses adoecem
> Como qualquer pobre mortal...

---

13 Essas seções são estudadas no Capítulo 3.
14 SUTHERLAND, J. *English Satire*. Cambridge: University Press, 1967, p.4.
15 A ortografia desse e dos demais textos satíricos aqui transcritos foi atualizada de acordo com os critérios utilizados para a edição crítica da obra de Machado de Assis. Ver HOUAISS, A. et al. Introdução crítico-filológica. In: ASSIS, J. M. M. de. *Histórias da meia-noite*. Rio de Janeiro: Civilização Brasileira; Brasília: INL, 1975, p.26-41.

Eu, semideus[16] (porque os poetas
São mais do céu[17] do que da terra),
A uma hepatite sucumbi.
Bichas,[18] pomadas e dietas...
À congestão declarei guerra:
Lutei, clamei, suei: venci!

Por mais de um mês teve-me ao colo
Papai Orfeu. Quanto carinho
Tive dos médicos de lá!
Sisudo e de óculos, Apolo
Me receitou, em vez de vinho,
Um garrafão de Robinat.

Uma das musas, pressurosa,
Deu-me um pichel de Parykina,[19]
Com tantas lágrimas no olhar!...
Outra, porém, mais carinhosa,
Deu-me a beber podofilina,[20]
E deu-me os seios a beijar.

Assim, à cama acorrentado,
Na enfermaria do Parnaso,
Longe da rua do Ouvidor,
Fiquei dos homens apartado.
E nada vi, pois só fiz caso,
Pobre de mim! da minha dor!

Não assisti à debandada
Da nuvem negra dos doutores.
Ah! foi-se o cólera! Não vi

---

16 No jornal: *semi-deus*.
17 Ibidem: *céo*.
18 Fantasio referia-se evidentemente à aplicação de sanguessugas, terapêutica muito acreditada naqueles dias.
19 Por se tratar de nome próprio, respeitou-se a grafia original.
20 Resina medicinal de ação laxativa e colagoga (isto é, faz aumentar a secreção de bílis) empregada no tratamento de vegetações venéreas.

Cair em calma, regalada,
Livre dos desinfectadores,
A região do Piraí.

Para evitar disenterias
Houve este esplêndido remédio:
Jogou-se às chamas um selim...
Olá! folgai, mercadorias!
Folgai, selins! morreu de tédio
O coma-vírgula por fim!...

Não assisti ao reboliço
Que houve entre *poules*[21] e pelotas...
Foram-se as *acumulações*!...
Ai! quanta gente sem serviço,
As pernas troca e pui[22] as botas
Com o fechamento dos frontões!...

Ah! não vi nada e nada vejo!
Como sorris, convalescença!
Sol de verão, como sorris!
Nada mais peço nem desejo
Do que, liberto da doença,
Abrir ao sol a alma feliz...[23]

Fantasio utilizou a paródia de um gênero, a crônica, como veículo para a sátira.[24] O poeta justificou ao leitor a impossibilidade cir-

---

21 Em tipo redondo no jornal.
22 No jornal: *púe*.
23 FANTASIO. Crônica do Olimpo. *Gazeta de Notícias*. Rio de Janeiro, 14 fev. 1895, p.2, 2ª col.
24 Nesse como nos demais textos analisados neste capítulo, Bilac adotaria a paródia como estratégia retórica, seguindo tradição do gênero satírico. "Close to the essence of satire as a genre is its powerful tendency to present itself in the guise of formally recognized literary genres ..., informal, sub-literary genres (the travel books imitated by *Gulliver's Travels*) or nonliterary speech ..." KNIGHT, C. A. Satire, Speech and Genre. *Comparative Literature*. University of Oregon. Eugene (Oregon), v.44, n.1, Winter 1992, p.23.

cunstancial de cumprir a principal tarefa do cronista da época, que seria comentar os últimos fatos importantes ocorridos na cidade. Uma hepatite o teria retido no Olimpo, cuja distância o impedira de saber o que se passara na rua do Ouvidor.

É admirável nesse poema a isomorfia de suas nove estrofes, composta cada uma de seis versos rimados pelo esquema *abcabc* e acentuados regularmente na quarta e oitava sílabas poéticas. Assim, o ritmo desses octossílabos mantém-se absolutamente uniforme.

A perfeição formal da "Crônica do Olimpo" contrasta de certa forma com o tema prosaico: uma hepatite que teria impedido o poeta de acompanhar os últimos acontecimentos da cidade, sobre os quais, por dever profissional, deveria opinar.

No entanto, o texto não era o que aparentava ser; não era simplesmente uma justificativa do cronista que se sentia em dívida para com o leitor por não poder tratar da suposta epidemia de cólera que ameaçava a população do sudeste de Minas e mobilizava as autoridades sanitárias do Rio de Janeiro. Fantasio abordou ironicamente o problema utilizando o recurso retórico da *preterição*, pois fingiu não poder tratar da doença por ter estado "Longe da rua do Ouvidor" e, contraditoriamente, não fez outra coisa na sexta e na sétima estrofes.

O cronista não se referiu especificamente à doença, cuja existência ou não havia alimentado calorosas polêmicas pela imprensa. De um lado, *O País* alarmava a população com notícias que atestavam o surto de cólera; de outro, a *Gazeta* defendia tratar-se de outra doença e criticava excessos cometidos pelos agentes de saúde. Na sexta estrofe, aludindo às autoridades sanitárias e suas providências para deter a epidemia, Fantasio disse não ter assistido à "debandada / Da nuvem negra dos doutores"; a imagem do *bando* de médicos formando uma "nuvem negra" não seria exatamente elogiosa para agentes *de saúde*, dadas as fúnebres conotações da cor. Do ponto de vista do poeta, o alívio da região do rio Piraí não seria pelo fim das suspeitas de cólera, mas por se ver livre dos desinfectadores.

A sétima estrofe ironizava as medidas profiláticas das autoridades sanitárias, que se teriam resumido à queima de um selim. Na verdade, fez-se muito mais do que isso e muito se afligiram fluminenses, paulistas e mineiros com cordões sanitários, interrupção do transporte ferroviário, isolamento de doentes suspeitos, destruição de mercadorias etc. Em certa estação da Estrada de Ferro Leopoldina, havia um processo de desinfecção das bagagens por torrefação (sic), que apresentava o pequeno inconveniente de danificar os pertences dos passageiros; foi o que aconteceu com o selim citado, que chegou a ser exposto nas ruas, em protesto do proprietário, para gáudio dos curiosos. Mais do que criticar a insuficiência das medidas sanitárias, o menoscabo do cronista visava a acentuar a *inutilidade* delas, dada a inexistência da epidemia.

A situação em que Bilac colocou Fantasio, sua personagem, aludia ironicamente à paranóia da peste de que sofria a maioria dos cariocas. Se as hepatites floresciam nas altas esferas do Olimpo e afetavam deuses e semideuses como Fantasio, os habitantes do Rio de Janeiro teriam toda razão em temer um banal surto de disenteria nas margens do tão próximo rio Piraí.

Na "enfermaria do Parnaso", Fantasio passara um mês no colo de papai Orfeu e fora medicado por Apolo e pelas musas carinhosas. Esse tratamento representava um contraste flagrante com os maus-tratos dispensados às populações fluminense, paulista e mineira pelas autoridades sanitárias. A nota cômica estava assegurada pelos nomes dos remédios usados no Olimpo: os mesmos anunciados pela *Gazeta* e utilizados abundantemente pela população carioca...

O Olimpo de Fantasio, lugar que traz a limpeza no próprio nome,[25] não era propriamente o *locus amoenus* clássico, pois não estava isento de doenças.[26] Entretanto, nele era possível recuperar a saúde,

---

25 Credita-se essa observação ao prof. dr. Carlos E. Fantinati.
26 Na paisagem ideal da Antiguidade, não havia lugar para a fome, a doença e a morte. Na sua expressão mais simples, o *locus amoenus* "... é uma bela e ensombrada nesga da Natureza. Seu mínimo de apresentação consiste numa árvore (ou várias), numa campina e numa fonte ou regato. Admitem-se, a título de variante, o canto dos pássaros e flores, quando muito, o sopro do vento". CURTIUS, E. R. *Literatura européia e Idade Média latina*. Trad. de Teodoro Cabral com a colaboração de Paulo Rónai. Rio de Janeiro: MEC, INL, 1957, p.192 e 202.

graças à higiene e ao conforto que oferecia a seus excelsos habitantes. O carioca, pobre mortal, além de estar irremediavelmente exposto às doenças conhecidas e misteriosas que abundavam em sua cidade, ainda deveria submeter-se às atabalhoadas e discricionárias iniciativas do Estado, que, por incompetente, além de não solucionar a questão sanitária – o que, de acordo com Bilac, só poderia obter-se com o saneamento urbano –, ainda criava problemas econômicos e sociais.

Na penúltima estrofe, Fantasio comentou outro fato recente: o conturbado fechamento, por ordem da polícia, das casas de apostas, onde imperavam os *bookmakers*, antepassados dos atuais barões do bicho, e dos frontões, locais onde se disputava a pelota basca, transformada em jogo de azar. No dia seguinte à proibição de funcionamento, uma certa Casa Bancária e dois frontões tentaram abrir suas portas, mas foram obrigados por força policial a devolver o dinheiro das *poules* vendidas, pôr fim às *acumulações* de prêmios, que sempre atraíam mais apostadores, e encerrar definitivamente suas atividades.[27] A proscrição do popular jogo da pelota desempregou as pessoas que o poeta viu vagando pela cidade.

A "Crônica do Olimpo" resumia laconicamente os acontecimentos de mais de um mês da vida carioca, de meados de janeiro a meados de fevereiro de 1895. A hepatite veio a calhar, pois dispensou Fantasio de opinar abertamente sobre as candentes questões do cólera e da repressão à jogatina. Curiosamente, a doença não impedira o poeta de publicar quatro crônicas em prosa, que glosavam notícias dos jornais.[28]

Na "Crônica do Olimpo", notavam-se os três elementos indissociáveis que constituem a sátira: o *ataque agressivo*, a *norma* e a *indireta*. A *norma*, "ideal positivo" que se contrapõe a uma "ameaça-

---

27 *Gazeta de Notícias*. Rio de Janeiro, 13 e 14 jan. 1895, p.1.
28 Nesse período, foram publicadas, sempre na quarta coluna da primeira página da *Gazeta*, as seguintes crônicas de Fantasio: "Sonho africano" (29 jan. 1895), "Os dentes de Eva" (30 jan. 1895), "O ciúme" (10 fev. 1895) e "Selene" (12 fev. 1895).

dora realidade negativa",[29] ficou bem caracterizada pelo ambiente salubre e acolhedor em que Fantasio, medicado pelo nume tutelar da inspiração poética, amparado pelo poeta mítico Orfeu e acarinhado pelas musas, recuperou a saúde. Note-se que Fantasio, como filho de Orfeu, habitava o Parnaso e pertencia, portanto, à *norma higiênica*, que não se estendia à Rua do Ouvidor.

A *indireta* – elemento discursivo ficcional sulcado pelo cômico,[30] que às vezes toma a forma da fantasia ou do grotesco[31] – da crônica de Fantasio, que se nutria da mitologia antiga, amenizou de tal forma o *ataque agressivo* que mal se percebia a irritação do poeta com o desacerto das medidas sanitárias e a jogatina[32] – irritação que era a motivação psicoindividual para a sátira.[33]

Quando, oito anos mais tarde, as autoridades resolveram atacar de modo decidido a sujeira da cidade do Rio de Janeiro a pretexto de combater "focos de peste", o cronista Olavo Bilac mostrar-se-ia insensível às reclamações da população contra os agentes de saúde.

Já se fala em violação de domicílio, em vexames impostos à pobreza, em tirania sanitária – e em muitos outros palavrões sem sentido, que servem para esconder a má vontade de quem não ama a limpeza.

---

29 FANTINATI, C. E. Contribuição à teoria e ao ensino da sátira. XV Encontro de Professores Universitários Brasileiros de Literatura Portuguesa e IV Seminário de Estudos Literários: Texto, contexto e intertexto, 1994, Assis. *Anais de Estudos Literários* – IV. São Paulo: Arte e Cultura, Assis: Faculdade de Ciências e Letras – Unesp, 1994, v.2 – Conferências, mesas-redondas e painéis, p.206.
30 Ibidem, p. 207.
31 HODGART, M. *La sátira*. Trad. de Angel Guillén. Madrid: Guadarrama, 1969, p.11-3. FRYE, N. *Anatomia da crítica*. Trad. de Péricles E. da S. Ramos. São Paulo: Cultrix, 1973, p.25.
32 Uma das funções da indireta é justamente atenuar a intensidade do ataque agressivo. Como observou um estudioso do gênero, "if a story or a play produces feelings of pure hatred and revulsion, without a trace of scornful amusement or regretful contempt, it is not a satire". HIGHET, G. *The anatomy of satire*. Princeton: Princeton: Princeton University Press, 1962, p.150.
33 Cf. FANTINATI, C. E. Contribuição à teoria e ao ensino da sátira. Op.cit., p.206.

A ironia amena contra os desinfectadores na crônica em versos de 1895 daria então lugar à defesa irrestrita das brutais medidas sanitárias do governo Rodrigues Alves, que enfrentavam a resistência e a antipatia da população. Muitos cariocas reclamavam contra os médicos que invadiam as residências e determinavam a retirada de tudo o que considerassem lixo. Na crônica de 1903 citada antes, Bilac criou um sofisma para defender a ação governamental.

> O domicílio do cidadão não é inviolável, quando dentro dele se abriga um malfeitor. E que malfeitor mais perigoso do que qualquer desses gérmens de moléstias, que se geram na imundície?[34]

O apoio decidido do poeta às autoridades sanitárias deve ser compreendido no contexto da campanha pela reforma urbanística do Rio de Janeiro, empreendida em nome do combate à insalubridade. Pela sua perspectiva, o constrangimento imposto aos cariocas estava plenamente justificado pelo fim que se almejava.

Odes paródicas

Como poeta satírico, Bilac manifestou especial predileção pela ode, que é, segundo definição dele próprio e de Guimarães Passos, "um poema lírico, em que se exprimem, de modo ardente e vivo, os grandes sentimentos da alma humana".[35]

Entretanto, o espírito satírico do poeta subverteu algumas características essenciais da ode. As odes municipal, política, moderna ou clássica assinadas por Fantasio mantiveram o tom alegre e entusiástico típico da forma literária, mas as ações e personagens exaltadas não possuíam a elevação ética ou estética condizente com a celebração

---

34 Crônica. *Gazeta de Notícias*. Rio de Janeiro, 22 mar. 1903, p.1, 1ª e 2ª cols. Nessa mesma semana, Osvaldo Cruz seria nomeado diretor-geral da Saúde Pública, e combateria a febre amarela da Capital Federal com suas famosas brigadas de "mata-mosquitos".
35 *Tratado de versificação*. 8.ed. Rio de Janeiro: Francisco Alves, 1944, p.111.

poética. A não ser que os leitores da *Gazeta* considerassem dignos de louvor o bacilo-vírgula do cólera, a prostituta da Rua do Senhor dos Passos, a Câmara e o Senado etc. É possível que algum desses temas contasse com a simpatia dos cariocas, mas na maioria absoluta dos casos o caráter irônico da exaltação é evidente. Desse modo, as odes de Fantasio eram paródias da forma poética e sátira das mazelas do Rio de Janeiro.

Em 5 de março de 1896, Fantasio publicou uma extensa "Ode-Tromba", transcrita a seguir, que, ocupando quase toda a sétima coluna, parecia partir a primeira página em duas. O destaque gráfico do poema foi intensificado pela entrelinha maior do que a dos outros textos e pelos espaços em branco ao lado dos versos. Note-se que poemas extensos, quando eram publicados, costumavam ser acomodados no rodapé para facilitar a paginação.

Ode-Tromba

Celebro — ó tromba d'água! ó portadora
    Da ira celestial! —
Celebro a grande fúria rugidora
Com que alagaste o leito da Central![36]
Para cantar-te a musa desentranho
Do olvido... Ó grande, ó temerosa tromba!
    Ó nunca visto banho!
    Ó barrela de arromba!
– Louvado seja o grande Zeus no Olimpo!
Mataste gente? pouco importa! – quem
Morre afogado, ao menos morre limpo,
    – O que já é um bem!

    II

(Ó Sapucaias! que de vós seria,
Se tivésseis apenas, indigentes,
Para tratar da vossa porcaria,
    Médicos e intendentes?!

---

36 Estrada de Ferro Central do Brasil.

Que seria, cidades brasileiras,
    De vós, nesta aflição,
Carregadas de febres e lazeiras,
    Roídas de infecção,
– Se cada uma de vós que se engafece,
    Possuindo Intendência,
Ao lado da Intendência não tivesse
O auxílio da Divina Providência!)

III

Cada cidade pelos cantos sujos
    Tem esterco aos montões;
Sobem pelas paredes caramujos;
    Em largos batalhões,
    Cruzam sapos as ruas;
Mau[37] calçamento; encanamentos rotos;
    As praças são comuas;
    Os becos são esgotos;
E, por essa imundície, informe e vasta,
    – Magra, triste, infeliz,
Uma população banza se arrasta,
    Com a mão no nariz...

IV

    Mas vem a tromba... Ulula,
Uiva, sibila, estardalhaça e estronda:
Roda... pára... prepara o salto... pula,
Cai!... E, desfeita em água, de onda em onda,
    Enche o vale... Espumando,
    Sobe o monte, a roncar...
E despenha-se, e engrossa, rebramando,
    – Vasto e deserto mar...
    Ó tromba meritória!
    Ó divinal Empresa!

---

37 No jornal: *Máo*.

Hás de ficar na história
Da pública limpeza!

V

Adeus, lixos! adeus, fedor de canos![38]
Burros mortos, adeus!
O que os fiscais[39] não fazem em cem anos,
Fez num só dia a cólera de Deus!
Adeus, cisco e poeiras!
Caem, na Estrada, as estações, em cacos...
Rolam as ribanceiras,
E tapam os buracos...
E é tudo um mar... E apenas sobrenada,
Sobre esse mar sem fim,
– Como Noé –, o diretor da Estrada,
O marechal Jardim...

VI

Deus, que reges as Trombas,
Senhor das Tempestades,
Que dos Prefeitos zombas
E inundas as cidades!
– Mais trombas, ó Senhor que nos alagas,
Mais trombas por quem és!
Trombas! até que as vagas
Te vão lamber os pés.
E para que o Brasil, tonto de mágoa,
De lazeira não caia,
Manda uma tromba d'água
A cada Sapucaia![40]

---

38 O sinal de exclamação foi aqui acrescentado por estar pressuposto. Com a antiga composição tipográfica por tipos isolados, às vezes "caía" a última letra ou o sinal de pontuação da linha.
39 No jornal: *fiscaes*.
40 FANTASIO. *Gazeta de Notícias*. 5 mar. 1896, p.1, 7ª col.

Com sua "Ode-Tromba", Fantasio propunha-se celebrar a "grande fúria rugidora" de uma tromba d'água que desabara no primeiro dia do mês sobre a cidade interiorana de Sapucaia, causando graves danos materiais e a morte de pelo menos quatro pessoas. Pelo título, percebe-se que o poeta quis fazer de sua ode outra tromba d'água, mediante sua grande extensão e sua diagramação. O poema rompia a composição compacta e justificada dos demais textos da primeira página como um raio, ou melhor, como uma tromba d'água.

O poeta afrontou o risco de parecer insensível ao infortúnio de tantas pessoas – "Mataste gente? pouco importa!" – porque combatia um mal, a sujeira, cujo fim justificaria todos os sacrifícios: "– quem / Morre afogado, ao menos morre limpo" (primeira estrofe). Para o êxito da empreitada, a ironia, arma utilizada por Fantasio, deveria ferir a atenção do leitor por ser incompatível com a ideologia ou a ética atribuível ao poeta, para quem a morte de seres humanos não poderia ser indiferente. Sendo assim, o leitor deveria rejeitar o significado literal e experimentar interpretações ou explicações alternativas até chegar a um novo significado confiável que estivesse em harmonia com o suposto perfil ideológico do poeta.[41] Caberia ao leitor fazer inferências sobre as prováveis intenções do poeta e, para o sucesso da comunicação, este deveria fornecer pistas para que o significado literal fosse rejeitado.[42] A principal marca de ironia fornecida por Fantasio era a imitação zombeteira de uma forma poética de conteúdo sério.

---

41 Wayne Booth descreveu quatro passos que são dados simultânea e subitamente pelo leitor de um enunciado irônico. Primeiro passo: por causa da percepção de incongruência entre as palavras ou entre as palavras e alguma coisa sabida, o leitor rejeita o significado literal; segundo passo: interpretações ou explicações alternativas são testadas ou intuídas imediatamente; terceiro passo: o leitor precisa certificar-se quanto às crenças e ao conhecimento do autor para acreditar que este poderia propor o enunciado como irônico; quarto passo: o leitor escolhe um novo significado que lhe parece confiável e deve necessariamente estar em harmonia com as crenças atribuíveis ao autor. Cf. *A Rhetoric of Irony*. Chicago: The University of Chicago Press, 1974, p.10-4.

42 Embora a teoria da literatura do século XX tivesse enfatizado a autonomia do texto literário, a questão das intenções do autor deve ser enfrentada no estudo dos textos irônicos. Neles, o leitor encontra pistas que "... can be stated in the

A segunda estrofe logo esclarecia que Fantasio não pretendia tripudiar sobre os flagelados da cidade às margens do rio Paraíba do Sul. O poema era antes destinado às "Sapucaias" em geral, isto é, as "cidades brasileiras". A tromba d'água era louvada *não pelo mal que fez* em Sapucaia, mas *pelo bem que poderia fazer* em outras cidades, que tinham "esterco aos montes", "mau calçamento", "encanamentos rotos" e cujas praças e becos eram, respectivamente, "comuas" e "esgotos" (terceira estrofe).

Segundo o poeta, a tromba fez o que não pôde ou não quis fazer a Intendência com seus médicos e fiscais, acabando com "lixos", "fedor de canos", "burros mortos", "ciscos e poeiras" e tapando buracos com as ribanceiras que deslocou (quinta estrofe). Por isso, mereceu o louvor: "Ó trombra meritória! / Ó divinal empresa! / Hás de ficar na história / Da pública limpeza!" (quarta estrofe). Para a sujeira irremovível das cidades brasileiras, só haveria a solução radical das trombas. Por isso, Fantasio não hesitou em pedir ao "Senhor das Tempestades" que mandasse "uma tromba d'água / A cada Sapucaia" (sexta estrofe).

Fantasio criou uma ode "pindárica", com decassílabos e heróicos quebrados (hexassílabos) distribuídos por estrofes com um número igual de versos. Mas o *élan* épico do modelo antigo desvaneceu-se, pois não havia um grande feito a ser comemorado ou um herói a ser homenageado. A única personagem referida pelo poeta seria o ma-

---

form of an inference about an implied author's intentions: 'If the author did not intend irony, it would be odd, or outlandish, or inept, or stupid of him to do things in this way'. Every clue thus depends for its validity on norms (generally unspoken) which the reader embraces and which he infers, rightly or wrongly, that his author intends. Rhetorically speaking, it makes no difference whether we think of these norms as being intrinsec or extrinsic." BOOTH, W. C. Op.cit., p.52-3. Para Catherine Kerbrat-Orecchioni, "l'intention signifiante de l'émetteur n'est linguistiquement pertinente qu'en ce qu'elle peut être identifiée come telle par le récepteur". Para essa autora, as seqüências que contêm um tropo exigem do leitor um esforço bem maior do que as seqüências literais. E de todos os tropos, a ironia é o que torna a decodificação quase aleatória, pois suas marcas não passam de índices presuntivos. L'ironie comme trope. *Poétique*. Paris, v.41, Février 1980, p.114 e 117.

rechal Jerônimo Rodrigues de Morais Jardim, diretor da Estrada de Ferro Central do Brasil (1894-1896), que apenas percorrera impotente a área alagada (quinta estrofe). Na falta de heróis numa terra de prefeitos e intendentes (vereadores) inúteis, o poeta celebrou ironicamente um fenômeno metereológico. Não se pode esquecer que a ironia julga e é empregada geralmente à custa de alguém ou de alguma coisa; muitas vezes ironizar equivale a zombar.[43] Nessa dimensão pragmática reside a afinidade entre a ironia e a sátira, criada para ridicularizar ou escarnecer vícios ou viciosos;[44] por isso, em "Ode-Tromba", o tropo foi utilizado como estratégia retórica para denunciar a incúria das autoridades responsáveis pela limpeza pública.

O espaço que o texto irônico abriu à participação do leitor criaria entre este e o poeta mais do que cumplicidade, estabeleceria uma apreciável harmonia entre os espíritos.[45] O leitor sentir-se-ia incluído na comunidade dos cidadãos esclarecidos que podiam manifestar sua

---

43 É o que sugeriu Catherine Kerbrat-Orecchioni. "L'ironie est un trope ayant une valeur illocutoire bien caractérisée ... : ironiser, c'est toujours d'une certaine manière railler, disqualifier, tourner en dérision, se moquer de quelqu'un ou de quelque chose." Ibidem, p.119.

44 Cf. HUTCHEON, L. *Uma teoria da paródia*. Lisboa: Edições 70, 1989, p.73 e 75. Essa autora discordou de Wayne Booth quanto a alguns conceitos aqui empregados. Para Booth, a paródia é uma espécie de sátira "... in which the victim's style is imitated and distorted" (BOOTH, W. C. Op.cit., p.123). Já Hutcheon defendeu que a paródia e a sátira são gêneros distintos, embora possam às vezes combinar-se entre si. Por isso, seria possível distinguir a paródia satírica, cujo alvo seria "outra forma de discurso codificado", da sátira paródica, que visa a atingir "algo exterior ao texto" (HUTCHEON, L. Op.cit., p.83). Segundo a perspectiva pragmática de Hutcheon, ambos os gêneros utilizam o tropo como principal estratégia retórica. Observada essa divergência, seria possível aceitar a distinção genérica entre paródia e sátira defendida por Linda Hutcheon e, ao mesmo tempo, aproveitar a descrição da ironia realizada por Wayne Booth, que enfatiza os *aspectos semânticos* do tropo.

45 Não se pode menosprezar a eficiência retórica da ironia, que faz o leitor sentir-se em comunhão com espíritos semelhantes. Wayne Booth assim traduziu a experiência do leitor: "The author I infer behind the false words is my kind of man, because he enjoys playing with irony, because he assumes *my* capacity for dealing with it, and – most important – because he grants me a kind of wisdom; he assumes that he does not have to spell out the shared and secret truths on which my reconstruction is to be built" (BOOTH, W. C. Op.cit., p.28).

indignação com a sujeira e o abandono da cidade por meio da aparente louvação de uma calamidade pública.

Subjacente ao tom jocoso da "Ode-Tromba" estava a exasperação de Bilac com as péssimas condições sanitárias e urbanísticas do Rio de Janeiro, a "Sapucaia" que gostaria de ver alagada se esse fosse o preço a ser pago pela limpeza. Lembre-se, a propósito, de que Sapucaia era o nome de uma ilha da Baía da Guanabara destinada a receber o lixo da cidade. Por um processo metonímico, o nome Sapucaia tornou-se sinônimo de imundície.

Soneto paródico

As autoridades cariocas possuíam o vezo de erigir construções improvisadas e precárias, feitas com lona e madeira, por ocasião de eventos públicos.[46] Construíram-se, por exemplo, um coreto para abrigar, em novembro de 1894, autoridades durante cerimônia de lançamento da pedra fundamental de um monumento em homenagem ao presidente Monroe, autor da frase que se tornaria lema do imperialismo ianque, e uma réplica da Torre Eiffel para a recepção do presidente argentino (sic) em 1899. Porém, findas as festividades, os pavilhões permaneciam longos períodos expostos ao sol e às intempéries, deteriorando-se. A visão dessas construções decadentes, geralmente edificadas na área central, feria o senso estético de Olavo Bilac, que, em suas crônicas e textos satíricos, pedia e, quando atendido, comemorava a demolição e a retirada desses monumentos do mau gosto.[47] Fantasio, por sua vez, celebrou o fim do coreto citado em poema que terminava assim:

---

46 Os coretos festivos eram uma tradição vinda do Império. Cf. CAMILO, V. *Risos entre pares*. São Paulo: Edusp, Fapesp, 1997, p.131.

47 Quando Pereira Passos passou a expurgar a cidade dessas construções, o cronista Olavo Bilac apostrofou-as em sua coluna dominical. "Chorai, barracões de todos os estilos, de todos os feitios, de todas as cores ...! chegou a vossa última hora... / Um prefeito, que não gosta de monstros, jurou guerra implacável e feroz à vossa raça maldita: preparai-vos todos para cair, fortalezas do mau gosto ... – como já caiu o vosso companheiro do largo do Paço, aos golpes dos martelos abençoados da Prefeitura!" Crônica. *Gazeta de Notícias*. Rio de Janeiro, 25 jan. 1903, p.1, 1ª col.

A tua catedral de táboas e de panos,
Ó Monroe imortal! já não fala de ti:
A terra americana é dos americanos,
E a arapuca da Lapa é da Empresa Gary![48]

Outro barracão levantado mais tarde no centro do mesmo Largo da Lapa, para abrigar uma seção da Exposição Industrial, muito irritou Bilac, que, por apanhar o bonde do Catete para se dirigir à Rua do Ouvidor, onde se localizavam as redações dos principais jornais, era obrigado a contemplá-lo diariamente.[49] Por isso, suas crônicas imploravam ao prefeito a derrubada da nova "arapuca".[50]

Fantasio, que também não suportava a vista da construção, fulminou o monstro com um poema publicado em 19 de novembro de 1897.

O Monstro

Ah! quando tudo cai[51] – ó barracão da Lapa!
Tu, por uma razão que à inteligência escapa,
Hás de eterno ficar, da cidade no mapa,
Toca de malandrins, de vagabundos capa?...

Como um escárnio,[52] o sol bate no monstro em chapa:
O meu ódio, impotente, estorce-se à socapa...

---

48 FANTASIO. *Gazeta de Notícias*. Rio de Janeiro, 29 dez. 1894, p.1, 3ª col.
49 O poeta morava na rua Dois de Dezembro, nas imediações do palácio do Catete.
50 Sob a máscara de outro pseudônimo, Bilac atacou o pavilhão. "A minha idéia fixa é o barracão do largo da Lapa! Não posso mais! ou aquilo vem abaixo, ou dou fundo no Hospício! Ah! não sei ainda quem será o novo Prefeito... mas, seja ele quem for, peço-lhe desde já, de joelhos, de gatinhas, humilde e fervorosamente que mande arrasar aquele monstro! Hipoteco toda a minha gratidão, empenho toda a minha vida, cedo de antemão todos os meus serviços àquele que, ouvindo a súplica ansiosa da minha alma, vibrar contra aquele hediondo estafermo o primeiro golpe de morte! / Não posso mais! Não posso mais! Por piedade! arranquem do largo da Lapa o horror, se me querem arrancar a tempo das garras da loucura!" FLAMINIO. Crônica. *A Notícia*. Rio de Janeiro, 17 nov. 1897, p.2, rodapé.
51 No jornal: *cáe*.
52 Ibidem: *escarneo*.

E Ele, numa atitude imbecilmente guapa,
Sujo e grosso, no chão do largo se acachapa!

Oh! hei de[53] ir ao Prefeito, ao Arcebispo, ao Papa,
A Deus!... Para aplacar a raiva que me rapa,
Cairei sobre o monstro a pontapé e a tapa!

E hei de[54] expirar, na fúria atroz que me esfarrapa,
Morto, – não por beber arsênico ou zurrapa,
Porém por não poder com o barracão da Lapa![55]

Como se vê, o poeta escolheu a forma do soneto para atacar o pavilhão e, segundo o gosto parnasiano, utilizou o verso alexandrino perfeitamente hemistiquiado, isto é, dividido em dois versos hexassílabos:

Ah! quando tudo cai, / – ó barracão da Lapa!
Tu, por uma razão / que à inteligência escapa,
Hás de eterno ficar, / da cidade no mapa,
Toca de malandrins, / de vagabundos capa?...

Entretanto, a monorrima em *apa* era um ultraje aos preceitos parnasianos, que condenavam as rimas fáceis por sua vulgaridade, pobreza e monotonia.[56] Mas há uma possível explicação para a utilização dessa rima proscrita na forma poética privilegiada pelos parnasianos.[57]

Fantasio expressou seu ódio pela permanência no mapa da cidade do barracão da Lapa, "toca de malandrins" (primeiro quarteto). Irritava-o a "atitude imbecilmente guapa" do monstro "sujo e grosso" (segundo quarteto) a ponto de levá-lo a cogitar destruir o pavi-

---

53 Ibidem: *hei-de*.
54 Ibidem: *hei-de*. Note-se que no terceiro verso o poeta emprega "hás de" sem hífen.
55 FANTASIO. *Gazeta de Notícias*. Rio de Janeiro, 19 nov. 1897, p.1, 7ª col.
56 Cf. BILAC, O.; PASSOS, G. *Tratado de versificação*. Op.cit., p.77.
57 Como observou Matthew Hodgart, muitas vezes "... la contextura de la sátira es una deformación o una parodia de las formas más serias dela literatura y las más valoradas por el mismo parodista ..." (*La sátira*. Op.cit., p.23).

lhão "a pontapé e a tapa" (primeiro terceto) ou, então, no clímax da raiva, beber "arsênico ou zurrapa" (segundo terceto). Olavo Bilac, que falava pela boca de Fantasio, não poderia aceitar a "atitude guapa" da construção porque admirava profundamente outra cidade cujo cuidado com sua organização e limpeza não permitiria semelhante desleixo. Desde sua primeira viagem à Europa em 1890, o poeta adotou Paris como padrão urbanístico para as reformas que defendia para o Rio de Janeiro.[58]

Para quem combatia a sujeira e as ruas tortas e estreitas de sua cidade, a permanência "eterna" do estorvo inútil e mal-acabado num largo movimentado era um acinte. Com rara felicidade, o poeta conseguiu transmitir ao leitor sua indignação com o monstro, que permanecia em pé em uma época em que "tudo" (primeiro verso), ou seja, parte das construções antigas da cidade, caía.[59] Em julho de 1897, por exemplo, o desabamento do edifício em que funcionava o Café Cascata matara três pessoas.[60] Fantasio evidenciava a ironia de uma situa-

---

58 Sobre os vínculos de Bilac com a cultura francesa, v. DIMAS, A. Bilac e a França. In: NITRINI, S. (Org.). *Aquém e além mar*. São Paulo: Hucitec, 2000, p.167-75.

59 Cinco anos depois, o cronista ainda testemunharia o desabamento "espontâneo" da cidade colonial. "Há dias, uma casa da rua da Quitanda desabou de repente. Por felicidade, ninguém morreu: morreu somente a casa, e não perdemos nada com isso. Ainda não há muito tempo, conversávamos alguns amigos na rua do Ouvidor, quando ouvimos um estalo seco, e, logo, sobre os nossos chapéus caiu uma chuva de caliça. Levantamos as cabeças e vimos que a platibanda do prédio a cuja sombra nos acolhêramos tinha uma larga fenda transversal. Uma nuvem de poeira suja bailava no ar, na fulguração ofuscante do sol. E antes que toda a casa viesse abaixo, abalamos dali, com a alma apavorada. / E quase todas as ruas da cidade estão assim, cheias de prédios velhos que desabam ou estão para desabar. Todas essas casas, contemporâneas de D. João VI, têm a base roída pelos dentes fortes do tempo. De quando em quando, os proprietários submetem as pobres anciãs ao processo sumário de uma reparação rápida, brocham-lhes a cara com carmim e alvaiade, arreiam-nas de arrebiques, e deixam-nas assim ficar, ridículas e espalhafatosas, sorrindo ao sol, como Górgonas gaiteiras, moças por fora e velhas por dentro." B. [Olavo Bilac]. Registro. *A Notícia*. Rio de Janeiro, 5 fev. 1902, p.2, 1ª col.

60 Crônica. *Gazeta de Notícias*. Rio de Janeiro, 25 jul. 1897, p.1, 2ª col.

ção em que as construções improvisadas apresentavam uma inusitada resistência, enquanto os edifícios ruíam como um castelo de cartas. *Era o mundo às avessas.*

Todos os versos terminam em *apa* para rimar com Lapa, que aparece no final do primeiro e do último verso. Desse modo, a monorrima estaria sempre a lembrar o barracão da Lapa e a interromper de maneira antieufônica a cadência solene dos alexandrinos. O leitor da época, acostumado à variedade sonora das rimas e à fluidez dos versos parnasianos, deveria estranhar a monorrima como um objeto estranho à fruição do texto, como uma pedra no caminho da leitura – tal como o pavilhão quebrava a harmonia do Largo da Lapa e embaraçava o trânsito dos pedestres e das carruagens.

Com esse recurso poético, Bilac fez que o leitor compreendesse sua experiência de desprazer com a feiúra e a inutilidade do barracão. Mas essa percepção empática não se resolveria no leitor por um efeito de indignação, mas pelo reconhecimento do ridículo de tudo: do pavilhão, de sua "conservação" pelas autoridades, da complacência dos cariocas com a sua existência e até da fúria impotente de Fantasio, um habitante do Olimpo que talvez ainda não estivesse familiarizado com a vida carioca.

No entanto, é preciso observar que o ridículo aparentemente não atingia as convenções parnasianas. Isso ocorreu porque a sátira utilizou a paródia como veículo para atingir um alvo que é "extramural", isto é, que se situa fora das convenções literárias.[61] Há evidentemente certa irreverência nesse uso do soneto parnasiano, mas não se pode atribuir a Fantasio uma negação ou questionamento crítico da estética parnasiana por meio da paródia. Não era esse seu objetivo precípuo.

A utilização das formas parnasianas ou de elementos da mitologia clássica fora de seu contexto não impediria uma constatação: Bilac não misturava estilos como Stendhal, Balzac e Zola. O *estilo sério* (que se poderia também chamar de *elevado*) dos livros assinados com o

---

[61] Segundo Linda Hutcheon, a paródia *stricto sensu* seria uma forma "intramural", voltada apenas para normas estéticas (*Uma teoria da paródia*. Op.cit., p.38).

nome próprio do poeta dedicava-se com exclusividade ao belo, ao sublime e ao ético. Mesmo a sensorialidade ou até sensualidade de seus versos não estava associada a uma visão criatural do corpo humano; o corpo feminino era um objeto de contemplação estética depurada de contingências fisiológicas. Jackson de Figueiredo (1891-1928) já observou que a poesia bilaquiana estava isenta da "sujeira realista" e de "sensualidade grosseira". Ao confinar a vida social contemporânea ao *estilo leve* das sátiras e de parte das crônicas, Bilac parecia querer restabelecer

> a regra clássica da diferenciação dos níveis, segundo a qual a realidade quotidiana e prática só poderia ter seu lugar na literatura no campo de uma espécie estilística baixa ou média, isto é, só de forma grotescamente cômica ou como entretenimento agradável, leve, colorido e elegante.[62]

De um lado, o *sermo sublimis* da poesia lírica, sensual ou filosofante, que, por vezes, se perdia em outras eras e/ou lugares; de outro, o *sermo humilis* da poesia satírica, que se abria francamente para o Rio de Janeiro contemporâneo (desinfectadores, *poules* e pelotas, frontões, intendentes, fiscais, barracões) e a vida cotidiana (cama, enfermaria, mercadorias, selim, médicos, encanamentos, estações de trem, buracos), incorporando até mesmo o corporal (hepatites, dietas, congestão, suor, cólera, disenterias, banho, infecção, secreção nasal), o feio (caramujos, sapos, comuas, lixo, cisco, poeira) e o indigno (porcaria, lazeiras, esterco, esgotos, imundície, fedor, burros mortos, malandrins, vagabundos).[63]

---

62 AUERBACH, E. *Mimesis*. 4.ed. São Paulo: Perspectiva, 1998, p.500.
63 A estética clássica tem historicamente imposto uma rígida separação de estilos, como se verificou no classicismo francês, principalmente na poética de Boileau (1636-1711) e na tragédia de Racine (1639-1699). Ver AUERBACH, E. O santarrão. In: Ibidem, *Mimesis*. Op.cit., p.321-52. Na literatura brasileira, pode-se citar como responsável por uma tentativa de restauração da norma antiga a assim chamada Geração de 45, que proscreveu da poesia o *sermo humilis*. Ver HOLANDA, S. B. de. *O espírito e a letra*. São Paulo: Companhia das Letras, 1996, v.2, p.166 e 293.

Teatro Municipal

Olavo Bilac publicou na *Gazeta de Notícias* alguns *sketches*, cenas curtas de caráter cômico, cujas personagens eram habitantes e objetos conhecidos da população carioca: um deputado, um tenente-coronel reformado, o prefeito, um poeta nefelibata (simbolista) e a Torre da Candelária. As falas dessas personagens eram dispostas em versos de metro variável.

Combinando hexassílabos, redondilhas maiores, decassílabos e alexandrinos, Fantasio procurou representar o "Teatro Municipal" em três cenas publicadas em 22 e 27 de novembro e 17 de dezembro de 1897. O título era uma provocação e uma crítica às autoridades municipais: uma provocação, porque a cidade, de acordo com opinião generalizada entre os intelectuais, não possuía um teatro digno;[64] uma crítica, porque as cenas vividas no "teatro" da cidade atestavam o abandono dos logradouros públicos.

A primeira cena se deu no Largo do Catete, onde alguns meses antes fora inaugurada – com a presença de políticos, jornalistas e escritores como Machado de Assis, que discursou – a estátua de José de Alencar, financiada pelas "senhoras cariocas" mediante campanha liderada pela *Gazeta*. Uma das personagens, o Hotel dos Estrangeiros, queixava-se de "atroz desilusão", pois imaginara que a homenagem ao cantor de Iracema traria melhorias para o local. A estátua, por sua vez, não escondia a sua decepção com os cariocas.

A Estátua

Antes, livre de preitos e de festas,
Sem merecer a estima da Cidade,
Eu me não vira assim!
Porque fui o Poeta das florestas,
Rodeiam-me, na triste soledade,
As moitas de capim...[65]

---

64 Embora três prédios na praça Tiradentes estivessem desapropriados desde 1896 para abrigar a construção, o luxuoso Teatro Municipal do Rio de Janeiro seria inaugurado somente em 1909 – como se sabe, em outro local.
65 FANTASIO. Teatro Municipal – I. *Gazeta de Notícias*. Rio de Janeiro, 22 nov. 1897, p.1, 5ª col. A estátua fora inaugurada no dia 1º de maio de 1897.

A situação denunciada por Fantasio tornava-se ainda mais intolerável porque, como não ignorava o leitor da *Gazeta*, no Largo do Catete situava-se o palácio que, desde o início daquele ano, era a sede do Poder Executivo federal. O hoje inexistente Morro do Castelo, arrasado anos depois, de onde se desfrutava uma bela vista da cidade e da Baía da Guanabara com suas ilhas,[66] foi o palco da segunda cena em que Fantasio atuou como personagem juntamente com uma andorinha e uma cigarra, que saudavam alegremente a chegada do verão e suas galas. O poeta não compartilhava do mesmo estado de espírito.

FANTASIO

(subindo a ladeira, com a lira nas costas, e um saco de roupa em cada mão, parando e olhando melancolicamente a cidade)

Adeus, minha cidade, adeus, berço risonho!
Pátria do meu amor! pátria do meu desejo!
Ninho onde se emplumou o meu primeiro sonho!
Terra onde floresceu o meu primeiro beijo![67]

Surpresa com a retirada em estação tão propícia ao ofício de fazer versos, a andorinha perguntou à cigarra do que fugia o poeta. Esta simplesmente disse: "Do barracão da Lapa". E com palavras tão esclarecedoras, caiu o pano.

A terceira cena se passou no Largo do Paço Imperial, atual Praça XV de Novembro, em cujo centro a estátua de um herói do Exército Brasileiro, subitamente dotada de fala, dirigiu-se a um pavilhão que apodrecia em paz no meio da adjacente Praça do Mercado Velho, obra inaugurada em 1841 e uma das principais melhorias introduzidas na cidade pelo Império.[68] Abrigava-se no interior da construção um painel de Vítor Meireles (1832-1903), que já expusera no mesmo

---

66 MORRO do Castelo. *A Notícia*. Rio de Janeiro, 1º nov. 1898, p.1, 6ª col.
67 FANTASIO. Teatro Municipal – II. *Gazeta de Notícias*. Rio de Janeiro, 27 nov. 1897, p.1, 6ª col.
68 Cf. ROMERO, J. L. *Latinoamérica: las ciudades y las ideas*. 2.ed. Mexico: Siglo Veintiuno, 1976, p.223.

local em 1891 o *Panorama do Rio de Janeiro*. O *Panorama*, tela colocada sobre um cilindro giratório, permitia ao espectador acompanhar o descortino de toda uma paisagem sem sair de seu lugar.

TEATRO MUNICIPAL
III

(No largo do Paço. Meio-dia. Sol de rachar. Ao sol apodrecem as verduras da praça do Mercado, e as pretas-minas papagueiam, e os catraieiros praguejam. E, imenso, gordíssimo, acaçapado, medonho, o pavilhão do *Panorama da entrada da esquadra legal* pompeia, na sua glória insolente e mal encarada...)

A ESTÁTUA DE OSÓRIO *(MONOLOGANDO)*

Envenenados correm os meus dias
Pela crueza de um destino mau...[69]
– Quando vim para aqui, já tu vivias,
Peste de lona e pau![70]

Já gordo e inchado, já medonho e feio,
Para força maior desta desgraça,
Te vim achar, ó pavilhão, no meio
Da atravancada praça!

Queimam-te os sóis,[71] e sobre ti desabam
Trovoadas e chuvas, de roldão:
Mas nem as chuvas nem os sóis[72] te acabam!
Nada te põe no chão!

Um dia, a esquadra, com os canhões em riste,
Te crivou de balázios, por ultraje:
E aos balázios da esquadra resististe,
Mais forte do que a Laje!

---

69 No jornal: *máo*.
70 Ibidem: *páo*.
71 Ibidem: *sóes*.
72 Ibidem: *sóes*.

Ficaste aí, ó monstro, esparramado
Sem medo de ninguém, ficaste aí!
E a mesma imunda Praça do Mercado
Tem vergonha de ti!

Deus poderoso, tudo acaba! Tudo
A mão do Tempo, inexorável, trunca...
E só tu, estafermo barrigudo,
Não hás de acabar nunca?!

Nada no mundo a este destino escapa...
Acabou o governo de Furquim,[73]
E até o próprio barracão da Lapa
Vai acabar por fim!

Tudo acaba! o verão... o inverno... o outono...
A primavera... as Câmaras!... Disperso
Por tudo, o pó do Olvido e do Abandono
Amortalha o Universo...

Mas, ai de mim! na raiva que me inflama,
Vejo que, para o largo atravancar,
Só a *Esquadra Legal* do *Panorama*
Não acaba... de entrar!

(Papagueiam as negras-minas, apodrecem as verduras, praguejam os catraieiros, e o Pavilhão do *Panorama* parece que ainda fica mais gordo...)[74]

---

73 Furquim Werneck, prefeito municipal do Rio de Janeiro.
74 FANTASIO. Teatro Municipal – III. *Gazeta de Notícias*. Rio de Janeiro, 17 dez. 1897, p.1, 5ª col. Esse texto foi reproduzido por Martins Fontes em *Nós, as abelhas*, juntamente com o segundo da série "Teatro Municipal". São Paulo: J. Fagundes [192-], p.77-81. O primeiro texto da série encontra-se transcrito em outro livro do mesmo autor. *Colar partido*. SANTOS, B. Barros, 1927, p.227-9. Diga-se, *en passant*, que o amigo de Bilac trocou e acrescentou palavras, alterou a pontuação e eliminou os grifos do original. Os mesmos "pecados" cometeu Eloy Pontes, que reuniu os três textos da série na biografia *A vida exuberante de Olavo Bilac*. Rio de Janeiro: José Olympio, 1944, p.445, 452 e 454.

A rubrica inicial descreveu um cenário desolador para homens *civilizados* como Bilac e os leitores da *Gazeta*. Sob um abrasador sol de meio-dia, homens do povo como os catraieiros e as negras-minas tentavam vender suas mercadorias, peixes e verduras cada vez menos frescos, produzindo o proverbial burburinho dos mercados populares. Para coroar a cenografia, o pavilhão malconservado atravancava a praça. Com essa descrição, Fantasio adotou estratégia muito usada pelos satíricos, que procuram descrever uma situação desagradável ou absurda tão nitidamente quanto possível.[75]

A estátua que monologou fora posta no Largo do Paço em 15 de novembro de 1894 a título de homenagem ao general Osório (1800-1887), que participou de episódios importantes da nossa história, como a Guerra do Paraguai. A cena explorou a ironia (provavelmente) involuntária da honraria, pois o local escolhido para abrigar o monumento era degradado e degradante por sua sujeira indelével, seu mau cheiro característico e sua desorganização, evidenciada pelos cestos, balaios e sacos espalhados pelo chão. O pavilhão invectivado por Osório era apenas a cereja do bolo.

A "peste de lona e pau", apesar de sua precariedade, desafiava o tempo, pois já suportara um ataque dos navios amotinados contra Floriano Peixoto e as intempéries tropicais. A tela em exposição homenageava a esquadra governista, cuja entrada na Baía da Guanabara em março de 1894 apressara o fim da Revolta da Armada. Não era provavelmente agradável a Bilac essa lembrança de uma vitória importante do *ditador* que o encarcerara.

A estátua de Osório não estava desconsolada apenas pela companhia indesejada do pavilhão do *Panorama*, pois não fora este que criara o cenário consternador. "– Quando vim para aqui, já tu vivias" (primeira estrofe) – esclareceu, dirigindo-se ao pavilhão. Encontrou-o "no meio da atravancada praça" sem nenhuma finalidade, "Para força maior desta desgraça" (segunda estrofe). O dêitico *desta* era significativo: a "desgraça" é todo o largo – e quiçá a cidade – e não apenas o velho barracão. O desespero da estátua era causado pela *permanência* do "monstro" apesar dos "sóis" e das "chuvas" (terceira

---

75 HIGHET, G. *The Anatomy of Satire*. Op.cit., p.19.

estrofe), dos balázios da esquadra (quarta estrofe) e da passagem do tempo implacável (sexta, sétima e oitava estrofes). Se o elemento mais precário e frágil, o "estafermo barrigudo", a quem Osório invectiva: "a mesma imunda Praça do Mercado / Tem vergonha de ti!" (quinta estrofe), não era alvo da ação higienizadora do poder público, como seria possível ter esperanças de que as instalações, o calçamento, os prédios antigos e o velho cais Pharoux, também localizado no Largo, fossem algum dia reformados? E o que dizer da imensa cidade colonial, igualmente suja e constituída de ruas tortas, estreitas, esburacadas e cheias de lama e capim?

O combate do poeta aos pavilhões abandonados talvez criasse um padrão estético que ajudou a condenar os quiosques, pequenas construções abarracadas de formato octogonal destinadas à venda de parati, café e quitutes, que eram verdadeiros pontos de encontro das chamadas "classes perigosas".[76]

Um paladino do saneamento urbano

Pelo que se viu neste capítulo, pode-se perceber que algumas das principais vítimas das sátiras bilaquianas publicadas na *Gazeta de*

---

[76] Avalie-se a descrição, onde se poderia notar sutil evocação de *L´assommoir*, de Zola, que, alguns anos depois, um repórter anônimo d'*A Notícia* fez de um desses estabelecimentos. "Ali está ele no cais Pharoux, esquina do beco do cotovelo, bem em frente à diretoria geral de saúde pública. / O Santa Bárbara é um imenso quiosque, extraordinário e medonho, um grande monstro devorador da estética, que a prefeitura a bem do serviço público desterrou do largo do Paço... É o 4 A, onde se vendem 'dous de parati' e a caneca de café comprido; é o bruto, o imenso, o imundo – que ali está para dar ao estrangeiro o atestado do nosso mau gosto. / ... / Lá estivemos ontem em visita ao Santa Bárbara... Medimo-lo pacientemente, demoradamente: dezenove metros e trinta centímetros [de diâmetro], oitavado, sujo, ostentando no bojo uma pipa imensa." O SANTA Bárbara. *A Notícia*. Rio de Janeiro, 14 out. 1902, p.2, 5ª col. Reportagem anterior descreveu outro quiosque como centro da vida social das "classes perigosas": "À noite reúne-se no 29 de Guerra tudo quanto há de mais vil na classe dos vagabundos, ébrios e criminosos de ambos os sexos, e não raro se forma naquela escolhida sociedade um estontante samba ao som de desafinada sanfona e ao compasso de palmas ensurdecedoras". O 29 de Guerra. *A Notícia*. Rio de Janeiro, 9 abr. 1900, p.2, 5ª col.

Notícias foram a sujeira e o péssimo estado de conservação das vias e logradouros públicos. Nessa cruzada, Bilac contou com aliados que anteriormente haviam conseguido "importantes" vitórias: pôr fim aos chapéus imensos usados pelas senhoras no Lírico e proscrever por algum tempo dos jornais o verbo "suicidar-se", substituído pelo eufemismo "morrer inesperadamente". Mas contra a sujeira e a insalubridade da Capital Federal o poeta reconhecia a impotência do seu exército.

> Ai! amigos da imprensa! já todos nós estamos cansados de pedir que se limpe esta cidade da peste, dando-lhe um pouco menos de política e um pouco mais de vassouras, um pouco menos de boatos e um pouco mais de ácido fênico... De dia em dia, mais asquerosa fica a sujeira das ruas; mais relaxados ficam todos os serviços municipais; mais empestados ficam os bairros. Não se desinfectam casas em que morrem cinco e seis doentes de febre amarela; os bueiros dos esgotos fedem como sentinas mal lavadas; os encanamentos de água não têm uma gota; e tudo é uma infecção, uma porcaria, um nojo, um horror![77]

Os primeiros frutos dessa campanha seriam colhidos bem mais tarde, no fim de 1902, durante o breve mandato do prefeito Xavier da Silveira (1864-1912), que modificou um dos cenários do "Teatro Municipal", o Largo do Paço, onde se localizava o Cais Pharoux. A Rua do Ouvidor, que nascia no local, também havia sido remodelada e o Canal do Mangue, saneado, mas a reforma do porto onde desembarcavam os estrangeiros adquiria uma importância simbólica ressaltada pelo cronista.

> O vestíbulo da cidade é o cais Pharoux. Há poucos meses, aquilo era uma entrada de estalagem imunda. Hoje, se ainda não é uma antesala de luxo, já não tem felizmente o aspecto nauseabundo, que era a nossa maior vergonha. Uma reforma inteligente limpou aquela grande nódoa...[78]

---

77 Crônica. *Gazeta de Notícias*. Rio de Janeiro, 3 jul. 1898, p.1, 1ª col.
78 Ibidem, 23 nov. 1902, p.1, 1ª col.

Apesar dessa significativa vitória, a guerra pelo saneamento do Rio de Janeiro prosseguia sem tréguas. Bilac não combatia a sujeira apenas por motivos estéticos, que, no entanto, eram um dos grandes estímulos para a luta. O poeta, que freqüentara a Faculdade de Medicina, centro de elaboração e difusão do discurso higienista, acreditava que a sujeira e a aglomeração humana constituíssem o meio formador e irradiador das endemias e epidemias[79] que flagelavam a população do Rio de Janeiro.[80] Por isso, quando, no fim de março de 1903, os jornais noticiaram a iminente ida do recém-nomeado diretor da Saúde Pública, Osvaldo Cruz (1872-1917), a Cuba para estudar o processo empregado pelos norte-americanos para extinguir a febre amarela na ilha, o poeta indignou-se com a inutilidade da viagem e defendeu em sua crônica dominical um verdadeiro programa de saneamento para a cidade.

Para extinguir a febre amarela, e para extinguir com ela a nossa desonra, é preciso não medir sacrifícios, não contar vinténs nem milhões, e sacrificar o bem-estar de alguns anos à prosperidade futura; é preciso modificar quanto está feito, arrasar quarteirões inteiros, rasgar avenidas, revolver e purificar o solo, obrigar toda a população à prática do asseio,

---

79 Segundo a historiadora Michelle Perrot, os médicos franceses compartilhavam dessa crença. "Discípulos de Hipócrates, defensores do ar puro, os médicos do século XIX acreditam nas virtudes do 'ar livre', nos danos do ar 'mefítico', viciado pelas grandes densidades populacionais. Atribuem à promiscuidade das multidões urbanas, aos amontoados dos cortiços (palavra dominante dos anos 1880) a propagação de doenças transmitidas por contato, por 'contágio': epidemias, e logo a tuberculose." PERROT, M. Os operários, a moradia e a cidade no século XIX [Les ouvriers, l'habitat et la ville au XIX[e.] siècle]. Trad. de Denise Bottmann. In: *Os excluídos da história*. Operários, mulheres e prisioneiros. 2.ed. São Paulo: Paz e Terra, 1992, p.110.

80 Durante a década de 1890, os cariocas seriam vitimados por surtos de febre amarela (1891, 1892, 1894, 1896 e 1898), varíola (1891, 1895 e 1899), disenteria (1892 e 1898), além de padecerem das doenças consideradas endêmicas: febre tifóide, beribéri e tuberculose. Dados do *Anuário de Estatística Demógrafo-Sanitária* (Rio de Janeiro: Imprensa Nacional, 1910). Apud PECHMAN, S.; FRITSCH, L. A reforma urbana e seu avesso: Algumas considerações a propósito da modernização do Distrito Federal na virada do século. *Revista Brasileira de História*. São Paulo, v.5, n. 8/9, set. 1984/abr. 1985, p.150-1.

contrariar mil interesses, transpor mil barreiras, desgostar meio mundo, tapar o ouvido às reclamações do egoísmo prejudicado, castigar os recalcitrantes, e caminhar para a frente sem olhar para trás, sem medo, sem hesitação, sem desfalecimento.[81]

O prefeito que assumiu naquele ano, nomeado pelo presidente da República, colocou em execução *exatamente esse programa*,[82] com tudo o que continha de radical em sua proposta de "arrasar quarteirões" e com o seu latente viés autoritário, expresso na cláusula "obrigar toda a população à prática do asseio". Pereira Passos, que governou seis meses com o Conselho Municipal fechado,[83] arrasou quarteirões *literalmente*, derrubando construções antigas e de provável valor histórico e aterrando mangues para corrigir o traçado das ruas, que não passavam de "vielas coloniais, estreitas, tortuosas, escuras, com declives acentuadíssimos",[84] e abrir largas avenidas como a Central, a Mem de Sá, a Rodrigues Alves, a Gomes Freire, a Salvador de Sá e a Beira-Mar. Além disso, alargou e pavimentou ruas como a da Assembléia, a da Carioca, a Visconde do Rio Branco, a Frei Caneca, a Uruguaiana e a Marechal Floriano (que passou a avenida), asfaltou estradas, reformou praças como a Tiradentes, a Duque de Caxias, a XV de Novembro e a XI de Junho, construiu jardins e túneis, canalizou rios como o da Carioca; em suma, modificou sensivelmente a paisagem da cidade. Passos agia ditatorialmente, autorizado pela lei de 29 de dezembro de 1902, que reorganizava a administração do Distrito Federal e colocava o prefeito fora do alcance do poder Judiciário.[85]

---

81 Crônica. *Gazeta de Notícias*. Rio de Janeiro, 29 mar. 1903, p.1, 1ª col.
82 Relatório da comissão encarregada das reformas do porto, publicado um mês depois (30 abr. 1903), preconizava o alargamento das vias públicas para a livre circulação de mercadorias, a beleza e a salubridade da cidade. Apud SEVCENKO, N. *A Revolta da Vacina*. Nova ed. rev. e amp. São Paulo: Scipione, 1993, p.45.
83 CARVALHO, J. M. de. *Os bestializados*. 3.ed. São Paulo: Companhia das Letras, 1991, p.34.
84 SEVCENKO, N. Op.cit., p.40.
85 Ibidem, p.45-6.

Muito da insatisfação com a cidade, manifestada por parte da elite europeizada, da qual Bilac fazia parte como intelectual orgânico, advinha da comparação que forçosamente se fazia entre a cidade-modelo da Civilização Ocidental, Paris, e o Rio de Janeiro ainda colonial. Na América Latina inteira, aliás, os ricos e bem-nascidos eram fascinados pela capital francesa.[86] A viagem pelo Velho Continente, iniciada em 1890 sob os auspícios da *Cidade do Rio*, do amigo José do Patrocínio, deixaria profundas marcas no espírito do poeta, que, ao retornar no paquete francês *La Plata*, quase não reconheceu a amada Sebastianópolis. É o que ele mesmo confessaria em crônica de 1904.

Quando, naquele dia de março de 1891, saltei no Pharoux, a saudade que me enchia o coração mudou-se logo em decepção e tristeza... A saudade, que não pode existir sem a distância no espaço ou no tempo, é uma tecedeira de enganos e uma criadora de miragens. Ela atenua os defeitos das cousas e das pessoas amadas, e dá realce novo e novo encanto às suas qualidades. Mas a aproximação anula quase sempre as ilusões inventadas por essa grande feiticeira: naquele tempo, a minha cidade, que tão bela me parecia à distância, evocada pela memória, tão feia e tão triste me pareceu vista de perto, que uma nuvem de lágrimas me cresceu nos olhos – lágrimas de revolta e de raiva.[87]

Provavelmente, a decepção não fora causada apenas pela saudade que teria atenuado os defeitos da cidade. Ela ainda era a mesma velha conhecida do poeta, cujos olhos, entretanto, já não eram os mesmos. Como reconheceu mais tarde, seus olhos "vinham cheios do

---

86 Note-se o que disse a respeito um historiador: "El adecuado marco del lujo pareció a todos los *snobs* el parisiense *faubourg Saint Germain* y acaso la *rue de la Paix* y los bulevares. Poco se parecía a ese escenario el viejo casco colonial de las ciudades latinoamericanas. El ejemplo del barón de Haussmann y de su impulso demoledor alimentó la decisión de las nuevas burguesías que querían borrar el pasado, y algunas ciudades comenzaron a transformar su fisonomia: una suntuosa avenida, un parque, un paseo de carruajes, un lujoso teatro, una arquitectura moderna, revelaron esa decisión aun cuando no lograran siempre desvanecer el fantasma de la vieja ciudad". ROMERO, J. L. *Latinoamérica*. Op.cit., p.249.
87 O. B. [Olavo Bilac]. Crônica. *Gazeta de Notícias*. Rio de Janeiro, 23 out. 1904, p.1 e 2.

deslumbramento das cousas vistas".[88] Não surpreende, portanto, que o poeta tenha então subitamente percebido certas mazelas cariocas.

> O largo do Paço, vasta feira de legumes e de frutas, apodrecia em miasmas, injuriando e sujando com a sua imundície a luz do sol de estio que o iluminava; a rua do Ouvidor, muito mal varrida e muito cheia de senhoras bem vestidas, parecia uma viela de bairro mal-afamado, em que, por descuido ou curiosidade malsã, se tivessem vindo perder pessoas de boa sociedade; e, no largo de São Francisco, as carruagens dos reis do Encilhamento, muito lustrosas e muito insolentes no seu luxo ridículo, tinham as rodas metidas em buracos cheios de lama...[89]

Na mesma crônica, Bilac, recém-chegado de sua segunda viagem à Europa,[90] fez questão de registrar a impressão diversa que teve ao desembarcar no remodelado cais Pharoux.

> Já a situação não é a mesma. O Rio de Janeiro ainda é a velha cidade, mal construída, de 1891, — mas há no seu seio uma vitoriosa vibração de vida, de progresso, de esperança, de trabalho, de alegria. A chegada ao Rio de Janeiro, que era outrora uma decepção, já é hoje uma deliciosa surpresa e um consolador prazer.[91]

---

88 Na Europa visitada por Bilac, crescia a "consciência urbana de que superlotação, congestionamento, criminalidade, doença e mortalidade tinham relação entre si e de que, embora atingissem, em geral, as classes mais baixas, também ameaçavam as outras, indiretamente. A teoria miasmática da doença sugeria que os males provêm da matéria orgânica deteriorada, que cria o miasma, transmissor da doença ... Ruas limpas, água limpa, ar limpo começavam a parecer altamente relevantes para o bem-estar daqueles que tinham tempo e energia para se preocupar com essas coisas". WEBER, E. *França fin-de-siècle*. Trad. de Rosaura Eichenberg. São Paulo: Companhia das Letras, 1988, p.82.
89 O. B. [Olavo Bilac]. Crônica. *Gazeta de Notícias*. Rio de Janeiro, 23 out. 1904. p.1 e 2.
90 Não há registro de viagem entre 1891 e 1904, ao contrário do que faz supor a costumeira imprecisão dos biógrafos do poeta. Historiador confiável refere-se vagamente a viagens anuais a partir do começo do século XX (BROCA, B. *A vida literária no Brasil – 1900*. 3.ed. Rio de Janeiro: José Olympio, 1975, p.93). Segundo Alceu Amoroso Lima, mais exato, Bilac teria visitado a Europa em 1890, 1904, 1908, 1912 e 1916. Cf. *Olavo Bilac. Poesia*. Rio de Janeiro: Agir, 1957. p.10.
91 O. B. [Olavo Bilac]. Crônica. *Gazeta de Notícias*. Rio de Janeiro, 23 out. 1904, p.1 e 2.

Entretanto, como previa Bilac, a derrubada dos velhos prédios da cidade, cerca de 1.800,[92] contrariou "mil interesses". Sentiram-se particularmente atingidos os proprietários dos imóveis, que viviam da renda proporcionada pelos aluguéis. Eles reclamaram, mas acabaram confortando-se com a indenização recebida. Contudo, os principais prejudicados foram as prostitutas, os malandros e os trabalhadores pobres que habitavam esses decadentes casebres – que eram divididos em cubículos alugados a famílias inteiras – mas pagando um preço módico e usufruindo da considerável vantagem de poder morar nas proximidades do trabalho, geralmente localizado no centro ou na área portuária.[93] As chamadas "classes perigosas"[94] foram obrigadas a mudar-se para os morros ou para os bairros afastados dispostos ao longo da Central do Brasil. Porém, como não havia casas para todos, os aluguéis subiram de preço. Com isso, o custo de vida dos trabalhadores aumentou consideravelmente, agravado inclusive pelas maiores despesas com transporte.

A insatisfação dos mais pobres com a reforma urbana intensificou-se com o "despotismo sanitário" dos agentes de saúde, que invadiam os lares para desinfetar, limpar, exigir reformas, remover doentes e aplicar a vacina contra a varíola, que, segundo um boato corrente, nada mais era do que caldo de ratos mortos pela peste. As brigadas sanitárias de Osvaldo Cruz também foram responsáveis pelo fechamento de cortiços e casas de cômodos considerados anti-

---

92 O "Bota-Abaixo" de Pereira Passos desabrigou aproximadamente 20 mil pessoas. ARAÚJO, R. M. B. de. *A vocação do prazer*. Rio de Janeiro: Rocco, 1993, p.237.
93 SEVCENKO, N. Introdução. O prelúdio republicano, astúcias da ordem e ilusões do progresso. In: NOVAIS, F. A. (Coord. geral). *História da vida privada no Brasil*. São Paulo: Companhia das Letras, 1998, v.3, p.21.
94 A expressão "classes perigosas", surgida na Europa por volta da década de 1840, adquiriu no Brasil uma abrangência maior. Na origem, referia-se a todos aqueles que viviam à margem da lei. No Brasil, passaram a integrar a categoria os pobres em geral e os negros em particular. Cf. CHALHOUB, S. *Cidade febril*. Cortiços e epidemias na Corte imperial. São Paulo: Companhia das Letras, 1996, p.20-9.

higiênicos, que deveriam ser reformados ou demolidos. Em novembro de 1904, a resistência de boa parte da população ao caráter coercitivo das medidas sanitárias, que culminou com a lei de vacinação obrigatória, acabou transformando-se num conflito generalizado, conhecido na historiografia como Revolta da Vacina ou O Quebra-Lampiões, que fez do centro da cidade uma praça de guerra.[95]

O cronista, no entanto, não se comoveu com essa reação desesperada dos trabalhadores pobres que foram prejudicados pela remodelação do Rio de Janeiro, por ele considerados uma espécie perigosa de animais urbanos.[96] Bilac lamentou apenas a destruição dos *equipamentos* da recém-aberta Avenida Central e adjacências, *consagrando aos objetos a piedade que negava aos homens*.

> O que primeiro me entristeceu, naquela amargurada manhã de 14, quando já estava armado o motim criminoso, foi o aspecto da Avenida. Por ali viera, num tropel destruidor, o bando dos Pratas Pretas e dos Troviscos, ao serviço dos ambiciosos e dos retóricos, levando tudo de roldão diante da sua estúpida fúria.
>
> Passando pela rua Senador Dantas, a alcatéia arrancara, torcera, espezinhara, destruíra todas as pobres árvores pequeninas, que ainda fracas e humildes, dentro das suas frágeis grades de ferro, só pediam, para crescer e dar sombra, um pouco de sol ao céu, um pouco de umidade à terra e um pouco de carinho aos homens.

---

95 Sobre esse episódio sangrento da nossa história, ver SEVCENKO, N. *A Revolta da Vacina*. Op.cit.; CARVALHO, J. M. de. Op.cit. Sobre as raízes médicas, políticas e ideológicas do conflito, ver CHALHOUB, S. Op.cit.

96 Três anos antes, Bilac já defendera o uso da força para assegurar o saneamento da cidade. "Se há um momento em que as maiores violências possam e devam ser empregadas, é este duro momento. De 1889 para cá, tivemos não sei quantos estados de sítio: alguns dez ou vinte... Durante esses períodos de suspensão de garantias, prendeu-se muita gente, matou-se muita gente, arruinou-se muita gente: – para quê? para fazer política. Pois que se estabeleça o estado de sítio sanitário, e que se prenda, e que se arruíne, e que se mate muita gente, se tanto for preciso, – para fazer higiene. Desta vez, ao menos, o móvel das violências será nobre, e a utilidade do fim explicará e justificará a brutalidade dos meios." B. [Olavo Bilac]. Registro. *A Notícia*. Rio de Janeiro, 18 out. 1901, p.2, 1ª col.

Já com essa brutalidade sem nome, o bando feroz mostrara bem claramente a natureza do seu instinto e das suas intenções... Na Avenida, as suas vítimas foram os postes de iluminação elétrica. Árvores e luz, para quê? para purificar e perfumar a atmosfera? para auxiliar, iluminar, animar o trabalho? mas o pântano só quer a podridão e a alfurja só quer a treva: abaixo as árvores, e extinga-se a luz![97]

O combate bem-humorado da sujeira por meio das sátiras publicadas na popular *Gazeta de Notícias* contaria certamente com o apoio de todos os cariocas. Como não concordar com o engraçado Fantasio e não se contaminar de sua indignação com a sujeira, a lama, as moitas de capim, o lixo, os animais mortos e os buracos das vilazinhas coloniais; com os prédios em ruínas, os "monstros" e "estafermos barrigudos"; com os péssimos odores, os miasmas deletérios e as autoridades incompetentes e impotentes das sapucaias brasileiras? Com o passar do tempo, no entanto, a campanha pelo saneamento e pelas reformas urbanas sofreu uma evolução ideológica e a abrangência do conceito de *sujeira* ampliou-se consideravelmente. Sujas já não eram apenas as ruas e as praças imundas onde apodreciam os pavilhões. Sujos passaram a ser também o aspecto colonial do traçado das ruas e das velhas construções e, talvez por metonímia, *mas também pelas teorias raciais vigentes no período*, a população negra e mulata de trabalhadores pobres, constituída em boa parte de ex-escravos e seus descendentes, que habitava os velhos casarões do centro e enchia as vias públicas. Marca significativa dessa transformação, *que*

---

[97] O. B. [Olavo Bilac]. Crônica. *Gazeta de Notícias*. Rio de Janeiro, 20 nov. 1904, p.1. É surpreendente como a reação dos marginalizados cariocas aproximava-os dos operários franceses do fim do século XIX, que promoveram uma reconquista do centro de Paris. "Esse povo do século XIX tem o sentimento muito forte de que o espaço público lhe pertence. Tudo o que ele pede é poder utilizá-lo à sua vontade, de modo indiferenciado, capaz de aceitar uma certa desordem. Pois essa desordem, que tanto incomoda os higienistas, esses primeiros urbanistas, é favorável a uma flexibilidade, a uma variedade de usos incontrolados. É por isso que a noção de *equipamentos coletivos* – apropriação pública do espaço, certamente, mas para um uso bem definido – não é necessariamente popular." PERROT, M. Os operários, a moradia e a cidade no século XIX. Op.cit., p.123-4.

se verificaria na sátira, era a inclusão dos catraieiros[98] e das negras-minas no *locus horrendus* que serviu de cenário ao monólogo do general Osório. Para muitos intelectuais, sanear a cidade talvez fosse também *embranquecê-la*. Segundo Arthur de Gobineau (1816-1882), um dos teóricos raciais prestigiados na época, a "mistura de espécies humanas diferentes" levaria à "degeneração da raça", obstáculo intransponível ao progresso das sociedades compostas por "sub-raças mestiças não civilizáveis".[99] Por trás das reformas urbanísticas de Pereira Passos, conhecidas pelo nome genérico de Regeneração, haveria certamente o desejo de expulsar do centro da cidade os negros e mulatos, cuja proximidade talvez representasse para muitos "brancos" uma ameaça de *enegrecimento coletivo*. Seria oportuno citar aqui fragmento de uma crônica bilaquiana em que se notaria a miscigenação vista como mistura de elementos díspares e incompatíveis.

> Sonhei que me transformava num africano de raça pura. Senti que os beiços se me engrossaram medonhamente, que o cabelo se me encarapinhou; vi-me a correr, como uma besta fera, os sertões inexplorados da Nigrícia .... Mas, como tudo é permitido ao sonho, sonhei que tinha, par a par com essa rudez e com essa brutalidade da vida selvagem, o mesmo apuro intelectual que a civilização me deu ...[100]

Assim, entende-se por que Bilac durante a Revolta da Vacina tomou o partido dos postes e das árvores contra o "bando dos Pratas Pretas e dos Troviscos", também chamado por ele de "alcatéia",

---

98 Segundo reportagem d'*A Notícia*, os catraeiros reuniam-se em grande número no cais Pharoux, onde se aliviavam de certas necessidades ao ar livre. MAZELAS. O cais Pharoux e dos Mineiros. *A Notícia*. Rio de Janeiro, 6 dez. 1900, p.2, 2ª col.

99 Para o autor de *Essai sur l'inegalité des races humaines* (1853), havia diferença entre as "espécies humanas" porque elas teriam origens diversas; desse conceito de poligenia, decorre a condenação da mestiçagem, que produziria indivíduos degenerados ou mais fracos. Apud SCHWARCZ, L. M. *O espetáculo das raças*. São Paulo: Companhia das Letras, 1993, p.63-4.

100 FANTASIO. Sonho africano. *Gazeta de Notícias*. Rio de Janeiro, 29 jan. 1895, p.1, 4ª col. Essa metamorfose era uma *chapa* que Bilac repetiu em outras crônicas.

"pântano" e "alfurja", que sofreu implacável e cruenta repressão do poder público.[101]

A energia com que se utilizou a força militar contra os desorganizados negros e mulatos da Gamboa e da Saúde denotava a convicção de que se agia em nome de valores mais altos e perfeitamente definidos. Quem fez do saneamento o grande objetivo a ser alcançado pelo poder público? Quem fez dos que aparentemente se opunham às reformas urbanas e às iniciativas truculentas das autoridades sanitárias perigosos inimigos da República? Quem autorizou a adoção de medidas drásticas para garantir a limpeza, a beleza, a ordem e o progresso? Ora, foi a imprensa, da qual um dos principais veículos era a *Gazeta de Notícias*. Nas páginas do jornal de Ferreira de Araújo, Fantasio ajudou a formar na opinião pública, ou seja, entre os que liam, o consenso a respeito da necessidade imperiosa do saneamento, em nome do qual *tudo* deveria ser tolerado.

---

101 A propósito, convém lembrar a seguinte advertência de James Sutherland: "...we need not assume that the satirist's motives are invariably noble, or that his satire is always public spirited". *English Satire*. Op.cit., p.153. Com efeito, Bilac defendia uma causa que julgava justa, mas que, por outro lado, coincidia com os interesses de certa classe social que se opunham em grande parte aos da imensa maioria da população da cidade do Rio de Janeiro. No início de 1905, quando chegavam ao Rio de Janeiro rumores de que boa parte dos revoltosos deportados para o Acre havia sido trucidada, Bilac mostrou-se indiferente à sorte dos desgraçados. "Cinco ou seis cidadãos, profundamente comovidos e revoltados pelas injustiças que sofreram os míseros inocentes desterrados para o Acre, têm requerido, aos tribunais competentes, ordens de *habeas corpus* em favor dessas vítimas da tirania. Jesus! o que se tem sabido da sorte crua e miseranda dessa gente infeliz!... os que não morreram a bordo do navio negreiro que os levou, foram vendidos como escravos aos senhores dos seringais; alguns foram queimados vivos; outros foram empalados; outros foram lançados ao fundo das águas do Amazonas, com sete toneladas de ferro nos pés... Os tribunais (malvados!) não têm querido despachar esses pedidos de *habeas-corpus*. Que infâmia! – não ter pena de gente tão pacata, tão ordeira, tão civilizada! / Eu também, que sou homem piedoso e compassivo, vou juntar os meus esforços aos dos que assim se interessam pelo destino dos adoráveis capoeiras e dos encantadores assassinos, que tanto honram a nossa civilização, e que a polícia, a nefanda polícia com tanta crueldade persegue. Mas como sou homem precavido, e não gosto de meias medidas, vou requerer um *habeas-corpus* geral, não só em favor dos facínoras que foram para o Acre, como em favor de todos os que por esquecimento ficaram por aqui." L. FLAMINIO. Conversando... *A Notícia*. Rio de Janeiro, 25 mar. 1905, p.3, no alto.

3
A SÁTIRA DIÁRIA

> Fairy. *Either I mistake your shape and making quite,*
> *Or else you are that shrewd and knavish sprite*
> *Call'd Robin Goodfellow: are not you he*
> *That frights the maidens of the villagery;*
> *Skim milk, and sometimes labour in the quern*
> *And bootless make the breathless housewife churn;*
> *And sometime make the drink to bear no barm;*
> *Mislead night-wanderes, laughing at their harm?*
> *Those that Hobgoblin call you and sweet Puck,*
> *You do their work, and they shall have good luck:*
> *Are not you he?*
> Puck. *Thou speak'st aright;*
> *I am that merry wanderer of the night.*
>
> *A midsummer-night's dream*
> William Shakespeare

O Filhote

A *Gazeta de Notícias* sempre prezou o humor e desde seu início cultivou seções descontraídas e bem-humoradas como as crônicas de "Balas de estalo", "Macaquinhos no sótão" e "Boletins parlamentares", as notas entre ácidas e jocosas de "Dizia-se ontem...", e as anedotas reunidas sob as rubricas "Omnibus" e "Sombrinhas". As anedotas às vezes eram publicadas entre as notícias sem nenhum título que as identificasse; pode-se imaginar que um leitor distraído encontrasse dificuldades em distinguir umas de outras...

Em seu aniversário de vinte anos, em 2 de agosto de 1895, o jornal de Ferreira de Araújo publicou a primeira charge produzida pelo processo de zincografia, mais rápido do que o anteriormente utilizado, que permitiu ao artista tratar de questões mais atuais. Com esse aperfeiçoamento, as "caricaturas instantâneas" conquistaram para o humor um espaço destacado na primeira página.

Quando a *Gazeta* atingiu a "maioridade", isto é, em seu aniversário de 21 anos, Ferreira de Araújo resolveu dotá-la de uma seção diária exclusivamente dedicada ao humor. Como os chargistas vinham representando alegoricamente o jornal pela figura de uma senhorita, os redatores da nova seção humorística não hesitaram em batizá-la de "O Filhote", que, ato contínuo, passou a ser figurada como um menino. Por isso, o editorial do primeiro número foi assinado pelo "pai da criança" (com essa firma, os redatores talvez quisessem aludir a um tipo popular das ruas cariocas conhecido pelo nome de Pai-da-Criança). Poucos dias depois, uma nota reforçava a alegoria:

> O FILHOTE participa ao respeitável público que caiu-lhe o umbigo, sem maior acidente. Mama bem, grita e esperneia com vigor e já não dá cuidados à mamãe. Também não tem mãos a medir com os presentes mandados pelos amigos da casa.[1]

O título da seção aludia também a uma prática política muito generalizada *naqueles* dias: o *filhotismo*, ou seja, a concessão de empregos públicos ou vantagens indevidas a parentes, amigos ou afilhados políticos.

A diagramação do primeiro número revelava a característica essencial da seção: "O Filhote" fora concebido como uma paródia da

---

1 *Gazeta de Notícias*. Rio de Janeiro, 7 ago. 1896, p.1.

Gazeta de Notícias. No alto da seção, que ocupava horizontalmente o espaço de três colunas no canto superior direito da primeira página, figurava um "cabeçalho" com data e local de publicação, número da edição, indicação de que se tratava de uma "folha diária" e referências à gratuidade da "assinatura", à inexistência de exemplares "avulsos" e à impressão nas máquinas Marinoni. A diagramação do jornal ainda não formava o "mosaico" que caracteriza os jornais de hoje. "O Filhote", assim como o rodapé, interrompia a diagramação contínua, composta coluna por coluna e da esquerda para a direita. Talvez, com isso, tenha contribuído para a superação dessa técnica rudimentar de diagramação.

Como sua "mamãe", "O Filhote" trazia um "serviço telegráfico especial", que reproduzia mensagens nada edificantes trocadas entre políticos nacionais e estrangeiros, um "Diário das câmaras", com registros de diálogos reveladores da ignorância e da cupidez de deputados e senadores, uma coluna do "Sport", com palpites falsos para os páreos do turfe, e "Anúncios" como o seguinte:

> OFERECE-SE um exemplar da Constituição para uso do Sr. ministro dos interiores e instrução de mais alguém que precise. Largo de S. Francisco, edifício da Escola Pol.[2]

O ministro do Interior, Antônio Gonçalves Ferreira (1846-1930), recusou-se a cumprir mandado de manutenção que determinava a reintegração de lentes da Escola Politécnica que haviam sido suspensos por decreto presidencial. Informado por emissário do diretor do estabelecimento de ensino sobre a decisão judicial, mandou a polícia expulsar do prédio da Escola professores e oficiais de justiça.[3] É

---

2 *Gazeta de Notícias*. Rio de Janeiro, 2. ago. 1896, p.1.

3 O mandado de manutenção representou apenas um dos vários episódios de um conflito entre alunos, professores da Escola Politécnica e governo, que merece ser recordado por ter envolvido um dos grandes autores da literatura brasileira. Quando da realização de exames no início de maio de 1896, os alunos exigiram a retirada de Paulo de Frontin (1860-1934) da banca examinadora de Hidráulica, porque ele, depois convenientemente vaiado, havia reprovado dois de seus colegas. Como não foram atendidos, recusaram-se a dar continuidade aos exa-

a esse ato arbitrário que se refere o "anúncio", o qual, *mutatis mutandis*, poderia ser publicado em qualquer seção de classificados dos jornais de hoje.

---

mes. Com posterior ameaça de suspensão até quatro anos dos líderes dos estudantes, estes se amotinaram e depredaram algumas dependências da Escola. Dada a dimensão do conflito, o governo determinou a suspensão das atividades acadêmicas.
Criou-se, assim, uma situação insustentável, agravada em 15 de maio de 1896, quando os alunos, que haviam sido criticados asperamente pela imprensa, divulgaram manifesto em que faziam pesadas acusações a alguns professores, aos quais atribuíam, entre outras qualidades, despreparo intelectual, formação inadequada, desvios éticos, desídia *and last but not least* distúrbios psicológicos causados por alcoolismo. O diretor, apontado como defensor do antigo regime, foi acusado de perseguir os alunos por causa do republicanismo ostensivo destes. Os alunos também denunciaram que Paulo de Frontin teria ajustado previamente com seus colegas de banca a reprovação de certos alunos; segundo o manifesto, esse lente fazia as perguntas em lugar do examinador e abordava questões não previstas nos pontos orais divulgados previamente. A congregação da Escola reagiu imediatamente à publicação do manifesto, aplicando severas penas disciplinares a alguns alunos.
Nesse ponto, o governo interveio, nomeando novo diretor, que reabriu o processo contra os alunos e absolveu a maioria. Ato contínuo, determinou o reinício imediato das aulas. Mas os professores recusaram-se a cumprir a ordem do interventor até que as acusações formuladas pelos alunos fossem comprovadas ou refutadas por inquérito em andamento. Em represália, o governo decidiu então suspender os docentes por três meses. Estes, por sua vez, recorreram à Justiça, que lhes concedeu o mandado de manutenção, desacatado pelo ministro do Interior.
Vale a pena alongar esta nota já extensa para registrar trechos do ofício ao presidente com que o procurador interino da República, Graça Aranha (1868-1931), demitiu-se do cargo para não compactuar com a atitude do ministro.
"Tamanho atentado como que assombra a minha consciência de civilizado. Não me sinto com coragem de ser o seu defensor legal e instrumento dócil da prepotência. Estou certo, também, que V. Ex. não terá dificuldade em dar-me substituto neste país em que o despotismo é espontâneo, e numerosos os seus devotos.

....

Demito-me, e não veja V. Ex. nesta deliberação senão uma questão de princípios de honra profissional. O cargo de procurador da República pressupõe confiança recíproca, e desde que eu testemunho o governo enveredando pelo sedutor caminho da ditadura não posso acompanhá-lo a este paraíso de felicidades públicas e prefiro manter ilesa a minha integridade moral." Gazeta de Notícias. Rio de Janeiro, 29 jul. 1896, p.1, 3ª-4ª col.

"O Filhote" publicava também um folhetim satírico intitulado *P.R.F.*, cujas personagens alegóricas e situações rocambolescas procuravam criticar os próceres do partido hegemônico da política brasileira.[4] O folhetim durou pouco mais de uma semana; foi encerrado pela seguinte nota, publicada em 11 de agosto de 1896:

> Por terem várias pessoas entendido que no folhetim que publicávamos sob o título P.R.F. (que nada tinha com partido) havia alusões políticas e referências gravíssimas a personagens do nosso grande mundo, resolvemos suspender a publicação do mesmo trabalho para que não nos amolassem mais com cartas anônimas, algumas bem atrevidas, valha a verdade. Para substituí-lo encomendamos a um dos mais festejados escritores de capa e espada o romance cuja publicação hoje começamos sob o apetitoso título d'Os Mistérios do Rio de Janeiro.[5]

O novo folhetim, cujo título aludia à famosa narrativa de Eugène Sue (1804-1857), *Os mistérios de Paris*, foi sucedido por sua vez por *Coração sem alma*, atribuído a Xavier de Monte Pinho, ao qual se seguiu *A cabeça que fala*, assinada por um certo Charles Laborel – alusões a, respectivamente, Xavier de Montépin (1823-1902) e Charles Merouvel (1832-1922), folhetinistas franceses. Como se percebe pelos títulos e pseudônimos empregados, o folhetim da seção dedicou-se com mais intensidade, a partir do segundo título, à paródia do gênero, embora não abandonasse totalmente as referências ao grande mundo da política.

Coelho Neto escrevia para "O Filhote" os contos de seu *Álbum de Caliban*, que exploravam situações dúbias e palavras eroticamente ambíguas para a delícia do malicioso leitor da *Gazeta*.

Já Pedro Rabelo (1868-1905), Guimarães Passos e Olavo Bilac criavam poemas satíricos e dispunham anedotas de domínio popu-

---

4 Ver SIMÕES JR., Á. S. *Bilac em versos menores*. Estudo crítico e histórico dos versos humorísticos de Olavo Bilac publicados na seção "O Filhote", da *Gazeta de Notícias*, de 2 de agosto de 1896 a 28 de maio de 1897, seguido de uma edição anotada. Faculdade de Ciências e Letras (Universidade Estadual Paulista). Assis, 1995, p.87-90.
5 *Gazeta de Notícias*. Rio de Janeiro, 11 ago. 1896, p.1.

lar em versos. Para isso, adotavam, respectivamente, os pseudônimos de Pierrot, Puff e Puck. Bilac, além deste, mais freqüente, usava também o pseudônimo Bob.

Para "O Filhote", Bilac escreveu poemas de dois gêneros diferentes: anedotas em versos sobre usos e costumes sexuais e epigramas de alcance social e político. Seus "velhos contos", repletos de malícia, agradaram ao público leitor, motivando o poeta a reunir parte deles, com outros de Guimarães Passos, no volume apropriadamente intitulado *Pimentões*.[6] Como os contos curtos do *Álbum de Caliban*, as anedotas de Puck e Bob baseavam-se na comicidade do uso ambíguo de certas palavras e expressões, cujo sentido literal era obscurecido em favor de um sentido metafórico mais ou menos evidente, como se vê no texto a seguir.

Velho Conto

No Apolo. Canta-se uma ópera,
Em que há um drama de amor.
A prima-dona está pálida...
Canta aos seus pés o tenor...

Num camarote, o Hermogeneu
Diz à mulher: "Que sandeu!
Perder tanto tempo em cânticos...
Ai! que tolo! se fosse eu!

Se fôssemos nós, se fôssemos
Eu e tu, meu coração,
Certo outra cousa faríamos,
Que não cantigas, pois não?"

Porém, com um sorriso irônico,
Ela, abanando-se, diz:
"Sim! pode ser!... mas se o público,
Marido, pedisse *bis*?"[7]

---

6 PUCK, PUFF. *Pimentões*. Rio de Janeiro: Laemmert, 1897.
7 PUCK. Velho conto. *Gazeta de Notícias*. Rio de Janeiro, 23 out. 1896, p.1.

Em suas amenas historietas humorísticas, Bilac empregava geralmente a redondilha maior, adotando igualmente a estrofe de quatro versos. Mas, apesar do metro e da quadra populares, a narrativa desse "Velho conto" foi ambientada num espaço *civilizado*: o teatro Apolo, onde duas personagens, Hermogeneu e esposa, dedicavam-se a uma atividade igualmente *civilizada*: assistir a um drama lírico (primeira estrofe). Hermogeneu, no entanto, não apreciava as convenções do gênero, pois considerava os protestos enamorados do tenor inúteis por levá-lo a "Perder tanto tempo em cânticos..." (segunda estrofe). Com o espírito vagando por outras regiões, Hermogeneu vangloriava-se de que, na mesma situação vivida pelos artistas, ele e sua esposa fariam "outra coisa que não cantigas" (terceira estrofe).

Apesar de sua singeleza, o texto revelava a incompatibilidade entre o espetáculo civilizado e sofisticado e as personagens cariocas (no primeiro verso da segunda estrofe, o artigo definido na função coloquial de determinante do nome próprio indicava que a personagem seria *familiar* ao narrador e ao leitor), cujo *caráter grosseiro* as impedia de compreender e apreciar as convenções da ópera.

A finura que faltava em Hermogeneu sobrava nas personagens de outra narrativa humorística de Olavo Bilac, reproduzida a seguir.

> Cousas...
>
> De dous casais[8] sei a história:
> Vivem em bela harmonia,
> De um lado Alfredo e Victoria,
> E de outro Alberto e Maria.
>
> Deus, p'ra que em tudo o destino
> Dos dous pares fosse igual,
> Deu um robusto menino,
> Um filho a cada casal.
>
> Ah! quem desvenda o segredo
> De certas cousas? O certo

---

8 No jornal: *casaes*.

É que o menino do Alfredo
É o retrato do Alberto;

E o filho do Alberto, ousado,
Quando não quer apanhar,
Abandona o Alberto, e ao lado
Do Alfredo é que vai ficar...

A vizinhança murmura,
Não sei porque... Neste mundo
Inda há tanta cousa escura,
Tanto mistério profundo!...

Quem é que a verdade alcança?
Quem é que a verdade vê?
Na vida, como na dança,
Há tanto *chassez-croisez*!...[9]

O narrador que revelou essas "Cousas..." exercitava a atividade – para muitos extremamente prazerosa – da maledicência e, como todo mexeriqueiro, não assumia a autoria da perfídia: "A vizinhança murmura" (quinta estrofe), apressou-se em esclarecer. Com a sutileza de um intrigante, não fez acusações diretas, preferindo apresentar as provas para que o leitor discreto tirasse suas conclusões (terceira e quarta estrofes). Mas nos dois últimos versos, com uma frase "sapiencial", explicita a natureza do problema em questão: "Na vida, como na dança, / Há tanto *chassez-croisez*!".

Para entender a denúncia do *swing* ou *wife swapping*, o leitor deveria saber que *chassez-croisez* é um comando das quadrilhas francesas que determina aos dançarinos a troca momentânea dos parceiros. Bilac não temia que sua mensagem caísse entre espinhos, porque se dirigia aos leitores da *Gazeta*, gente razoavelmente *civilizada*, que se mantinha informada sobre a cultura francesa.[10] Embora as anedo-

---
9 PUCK. Cousas... *Gazeta de Notícias*. Rio de Janeiro, 1º nov. 1896, p.1.
10 Sobre a forte presença da cultura francesa na sociedade carioca, ver NEEDELL, J. D. *Belle époque tropical*. Sociedade e cultura de elite no Rio de Janeiro na virada do século. Trad. de Celso Nogueira. São Paulo: Companhia das Letras, 1993.

tas abordassem eventualmente até alguns costumes sexuais "escabrosos", o poeta utilizava sempre um pudibundo *double sens* de sabor parisiense; afinal de contas, a *Gazeta* tinha acesso ao salão das famílias cariocas, cujo decoro não deveria ser ofendido com palavras de baixo calão. Assim, o poeta abdicava de bom grado de uma das principais armas retóricas utilizadas pelos satíricos para chocar seus leitores: a linguagem crua, rude, sem eufemismos.[11]

Pelo menos a princípio, não havia gratuidade na publicação dessas historietas. Quando "O Filhote" começou a ser publicado, um projeto do deputado Érico Coelho (?-1922), que instituía o divórcio, dividia a Câmara dos Deputados e a opinião pública. Os redatores da seção humorística se posicionaram a favor do projeto. Sendo assim, os poemas e contos satíricos que abordavam mazelas do casamento como o adultério e a impotência poderiam ter sido motivados pelo anseio de comprovar a "oportunidade" do projeto.[12] Apesar dessa possível motivação circunstancial, os versos picantes da seção seriam lembrados por muitos anos e republicados em outros periódicos, tais como *O Mercúrio* (1898), *João Minhoca* (1901), *Careta* (1908) e *Rio Nu* (1916).

Olavo Bilac também utilizou as estreitas colunas da seção "O Filhote" para publicar epigramas em que zurzia literatos, jornalistas, deputados, ministros e líderes monarquistas.

Como se sabe, a epigrama, que surgiu entre os gregos antigos, adquiriu forma literária nas mãos de Marcial (40-104), que, no primeiro século desta era, dedicou uma obra a essa forma poética, que colocou a serviço da zombaria satírica. Jean François Marmontel (1723-1799) definiu-a como *"un petit poème ou pièce de vers, qui finit par quelque pensée vive, ingénieuse et saillante"*.[13]

---

11 Cf. HIGHET, G. *The Anatomy of Satire*. Princeton (New Jersey): Princeton University Press, 1962, p.20.
12 A questão do divórcio empolgou não apenas "O Filhote", mas toda a *Gazeta*, que em charge d'*A Bruxa* de 8 de maio de 1896 foi representada por uma enorme caixa d'água de cuja torneira jorravam as palavras "o divórcio".
13 Apud ETKIND, E. L'épigramme: la structure de la pointe. *Poétique*. Paris, v.86, Avril 1991, p.144.

O "pensamento vivo" localiza-se em geral no último verso e funciona como um aguilhão a espicaçar a atenção do leitor. Efim Etkind assim definiu essa "agudeza": "... *c'est toujours une chute inattendue et spectaculaire qui modifie totalement le sens du corps entier de l'épigramme*".[14]

Olavo Bilac e Guimarães Passos ressaltaram a brevidade e a agilidade da epigrama ao defini-la como "uma pequena poesia, rápida e incisiva, de malícia cáustica".[15]

De certa forma, as epigramas publicadas nos jornais divulgavam para um público mais amplo os *mots d'esprit* que os intelectuais concebiam nas ruidosas e alegres mesas dos cafés cariocas, centros vivos da vida literária. A verve levemente etílica de Bilac e outros poetas como Bastos Tigre (1882-1957) e Emílio de Menezes (1866-1918) era temida em virtude das limitações do meio.

O que emprestava, então, força extraordinária às poesias satíricas e aos epigramas era a pequena sociedade à parte que os escritores formavam num Rio de Janeiro muito menor, e ainda com certo cunho provinciano. Nos grupinhos de cafés e confeitarias, essas perfídias encontravam grande ressonância, acumulando sobre a "vítima" boa carga de ridículo.[16]

Os seguidores de Hipócrates foram alvos preferenciais da poesia satírica de todos os tempos.[17] Com a epigrama transcrita a seguir, o autor das *Poesias* também atacou a classe a que, em sua juventude, aspirou pertencer. De 1881 a 1886, Bilac percorrera os corredores da Faculdade de Medicina, onde se tornara preparador de fisiologia experimental e interno de clínica, sem contudo se formar.

---

14 Ibidem, p.145.
15 *Tratado de versificação*: a poesia no Brasil, a métrica, gêneros literários. Rio de Janeiro: Francisco Alves, 1905, p.201.
16 BROCA, B. *A vida literária no Brasil* – 1900. 3.ed. Rio de Janeiro: José Olympio, 1975, p.38.
17 Bilac estava a par dessa produção. "Creio que daria matéria para mais de cem volumes a coleção de todas as sátiras que se têm escrito contra eles [os médicos]: somente Molière e Bocage contribuíram com trabalho para uns dois volumes grossos..." B. [Olavo Bilac]. Registro. *A Notícia*. Rio de Janeiro, 5 fev. 1904, p.2, 1ª col.

O Grau[18]

Este ano, trinta e oito médicos
Tomaram grau...[19] Boas fadas
Os encaminhem por cá!
– Coveiros! nas mansões fúnebres,
Ide aprestando as enxadas:
Trabalho não faltará![20]

Nessa sextilha, Bilac empregou os três tipos de versos da língua portuguesa quanto à posição do acento tônico da última palavra: agudos, graves e esdrúxulos (terminados, respectivamente, por palavras oxítonas, paroxítonas e proparoxítonas), optando por substituir a rima de *médicos* (não se pode esquecer que os parnasianos orgulhavam-se de rimar todos os versos) por outra palavra proparoxítona que não rimou. A utilização de versos esdrúxulos sem rima constituiu-se uma característica peculiar da poesia satírica bilaquiana. Como demonstra o capítulo anterior, essa e outras *boutades* de Bilac, que cobrava dos esculápios cariocas um envolvimento efetivo com a causa do saneamento,[21] não o impediram de apoiar os médicos responsáveis pelo saneamento da cidade durante a gestão do prefeito Pereira Passos.

As autoridades municipais também eram vítimas costumeiras do poeta por causa do estado lastimável das ruas cariocas, sempre sujas, enlameadas, cheias de capim e esburacadas. O desconsolo do poeta com a situação era tamanho que nem mesmo uma mudança eventual na administração municipal teve o condão de torná-lo otimista.

---

18 No jornal: *gráo*.
19 Ibidem: *gráo*.
20 BOB. O grau. *Gazeta de Notícias*. Rio de Janeiro, 25 jan. 1897, p.1.
21 Lia-se em crônica de 1900 a seguinte reprimenda: "Vem cá, medicina indígena! senta-te aqui, neste banco da opinião pública, e ouve as cousas duras que há muito tempo mereces! Ouve e vê se te emendas! / Sempre que foste chamada a dar o teu auxílio ao poder público, para o fim nobre de salvar das pestes esta pobre população de carneiros resignados, tu te desmanchaste, não numa chuva de benefícios e de conselhos oficiais, mas num temporal de descomposturas

Parte o nosso Prefeito.
Fica Prefeito o Rosa;
A cousa é proveitosa?
Tudo está satisfeito?

Não! porque o mesmo é o lixo,
E a incúria, e o filhotismo,
E o pó, e o *perrefismo*,
E a sujidade, e o *bicho*...

Negá-lo inda há quem ouse,
Quem esperança arranje?
– Amigos! *plus ça change,
Plus c'est la même chose.*[22]

Por motivo de viagem, o prefeito Furquim Werneck transmitira o cargo ao presidente do Conselho Municipal, Joaquim José da Rosa. O poeta não via vantagens na mudança, pois Rosa era o *perrefismo* dos dois políticos, isto é, ambos pertenciam ao PRF, partido que dominava a política carioca e convivia amistosamente com a sujeira e a improbidade administrativa. O prefeito ausente lutava pela autonomia do Distrito Federal e mantinha relações problemáticas com o poder central (Congresso e Executivo federal), a quem culpava pelo mal estado das finanças municipais. Durante sua gestão, Furquim Werneck fortaleceu o PRF carioca no Senado, na Câmara dos Deputados e no Conselho Municipal usando as munições do seu "paiol de pistolões". O prefeito preparava as vitórias eleitorais de partido por meio de farta distribuição de cargos nas repartições municipais.[23]

---

mútuas. Todo o tempo, que justamente devia ser ocupado em forçar o governo, pela persuasão e pela pertinácia, a sanear a cidade, a melhorar a sorte dos pobres e a dar às famílias um pouco de luz, de ar, de conforto, de civilização e de felicidade, – todo esse tempo tem sido por ti empregado em liquidar pequeninas questões de vaidade, de amor próprio e... de interesse". Crônica. *Gazeta de Notícias*. Rio de Janeiro, 27 maio 1900, p.1, 2ª col.
22 BOB. *Gazeta de Notícias*. Rio de Janeiro, 1º fev. 1897, p.1.
23 FREIRE, A. *Uma capital para a República*. Rio de Janeiro: Revan, 2000, p.86-90.

Com tantos *filhotes* para nutrir, não lhe sobrava energia para cuidar da cidade. Como Bilac reconheceu, não seria a administração transitória de um intendente que iria modificar essa situação. Oito anos depois da Proclamação, Bilac estendia um olhar desesperançado à sua volta e o que via era a negação das promessas da República (segunda estrofe). Como poeta satírico, era extremamente sensível ao hiato existente entre o que deveria ser e o que efetivamente era.[24] Por isso, concluiu sua epigrama com o desconsolado bordão francês.

Muito significativo é o fato de escolher o poeta a língua francesa para expressar sua decepção com a cidade, que por vezes comparava desfavoravelmente com Paris. A elite recebia uma educação francesa e estava familiarizada com o uso do francês; autores de outras línguas estrangeiras eram conhecidos por meio de traduções francesas.[25] Os setores médios não possuíam um conhecimento satisfatório da cultura francesa, mas "apreciavam suas realizações e o *status* a ela associado".[26]

Como se notaria em crônica publicada alguns anos depois, quando o poeta visitava a Europa pela segunda vez, Paris era para Bilac a cidade perfeita e insuperável, um modelo a ser seguido.

> O que constitui a glória maior e o supremo encanto de Paris é o seu caráter de definitiva e completa beleza. Paris não muda. Paris é uma obra-prima de arte, – fixada na sua forma precisa e perfeita. Quem passa quinze anos sem ver Paris, vem achar, ao cabo desse tempo, a mesma cidade que conheceu e amou: as minúcias do progresso, as novas ruas, as novas pontes (como esta admirável ponte Alexandre III, lançada através do Sena, há dois anos, entre as pontes da Concórdia e dos Inválidos),

---

24 Cf. SUTHERLAND, J. *English Satire*. Cambridge: University Press, 1967, p.4.
25 Entre os livros que a Academia Brasileira de Letras expõe como pertencentes a Olavo Bilac, encontram-se traduções francesas de Shakespeare, Sófocles, Píndaro, Eurípedes, Aristófones, Dostoiévski, Aristóteles e Goethe.
26 NEEDELL, J. D. *Belle époque tropical*. Op.cit., p.231. *Status* está grafado em redondo no original.

os novos edifícios, os novos jardins – não alteraram a fisionomia radiante da grande cidade, que é o centro da civilização universal, formidável laboratório de prazer e de trabalho, de dissipação e de estudo, de riqueza e de penúria, de alegria e de sofrimento – verdadeira imagem da complicada existência humana, num tumultuar de contrastes.[27]

Para desespero de Bilac, o Rio de Janeiro de Furquim Werneck estava muito distante desse modelo.

O Filhote – Edição da tarde da *Gazeta de Notícias*

Aproveitando-se da popularidade da seção humorística, Ferreira de Araújo resolveu utilizar o mesmo título, já atribuído a uma revista de Vicente Reis (1870-1947), encenada no Teatro Lucinda em março de 1897, para batizar a edição da tarde da *Gazeta de Notícias*, que planejava lançar havia algum tempo. Pode-se imaginar que um dos propósitos do jornalista talvez fosse lançar uma sombra sobre *A Notícia*, vespertino no qual Ferreira de Araújo deixou de colaborar após desentendimento com Medeiros e Albuquerque.[28] Porém, ao descer do "colo" da "mamãe", *O Filhote* teve vida curta, pois circulou de 31 de maio a 30 de outubro de 1897. O malogro da iniciativa pode ser explicado pela abandono da paródia da linguagem jornalística, que, contra o *pano de fundo* da *Gazeta*, adquiria sabor especial por um efeito de contraste. Até mesmo os poemas satíricos da seção extinta integravam de certa maneira a paródia jornalística, pois no espaço restrito de "O Filhote" representavam um contraponto aos poemas sérios publicados com destaque no restante do jornal. De modo geral, a sátira funcionava como veículo de críticas que não poderiam ser formuladas no estilo sentencioso e grave do artigo de fundo nem mesmo no estilo leve da muitas vezes irreverente crôni-

---

27 B. [Olavo Bilac]. Registro. *A Notícia*. Rio de Janeiro, 13 jun. 1904, p.2, 1ª col. Essa crônica fora escrita em Paris no dia 5 de maio do mesmo ano.
28 Ver capítulo IV, nota 11.

ca, que, no entanto, observava certos limites de compostura e urbanidade. Ao contrário do cronista, o poeta satírico ousava ferir mais fundo,[29] porque o caramelo da *indireta* tornava palatáveis as amargas triagas por ele ministradas.

Cada número avulso do vespertino *O Filhote* era vendido por cem réis, o mesmo preço da *Gazeta de Notícias*, mas o novo jornal em formato *mignon* possuía apenas cinco colunas. O editorial do primeiro número explicava os objetivos almejados com a inovação.

> O formato adotado não o foi com o propósito de fazer economias: é um ensaio de formato cômodo para leitura no *bond*, de modo que se possa dobrar e desdobrar a folha sem dar com ela no nariz do vizinho...[30]

Uma vez "desmamado", *O Filhote* perdeu boa parte de sua irreverência e criou seções tão sérias quanto as d'*A Notícia*, sua principal concorrente. O leitor carioca encontrava nas suas quatro páginas editoriais sobre as grandes questões políticas, telegramas *verídicos*, transcrições de artigos de outros jornais, boletim dos acontecimentos internacionais, noticiário policial e político, crônica do congresso, coluna teatral, editais, cotações comerciais e oficiais, avisos e publicações a pedido. No rodapé da primeira página, alternavam-se os prestigiados cronistas do jornal de Ferreira de Araújo. Não fosse o formato característico, quem avistasse a quarta página sobre o balcão de uma loja ou uma mesa de confeitaria não saberia dizer a que jornal ela pertencia, pois estava repleta de anúncios de loterias, remédios e espetáculos teatrais e trazia no rodapé um folhetim de Xavier de Montépin (1823-1902), intitulado *Um filho infame*. Encontravam-se traços da extinta seção da *Gazeta de Notícias* apenas na

---

29 Como observa Charles A. Knight, "in the case of satire, the ubiquity of attack, especially when the satirist is not justified by personal motives, violates the usual social prohibition against unamotivated assault, verbal or physical". Satire, Speech and Genre. *Comparative Literature*. University of Oregon. Eugene (Oregon), v.44, n.1, Winter 1992, p.29.
30 O FILHOTE. *O Filhote*. Rio de Janeiro, 31 maio 1897, p.1, 1ª col.

"croniqueta", no romance-folhetim *Cavalo Branco* e nos poemas satíricos esparsos.[31]

O Engrossa

Um ano e meio depois da emancipação de "O Filhote", a *Gazeta de Notícias* voltou a abrigar uma seção humorística diária em sua primeira página. Em 1º de dezembro de 1898, surgia, no mesmo espaço anteriormente ocupado por "O Filhote", "O Engrossa", com "cabeçalho" que imitava o do jornal. A nova seção iria prosseguir na senda da paródia jornalística, com telegramas, anúncios, crônicas etc. Mas o editorial do primeiro número procurava marcar a especificidade da nova seção, cujo nome derivava de um neologismo, *engrossamento*, que significava "bajulação".[32]

nós só temos um programa: engrossar. ...

---

31 Após infrutíferas buscas em diversas instituições do Rio de Janeiro e de São Paulo, encontraram-se apenas dois números d'*O Filhote*. Há um exemplar do primeiro número na Divisão de Obras Raras da Biblioteca Nacional. O Instituto Histórico e Geográfico de São Paulo possui um exemplar do sexto número, de 5 de junho de 1897. Em *Olavo Bilac e sua época* (Rio de Janeiro: Americana, 1974), Raimundo Magalhães Jr. transcreveu (p.211) o soneto satírico "O arrendamento", que teria encontrado na edição de 11 de setembro de 1897, da qual não se localizou nenhum exemplar. Considerando-se o precedente representado por *Pimentões* (1897), que recolheu textos da seção humorística da *Gazeta de Notícias*, supõe-se que os poemas fesceninos de *Contos para velhos* (Rio de Janeiro: Casa Mont'Alverne, 1897) tenham sido publicados pela primeira vez no vespertino. No livro de Bob, encontram-se os seguintes textos: "O luar", p.11-3; "O Paraíso", p.19-20; "Medicina", p.25-6; "Imunidade", p.35-7; "Feito no escuro", p.47-9.
32 Pouco tempo depois, a palavra inspiraria a um colaborador d'*A Notícia* uma série de artigos. Transcreve-se a seguir fragmento do primeiro. "O *engrossamento* não se define, aprende-se-lhe o significado por intuição. Pertence ao número dessas idéias complexas, que se desdobram em milhares de *nuances* desde que se as quer tocar com o dedo, despi-la aos olhares ávidos da curiosidade. / A cousa é velha, da velhice da humanidade; a palavra é nova e é nossa. Criou-a o carioca. Em que lábios teria ela desabrochado pela vez primeira? / *Chi lo sà?* Algum notívago bebido, ou algum espírito fino, de flor à lapela e de alegria no coração, lançou a palavra e ela fez carreira vitoriosa. Se no ajuste divino das contas houver eqüidade e justiça, bons pecados pagará essa simples palavra, que é, nada mais nada menos, uma das melhores cousas criadas depois da República." GIL, A. O engrossamento da história. *A Notícia*. Rio de Janeiro, 1º fev. 1899, p.2, rodapé.

Bem sabemos que vamos sofrer guerra de morte... Ninguém gosta de receber elogios. Contra nós se levantarão as modéstias ofendidas, as singelezas melindradas, as abnegações magoadas, os desinteresses feridos – todas aquelas virtudes, em suma, que, como as humildes violetas do prado, amam viver escondidas... Pois não queremos desinteresses! não admitimos modéstias! vamos engrossar tudo![33]

Logo no primeiro número se percebia que o *engrossamento* endereçado a personalidades da vida cultural e política do Rio de Janeiro seria irônico, como prenunciava uma nota publicada sem assinatura.

O nosso ilustre colega do *Sem Rumo* escreveu ultimamente que um ilustre comediógrafo era o nosso Molière, guardadas as devidas proporções. De acordo, exceto quanto à restrição. O homem é mais que Molière. Basta dizer que ele está vivo e o outro está morto.[34]

Em pouco tempo, acabaram por predominar na seção epigramas que adotavam por mote fragmentos de notícias, artigos e sobretudo telegramas publicados pela imprensa carioca. A mensagem telegráfica fora uma inovação tecnológica que, a princípio, gozara de grande prestígio, mas que, com o tempo, caíra em total descrédito, dando largo curso à expressão jocosa "mentir como um telegrama", cuja autoria Machado de Assis atribuiu a Bismark (1815-1898).[35] Com seus comentários satíricos, "O Engrossa" tornar-se-ia o primeiro "ombudsman" da história do jornalismo brasileiro...

Um dos grandes alvos dos "engrossamentos" burlescos de Bilac era o chefe de polícia. Havia alguns bons motivos para a preferência. O primeiro deles era a campanha sistemática da *Gazeta de Notícias*

---

33 *Gazeta de Notícias*. Rio de Janeiro, 1º dez. 1898, p.1.
34 Ibidem. O *engrossador* referia-se provavelmente a Urbano Duarte, identificado n'*A Bruxa* (n.20, 19 jun. 1896, p.7) como responsável pela coluna do *Jornal do Comércio* citada.
35 Bons dias! *Gazeta de Notícias*. Rio de Janeiro, 29 jun. 1889, p.1. Apud: ASSIS, M. de. *Bons dias!* Ed., int. e notas de John Gledson. São Paulo: Hucitec/Ed. da Unicamp, 1990, p.197.

contra a criminalidade do Rio de Janeiro e a ineficiência do policiamento em combatê-la. Outra motivação igualmente importante era a indicação política do responsável pela chefia de polícia,[36] por essa razão sempre visto como despreparado para a função.[37] Todos os atos e as palavras da autoridade eram acompanhados de perto.

Em 25 de fevereiro de 1899, a *Gazeta* publicara na íntegra um ofício endereçado ao chefe do Estado-Maior general da armada em que o chefe de polícia Sampaio Ferraz (1857-1920) desmentia categoricamente boato de que oficiais da Marinha urdiam uma conspiração. No dia seguinte, Bilac publicou a seguinte epigrama:

Verbos Novos

"em que os maus cidadãos *alicerçam* a sua malignidade...
vieram *homogenar* as duas Américas..."

(Ofício do chefe de polícia sobre a conspiração.)

Murmurem os descontentes!
O chefe, chefe dos chefes,
Tapa a boca aos maldizentes,
Com todos os *rr* e *ff*...
Pois, com ares majestáticos,
Desprezando os importunos,
E desbancando os gramáticos,
Os Soteros e os Viterbos,[38]

---

36 Segundo um historiador, "o cabeça do sistema policial, o chefe de polícia, era nomeado pelo Presidente da República por proposta do ministro da Justiça, atendendo antes de tudo a injunções políticas". BRETAS, M. L. Policiar a cidade republicana. *Revista OAB-RJ*. Rio de Janeiro, v.22, jul. 1985, p.49.

37 Em uma crônica, Bilac expressou com bom humor sua visão do problema: "Ora, sendo a política um dos maiores, senão o maior elemento da desordem, claro é que nunca jamais ninguém não poderá admitir que um delegado de polícia seja um homem político". Crônica. *Gazeta de Notícias*. Rio de Janeiro, 6 jun. 1897, p.1, 3ª col.

38 Francisco Sotero dos Reis (1800-1871), gramático e filólogo maranhense, autor das *Postilas de gramática geral aplicada à língua portuguesa pela análise dos*

– Se não dá morte aos gatunos,
Vai dando origem aos verbos![39]

Pode-se imaginar que Bilac leu de alto a baixo o longo arrazoado em busca de deslizes gramaticais do chefe de polícia. O poeta rejeitou dois neologismos empregados por Sampaio Ferraz, dos quais o primeiro se encontra hoje dicionarizado. A epigrama procurou ferir a autoridade policial em dois quesitos fundamentais para o prestígio social do cidadão pertencente à elite carioca: a competência profissional e o domínio do vernáculo. Considere-se, portanto, o quanto Bilac foi sarcástico ao propor a "ousadia" gramatical como sucedâneo para a atuação policial.[40]

Nem mesmo eventuais mudanças na cúpula da polícia conseguiam pôr fim às diatribes de "O Engrossa". A aparente disposição de uma nova chefia de polícia em melhorar a corporação foi recebida com ceticismo e ironia por Bilac.

MAIS!

"O Dr. Brasil Silvado, chefe de polícia, esteve ontem conferenciando com o Sr. Presidente da República sobre a exiguidade dos recursos de que dispõe..."

(D'A *Imprensa*)

---

clássicos (1862) e de uma *Gramática portuguesa* (1866). Frei Joaquim de Santa Rosa de Viterbo (1744-1822), erudito português, autor do *Elucidário das palavras, termos e frases, que em Portugal antigamente se usaram, e que hoje regularmente se ignoram: obra indispensável para entender sem erro os documentos mais raros e preciosos que entre nós se conservam*. Essa obra, publicada em dois volumes ilustrados em 1798, teve uma segunda edição póstuma, mais concisa, que saiu em Coimbra em 1825.

39 PUCK. Verbos novos. *Gazeta de Notícias*. Rio de Janeiro, 26 fev. 1899, p.1.

40 Algum tempo depois, Bilac ironizou um surto de críticas, por parte da imprensa, aos deslizes gramaticais que abundavam nos documentos emitidos pela polícia. "Para escrever bem, para fornecer às escolas primárias modelos de estilo, já nos basta o chefe, que parece querer imitar o velho Odorico Mendes no afã de dar vocábulos novos ao idioma pátrio." Crônica. *Gazeta de Notícias*. Rio de Janeiro, 16 abr. 1899, p.1, 2ª col.

Exigüidade?! Ó senhores!...
Pois o homem tem inspetores
Bicheiros, estupradores,
Conquistadores fatais,[41]
Danados, sebastianistas,
Conspiradores, rolistas,
Planistas, espiritistas,
E... caramba! inda quer mais?![42]

Como a indicação para os cargos de chefia, o processo de recrutamento e seleção dos inspetores de polícia era corrompido pelo "filhotismo". Viciada na origem, a corporação policial era alvo de freqüentes acusações de abuso de autoridade e corrupção. Como denunciava a epigrama, os inspetores, pela origem ou atuação, pertenciam às chamadas "classes perigosas", que lhes cabia reprimir. Por isso, o poeta só poderia receber com sarcasmo as queixas do chefe de polícia, ávido por botar as mãos em mais verbas e desejoso de poder contar com mais cargos para as costumeiras "negociações políticas". Para um político, era fundamental que o delegado de sua freguesia fosse um homem de sua confiança, pois a autoridade policial era muitas vezes decisiva para o *convencimento* de eleitores recalcitrantes.[43]

Ai! da autoridade que caísse em desgraça com os humoristas de "O Engrossa". Foi o que aconteceu com Brazílio Itiberê da Cunha (1846-1913), embaixador do Brasil em Assunção.[44] Em meados do mês de setembro de 1899, corriam pelo Rio de Janeiro boatos desencontrados sobre uma epidemia no Paraguai, que vinham alarmando parte da população carioca. Da capital do Paraguai, Itiberê enviava apenas telegramas lacônicos e contraditórios, declarando, por exemplo, fechado aos produtos paraguaios por precaução sanitária o porto argentino cuja reabertura anunciara na véspera.

No dia 19, o próprio presidente da República enviou *longo* telegrama a Itiberê pedindo informações *detalhadas* sobre a peste e in-

---

41 No jornal: *fataes*.
42 PUCK. Mais! *Gazeta de Notícias*. Rio de Janeiro, 4 out. 1899, p.1.
43 FREIRE, A. *Uma capital para a República*. Op.cit., p.108-9.
44 Ver ALMEIDA, V. de S. *Brazílio Itiberê da Cunha*: Diplomata músico. Curitiba: Ed. da UFPR, 2001.

dagando sobre os motivos pelos quais solicitações anteriores não haviam sido atendidas. O diplomata acusou o recebimento da mensagem presidencial no dia 22, mas respondeu *somente em 23* – e de um modo *lacônico*, que deve ter sido considerada petulante por Campos Sales.

> Sr. presidente da República. – Só agora recebo telegrama de Londres por motivo idêntico – interrupção telegráfica. O ministro argentino ordenou a reabertura dos portos; é oficial somente a observação de dez dias na ilha Formosa. Estado sanitário sem novidade; nenhum caso, nem óbito. (Assinado.) – *Itiberê*.

Considerado por muito tempo o primeiro compositor brasileiro a usar um tema folclórico – *Balaio, meu bem, balaio* – como inspiração para compor sua "fantasia característica" *A sertaneja* (1869),[45] Itiberê tornou-se presa fácil de "O Engrossa", que no dia 22 publicou os seguintes "telegramas":

> RIO. – Itiberê. – Diga-nos, por favor, que há de exato sobre a peste bubônica aí, no Paraguai, caso não tenha morrido. *Engrossa*.
>
> ASSUNÇÃO. – Engrossa, veio ao encontro do meu pensamento, era o que eu queria perguntar. Ontem magnífico concerto, toquei piano a valer, e a propósito: diga a esse ministro do interior que não me incomode, tenho agora na cabeça uma composição supimpa. – *Um diplomata em apuros. Itiberê*.

Bilac não poderia deixar de colocar mais azeite na fritura do ministro:

> A PESTE
> (Em Solfejo)
>
> Não entra a peste bubônica!
> A peste, como uma Huri,[46]
> Ouve Itiberê, extática...
> Dó-ré-mi-fá-sol-lá-si.

---

45 Descobriu-se recentemente que Carlos Gomes o precedera com a peça para piano solo *A cayumba*, de 1857. Cf. MARIZ, V. *História da música no Brasil*. 5.ed. amp. e atual. Rio de Janeiro: Nova Fronteira, 2000, p.114.

46 Mulher formosa destinada a desposar o maometano fiel no Paraíso.

O piano geme suavíssimo...
— Como a escada de Jacob,
Vão subindo as notas quérulas:
Si-lá-sol-fá-mi-re-dó...

A peste, cativa, em lágrimas,
Não pode sair de lá...
A peste gosta de música...
Si-lá-sol-mi-ré-dó-fá...

Itiberê ao telégrafo
Não vai... – Que lindo bemol!
Geme o piano diplomático:
Mi-ré-dó-fá-si-lá-sol...

Dormi, cidadãos pacíficos!
O ministro Itiberê
É um pianista de mérito!
Fá-si-lá-dó-sol-mi-ré...

As medidas profiláticas
São cousas que já não há...
Nunca houve peste bubônica!
Sol-fá-mi-ré-dó-si-lá...

E, enfim, se a peste, ó munícipes,
Um dia chegar aqui,
Toquemos todos, pianíssimo:
Ré-si-fá-sol-dó-lá-mi...[47]

O poeta criou uma caricatura verbal do embaixador, retratando-o como um músico alienado e um funcionário desidioso.[48] A alter-

---

47 PUCK. A peste. *Gazeta de Notícias*. Rio de Janeiro, 25 set. 1899, p.1.
48 Arthur Koestler identificou uma similaridade de procedimento entre a sátira e a caricatura. "La satire est une caricature verbale qui déforme par exagération et simplification les traits caractéristiques d'un individu ou d'une societé. Les traits que le satiriste décide de grossir sont évidemment ceux qu'il désapprouve." KOESTLER, A. Le bouffon. In: Ibidem. *Le cri d'Archimède*. L'art de la Découverte et la découverte de l'Art. [The Act of Creation] Première partie. Traduit par Georges Fradier. Paris: Calmann-Lévy [1966]. p.58.

nância de versos agudos e esdrúxulos visava a fins cômicos, pois o poeta acreditava que estes, reunidos em grande número, produziam um efeito ridículo os quais aqueles tendiam à monotonia quando repetidos.[49] No caso específico dessa sátira, os dois tipos de versos gerariam esses efeitos pelo fato de ser oxítono o nome do diplomata e de palavras-chave relacionadas ao caso, muito explorado pela imprensa, serem proparoxítonas, como *bubônica, munícipes, telégrafo, diplomático* e *profiláticas*. Observe-se que as "quérulas" notas musicais não rimaram com vocábulos tão sisudos...

Embora se suspeitasse de que o governo paraguaio interceptasse as mensagens endereçadas a Itiberê, mesmo as cifradas, entregando-as com atraso, a atuação desastrada do diplomata, que fez as delícias dos redatores de "O Engrossa", tornou insustentável sua permanência no cargo, do qual foi exonerado pelo presidente da República no dia 27, sendo colocado em disponibilidade. Dado o prestígio e a popularidade da *Gazeta*, pode-se imaginar que o ridículo a que Bilac e outros humoristas de "O Engrossa" expuseram Itiberê contribuiu para sua queda.

A sátira bilaquiana parece revelar certo menosprezo pela pesquisa musical de Itiberê, que foi um dos precursores do nacionalismo musical, ou seja, da "música escrita com sabor nacional, direto ou indireto, folclórico ou depurado",[50] que só se firmaria com Heitor Villa-Lobos (1887-1959) na segunda década do século XX. Essa nova produção não encontrou receptividade em parte do público, da qual Bilac talvez fizesse parte.

> No Brasil essa valorização das riquezas folclóricas nacionais encontrou resistência da parte de uma sociedade ainda demasiado dependente dos gostos tradicionais europeus. Como a parte mais rica e pitoresca do nosso populário musical vinha dos negros, que só obtiveram a abolição da escravatura em 1888, o público musical das sociedades de concertos olhava com certo desprezo tudo o que pudesse proceder do povo.[51]

---

49 Cf. BILAC, O.; PASSOS, G. *Tratado de versificação*. Op.cit., p.56-7.
50 MARIZ, V. *História da música no Brasil*. Op.cit., p.113.
51 Ibidem, op.cit. loc.cit.

As epidemias continuaram a preocupar a população carioca. Em meados de outubro de 1899, boatos de cólera em Santos espalharam o temor de que o Rio de Janeiro fosse alcançado pela enfermidade. No dia 25, o dr. Eduardo Chapot Prevost (1864-1907), médico renomado, atestou a presença da doença na cidade portuária. Bilac, mais propenso à galhofa do que à paranóia, colocou a questão nos seus devidos termos.[52]

CASO ATUAL

"Dói-lhe[53] aqui? tem tido febre?
Habita infecto casebre?
Toma banhos? Fale moço!
Deixe-se de hipocrisias!
Responda-me: há quantos dias
Lhe nasceu esse caroço?

Hum!... você está com a peste!
Não respingue! não proteste!
Você pegou-a bonita!
Isto foi rato!..."
E o gaiato:
"Não foi rata, nem foi rato,
Senhor doutor!... foi a Rita!"[54]

Nesse breve diálogo, Bilac opôs o médico obcecado pela epidemia a um cidadão irreverente. O humor nasceria da maneira como a paranóia da epidemia induzira o médico a diagnosticar um caso improvável de peste bubônica quando seria mais razoável esperar – como sugeriam os abundantes anúncios de medicamentos da *Gazeta* – por uma doença venérea com sintomas semelhantes: o cancro mole. Por isso, a paranomásia adquiriu um sabor especial pela sua

---

52 Apesar da irreverência do poeta, a peste mataria algumas centenas de habitantes do Rio de Janeiro nos anos seguintes.
53 No jornal: *Doè-lhe*.
54 Y. Caso atual. *Gazeta de Notícias*. Rio de Janeiro, 30 out. 1899, p.1.

pertinência: os elementos patogênicos do Rio de Janeiro eram, de certo modo, as ritas e não os ratos.

"O Engrossa", apesar de relativo sucesso,[55] foi substituído por outra seção humorística em maio de 1900, mas voltou a ser publicado intermitentemente em janeiro de 1902. Nesse mês, o grande assunto eram as eleições realizadas para o Conselho Municipal do Rio de Janeiro, marcadas por fraudes na votação e na contagem de votos e por 95% de abstenção. Dados os inúmeros protestos dos cidadãos, a *Gazeta* exigiu uma reforma eleitoral urgente em editorial do dia 22. Nesse mesmo dia, o presidente da República emitiu um decreto anulando as eleições e prorrogando o mandato dos conselheiros até a realização de um novo pleito – mas com o argumento de que a apuração não fora feita dentro dos prazos legais. Antes da anulação, Campos Sales pressionara – com êxito – para que alguns pretores interrompessem os trabalhos.

Bilac assim imaginou a decepção de um dos eleitos:

SONETO DA ATUALIDADE
(Sobre a anulação)

Já estava à mesa preparado o almoço:
E o candidato, louco de esperança,
Sorria, nédio, acariciando a pança,
De guardanapo em volta do pescoço...

Mas, de repente, Alguém que tudo alcança
Disse, cheio de cólera: "Alto, moço!
Você não abocanha nem um osso!
Recolha os dentes, que eu adio o *avança*!"

Sorte amarga! Destino amaldiçoado!
Ver naufragar dentro do porto a barca!
Sentir cair da boca o bom-bocado!

---

55 Moreira Sampaio deu à sua revista do ano de 1898, representada no Variedades em 1899, o mesmo nome da seção da *Gazeta de Notícias*. Cf. SOUSA, J. G. de. *O teatro no Brasil*. Rio de Janeiro: MEC/INL, 1960, t.2, p.477.

Ser rebaixado, antes de ter acesso!
– É o caso de dizer, como Petrarca:
"Tra la spiga e la man, qual muro é messo!"[56]

O poeta adotou a forma prestigiada do soneto para zombar dos que se beneficiariam com a fraude. O último verso, pertencente ao soneto *"Se col cieco desir, che'l cor distrugge"* (primeiro verso) de Petrarca, já fora citado por Camões na estrofe 78 do canto IX d'*Os Lusíadas*, onde fazia parte das queixas amorosas do marinheiro Lionardo, que, na Ilha dos Amores, corria um tanto impaciente:

Após Efire, exemplo de beleza,
Que mais caro que as outras dar queria
O que deu, pera dar-se, a Natureza.[57]

A forma consagrada – o soneto – e a citação do grande poeta da literatura ocidental criaram um pano de fundo enobrecido contra o qual os "baixos apetites" do candidato avultaram em sua grosseria, pois ele não suspirava pelo amor sublimado de uma Laura nem mesmo pelo *puro amor* de uma ninfa carinhosa, mas pelas vantagens muitas vezes imorais que se poderiam obter por meio de um cargo público. Malgrado as críticas da *Gazeta* e as farpas de Bilac, as eleições da República Velha ficariam marcadas por arbitrariedades, fraudes e violência.[58]

A manobra da anulação prejudicou a oposição ao governo federal, representada pelo Partido Republicano do Distrito Federal (PRDF), que provavelmente sairia vencedor no segundo distrito (havia três). Aproveitando-se da disposição favorável da imprensa,

---

56 Y. Soneto da atualidade. *Gazeta de Notícias*. Rio de Janeiro, 25 jan. 1902, p.1, 7ª col.
57 CAMÕES, L. de. *Os Lusíadas*. Edição organizada por Emanuel Paulo Ramos. Porto: Porto Editora, 1990, p.312.
58 Segundo um acatado historiador, "não havia ... razão para votar. O cidadão, além de correr o risco de ser espancado, não tinha certeza de ter seu voto computado e, se o fosse, seu representante teria pouca força política". CARVALHO, J. M. de. O Rio de Janeiro e a República. *Revista Brasileira de História*. São Paulo, v.5, n.8-9, set. 1984/abr.1985, p.131.

Campos Sales defendeu uma profunda reformulação da estrutura política *do Distrito Federal* e culpou *os políticos locais* pelas irregularidades nas eleições. Uma lei promulgada no dia 29 de dezembro do mesmo ano viria coroar a vitória da campanha do presidente; a partir daí, o prefeito por ele nomeado governaria com poderes ditatoriais e não seria limitado em sua ação por um Conselho Municipal bastante enfraquecido. Com isso, fortalecia-se a facção do PRF que apoiava o poder central e punha-se um fim à "politicagem" da Capital Federal. Consolidava-se assim a "política dos Governadores", que deslocara o centro político nacional da cidade do Rio de Janeiro para os estados.[59]

O comentário do cronista Olavo Bilac à eleição, no fim de 1903, de um intendente para uma vaga surgida no Conselho Municipal evidenciaria sua oposição à "politicagem" carioca, acentuada provavelmente depois das primeiras realizações do irresistível Pereira Passos, que governara a cidade por seis meses com o Legislativo fechado.

> De eleições estamos fartos. ... já no ano da Independência havia eleições. ... metiam ... três listas dentro de uma urna, e dessa urna mandavam que uma criança tirasse, com a sua mão inocente, a lista dos quatro vereadores.
>
> O processo era simples e rápido. O de hoje é que é complicado e lento. Já não é uma criança que mete a mão na urna: entram nela todas as mãos, limpas e sujas, inocentes e criminosas; há facadas, tiros, falcatruas; os mesários comem empadas e bebem cerveja, ali mesmo, junto da urna que representa a soberania nacional; e no dia seguinte é preciso gastar uma fortuna na lavagem das salas das escolas e das repartições públicas em que se reúnem as mesas eleitorais.
>
> Não se sabe bem para que é que se despende nisso tanto dinheiro, tanto tempo e tanta paciência. Mas os jornais dizem que a cidade não pode viver sem autonomia; e, como, para a cidade, a autonomia consiste na existência de um Conselho Municipal – ainda que esse conselho municipal trabalhe tanto como a Academia dos Sonolentos da China – não é possível evitar essas despesas de papel, de tinta, de editais, de empadas, de cerveja, e de barrela.

---

59 FREIRE, A. *Uma capital para a República.* Op.cit., p.113-26.

Esse Conselho Municipal de agora, que vai ser hoje completado com a eleição de um conselheiro, foi saudado como a pérola, o assombro, o cisne cor-de-rosa, a *avis rara*, a tulipa azul, o elefante branco, a maravilha dos conselhos. Eleito sem barulhos nem protestos, recebido com as mais enternecedoras manifestações de simpatia, – o miraculoso conselho começou a trabalhar: – houve logo desavenças, desgostos, despeitos, uns conselheiros resignaram o mandato, outros brigaram, – e há uma porção de dias que os salvadores do município, os representantes da autonomia da cidade, os símbolos venerandos da independência do eleitorado não se reúnem em sessão... por questões políticas!

Valha-nos Nossa Senhora da Autonomia! – e vamos às urnas, vamos completar o prestigioso conselho, vamos dar mais um florão àquela coroa preciosa... Mas peçamos desde já aos conselheiros que se deixem dessa mania de renúncia! A cada renúncia, corresponde uma nova eleição: e, francamente, nós todos temos mais o que fazer...[60]

A partir de seu retorno em janeiro de 1902, "O Engrossa" especializar-se-ia na realização de fictícias "altas reportagens" com personalidades da política. A última edição foi publicada em 4 de julho de 1902.

Casa de Doidos

Em 5 de maio de 1900, abriu suas portas na sétima coluna da *Gazeta de Notícias* a "Casa de Doidos", seção humorística diária que, ao contrário das que a antecederam, não ocuparia um espaço reservado do jornal nem procuraria imitar sua diagramação. A "Casa de Doidos" inovaria pelo fato de seus redatores declararem-se loucos: eram os internos do "hospício" da *Gazeta* e, por isso, suas críticas deveriam ser relevadas – uma vez que os loucos são inimputáveis.

Na primeira coluna, a "Participação aos fregueses" revelava que os "nobres parlamentares" não seriam poupados pelos moradores da "Casa de Doidos".

---

60 O. B. Crônica. *Gazeta de Notícias*. Rio de Janeiro, 6 dez. 1903, p.1, 7ª col.

Abriu-se ontem a câmara dos Srs. deputados; abrimos hoje aqui a nossa casa que, apesar de estreita, há de chegar para todos, e praza aos céus, como lá dizia Sócrates, que, por pequena, possa se encher de bons amigos. Que esta humilde habitação nada tem com o palácio dos pais da pátria está na consciência de todos, e a prova é que eles nos levaram 24 horas de antecedência na inauguração do estabelecimento: eles lá deliberam, e nós aqui apenas comentamos o que nos der na telha, porque, graças a Deus, só nos falta juízo.[61]

Os redatores da "Casa de Doidos" deram seqüência às epigramas, escritas para comentar fragmentos de artigos e notícias publicados pela imprensa carioca. As epigramas da seção não traziam títulos, que, no caso de "O Engrossa", colaboravam para a intensificação do efeito humorístico.

Fingindo-se de louco, Bilac não pouparia nem mesmo um acatado crítico literário.

> O Sr. J. Veríssimo falou de um livro e disse que o nome de Orange "vem, como sabe o autor pertinentemente, de um principado ao sudeste da França, antecedentemente um senhorio, existente já no IX ou X século, e que primitivamente, no tempo dos Romanos, se chamou Arausio."
>
> Com toda a sinceridade,
> Diga-me aqui, francamente,
> Se quem fala tanto em *mente*
> Pode falar a verdade.[62]

A cacofonia da prosa doutoral não poderia deixar de ferir os ouvidos sensíveis de um poeta parnasiano... e satírico, que colocava em dúvida a autoridade de um crítico que doutrinava sobre questões estéticas mas subscrevia um texto com ecos desagradáveis. Embora seu *aguilhão* não possa ser considerado dos mais vivos ou engenhosos, essa epigrama dialoga com a inscrição correspondente a 16 de

---

61 *Gazeta de Notícias*. Rio de Janeiro, 5 maio 1900, p.1.
62 Y. *Gazeta de Notícias*. Rio de Janeiro, 27 nov. 1900, p.1, 7ª col.

dezembro de 1901 do diário de Gonzaga Duque (1863-1911), que naquele tempo andava agastado com José Veríssimo (1857-1916) por causa de comentários desairosos do crítico consagrado a seu romance *Mocidade morta* (1899). O poeta e divulgador do movimento simbolista comentava o "desplante" de Veríssimo, que teria afirmado ignorar olimpicamente as perfídias de que era alvo em "algaraviadas de botequim", uma vez que, nas ruas, seus desafetos passavam por ele "humildes e inofensivos".

> Unicamente o *saitaca* [apelido do crítico] esqueceu-se de que, para se livrar das piadas da "Casa de Doidos" (na *Gazeta de Notícias*) tem de elogiar abertamente os péssimos versos de Guimarães Passos e a prosice do Pedro Rabelo [colaboradores da seção] ...[63]

Por esse registro do diário de Gonzaga Duque, seria possível formular uma hipótese gaiata sobre a formação do prestígio literário de Bilac entre os seus contemporâneos: a reverência ao poeta parnasiano era reforçada pelo temor que o poeta satírico inspirava...

Na "Casa de Doidos", a insatisfação geral da população com o policiamento do Rio de Janeiro voltou a inspirar mais de uma epigrama a Bilac.

> "Consta-nos que o Sr. Arnaldo Pereira, delegado da 1ª circunscrição urbana, dando ontem cerco em diversas agências de *jogo de bichos*, encontrou em uma delas um suplente de delegado."
>
> (Da Gazeta.)
>
> Folgo com essa notícia!
> Por que a essa empresa arriscada
> Abalançou-se a polícia?
> — Deu cerco e... saiu cercada.[64]

---

63 DUQUE ESTRADA, L. de G. *Meu jornal* (1900-1904). Apud LINS, V. *Gonzaga Duque*. A estratégia do franco-atirador. Rio de Janeiro: Tempo Brasileiro, 1991, p.168.
64 Y. *Gazeta de Notícias*. Rio de Janeiro, 6 dez. 1900, p.1, 7ª col.

Dado o descalabro da polícia carioca *naqueles* dias, contaminada pela desordem que deveria combater, o poeta satírico não tinha muito trabalho para encontrar motivos de riso. Bastava-lhe ler o noticiário... Apesar de testemunhar algumas iniciativas isoladas em favor de melhorias na estrutura urbana do Rio de Janeiro, Bilac mostrava-se impaciente com a timidez ou o caráter equivocado de certas iniciativas de saneamento da cidade, tarefa que considerava urgente e prioritária.

> "Passou ontem, na Câmara, em 2ª. discussão, o projeto abrindo o crédito de 10:000$ para despesas imediatas com o serviço de limpeza do canal do Mangue."
>
> (Das folhas.)

> Dez contos? Isso é dinheiro!
> Vocês, com isso, talvez
> Possam limpar um chiqueiro,
> Limpar as ruas de Fez,
> Todo o golfo de Biscaia,
> O vasto oceano sem fim,
> A ilha da Sapucaia;
> Os cortiços de Pequim...
> Porém, o canal do Mangue?
> Ora, não sejam ratões!
> Nem com coco! nem com sangue!
> Nem com quinhentos milhões.[65]

O ceticismo do poeta quanto à possibilidade de saneamento do Canal do Mangue não desapareceria nem mesmo com as reformas empreendidas por Pereira Passos, pois defendia uma solução mais radical.

> Desde que me conheço, nunca deixei de amaldiçoar aquele comprido e estreito pântano que se estende pela Cidade Nova como uma imensa lombriga asquerosa. O meu desejo, o meu grande, o meu ardente dese-

---

65 Y. *Gazeta de Notícias*. Rio de Janeiro, 9 dez. 1900, p.1, 7ª col.

jo, sempre foi que o aterrassem, que lhe entupissem as entranhas, que lhe sufocassem a alma nojenta debaixo de toneladas de terra. Mas não houve quem quisesse prestar esse serviço à cidade... Quiseram aformosear e sanear o maldito – como se houvesse força humana ou divina capaz de tornar belo e agradável o que nasceu para ser hediondo e cheirar mal!⁶⁶

Malgrado alguns posicionamentos elitistas que adotou em suas crônicas, Bilac, no plano internacional, defendeu causas as mais justas e humanitárias, como a do povo *boer*, agredido em sua soberania pela ganância do colonialismo inglês, interessado no ouro e no diamante existentes no território do Transvaal. Reproduz-se a seguir uma das muitas epigramas endereçadas aos ingleses, quando os bôeres procuravam resistir por meio de uma encarniçada tática de guerrilhas.⁶⁷

"LONDRES, 26. – Foi dado à publicidade o relatório da diretoria das prisões, pelo qual se demonstra que a criminalidade tem diminuído constantemente em todo o Reino Unido."

(Telegr. de ontem.)

Diminuiu? não duvido...
Creio bem que ela, afinal,
Saindo do Reino Unido,
Passasse para o Transvaal...⁶⁸

---

66 B. [Olavo Bilac]. Registro. *A Notícia*. Rio de Janeiro, 15 fev. 1907, p.2, 1ª col.
67 Havia uma razão patriótica para Bilac aborrecer os ingleses, cuja voracidade colonialista já fora sentida em território brasileiro. "... apreciei o caso do Transvaal. Os beliscões, que a astuta Inglaterra recebeu nesse conflito, foram particularmente agradáveis à gente brasileira. Estamos ainda com aquela cousa da Trindade no ar. Ainda não sabemos se os caranguejos da ilha voltarão a ser nossos, ou se, convertidos ao protestantismo, irão aumentar as inumeráveis multidões dos súditos da graciosa Vitória". BELSEBUTH. *A Bruxa*. Rio de Janeiro, n.1, 7 fev. 1896, p.6.
68 Y. *Gazeta de Notícias*. Rio de Janeiro, 27 set. 1901, p.1, 7ª col.

As críticas que Bilac fez à Inglaterra durante esse conflito demonstraram que a admiração do poeta pela civilização européia não era incondicional nem irrefletida. Embora apreciasse e difundisse nos trópicos a cultura dos países considerados civilizados, o cronista não apoiava a violência cometida contra outros países pelas potências européias.

> os crimes que a fome do ouro faz cometer por este ou aquele indivíduo, são cometidos às ocultas e são reprovados, e verberados, e castigados pela sociedade. Os crimes que a sociedade não reprova nem castiga, são aqueles que ela própria comete, embrulhada nessa capa de salteador que se chama o *interesse da civilização*, e posta por trás desse escudo que a gente vagamente conhece pelo nome de *razão de Estado*.[69]

Mas ainda havia mais uma razão não confessada para que o poeta criticasse a Inglaterra: sua admiração pela França, que procurava agregar sob sua liderança os países latinos, invocando a origem comum na civilização greco-romana, com o objetivo de contrapor-se aos rivais imperiais anglo-prussianos.[70]

Os monarquistas eram um dos principais alvos das sátiras de Olavo Bilac, que, tendo combatido o antigo regime, não tolerava os que pela imprensa e por meios "subversivos" lutavam para restaurá-lo. Muitas vezes os sebastianistas, como eram jocosamente chamados pelo poeta, conspiravam com o apoio de grupos republicanos descontentes.[71]

Em janeiro de 1901, mês em que a cidade enfrentou uma greve dos cocheiros, correu pela capital da República o boato de que, no dia 23, haveria um grande levante monarquista apoiado por forças de terra e mar. Dada a falsidade do alarme, Bilac aproveitou a oportunidade para zombar dos que ainda sonhavam com a restauração monárquica.

---

69 Crônica. *Gazeta de Notícias*. Rio de Janeiro, 8 out. 1899, p.1, 3ª col.
70 NEEDELL, J. D. *Belle époque tropical*. Op.cit., p.234-5.
71 Cf. JANOTTI, M. de L. M. *Os subversivos da República*. São Paulo: Brasiliense, 1986, p.9.

A Conspiração

Temos a casa vazia!
Toda esta população
Saiu daqui, no outro dia,
Para uma conspiração...

Todos, um moço, outro velho,
Mas todos, sem exceção.
Uns com carta de conselho,
Outros com tocha na mão;

Estes, com eira e com beira,
Aqueles, sem um tostão,
Mas todos (que pagodeira!)
Amando a conspiração...

Malucos! voltai à casa!
Para quê tanta ilusão?
Tendes o cérebro em brasa?
Quereis uma ducha, não?

Voltai! a casa vazia
Chora tanta ingratidão...
Não nos deixeis mais um dia
Por uma conspiração!

Voltai à tranqüilidade!
Aqui, na antiga mansão,
Vós matareis a saudade
De El-Rei Dom Sebastião![72]

 Deve-se observar que esse texto estabeleceu claramente as circunstâncias da enunciação. Dentro da imaginária Casa de Doidos, o poeta fez o apelo aos monarquistas em nome da "instituição". Nessa e em outras sátiras, percebe-se que Bilac sempre soube explorar de forma pertinente as potencialidades expressivas das rubricas e *personae* adotadas.

---

72 PUCK. A conspiração. *Gazeta de Notícias*. Rio de Janeiro, 27 jan. 1901, p.1, 8ª col.

A sátira atacava dois tipos de simpatizantes do antigo regime: os que desfrutaram das benesses da monarquia (da qual recebiam o título honorífico de *Conselheiro*) e não puderam, por diversos motivos, ser assimilados pela República, e os que, vivendo em condições de extrema miserabilidade no período republicano, suspiravam nostalgicamente pelos "bons tempos" do imperador. A todos esses Bilac só poderia considerá-los loucos, embora formassem um grupo político atuante. A imparcialidade, a moderação e a justiça não são qualidades salientes do poeta satírico, que vê:

> Not the truth, but one aspect of the truth; not the whole man, but one side of him. He is the advocate pleading a cause, and to secure our agreement he is prepared to ignore much of the evidence and exaggerate the rest. The satirist proceeds characteristically by drastic simplification, by ruthlessly narrowing the area of vision, by leaving out of account the greater part of what must be taken into consideration if we are to realise the totality of a situation or a character. In its extremest form we usually call this process caricature.[73]

O menoscabo do poeta contrastava com o superdimensionamento do potencial subversivo dos monarquistas pelas autoridades republicanas, para quem o grupo era, na verdade, um inimigo muito conveniente que sempre poderia ser responsabilizado pela instabilidade política e social do novo regime.[74] A sátira bilaquiana, portanto, atingia não só os conspiradores mas também, de certa maneira, os que esbravejavam contra o "perigo monarquista".[75]

Não obstante, o nome entre carinhoso e jocoso que Bilac atribuía à Capital Federal – Sebastianópolis[76] – servia para associar a cidade

---

73 SUTHERLAND, J. *English Satire.* Op.cit., p.15-6.
74 JANOTTI, M. de L. M. *Os subversivos da República.* Op.cit. p.11.
75 Os monarquistas foram um inimigo útil para a República, pois poderiam, quando isso se fizesse necessário, desempenhar o papel de bode expiatório para os percalços do novo regime. Cf. JANOTTI, M. de L. M. *Os subversivos da República.* Op.cit., p.11.
76 Note-se que o cronista Olavo Bilac aprovava a denominação oficial da cidade. "O nome de Rio de Janeiro é eufônico, é suave, é lindo: e, além disso, já ganhou raízes inabaláveis e profundas no coração da nossa raça." B.[Olavo Bilac]. Registro. *A Notícia.* Rio de Janeiro, 10 jan. 1903, p.2, 1ª col.

de São Sebastião ao Antigo Regime, oficialmente católico, cujo padrão arquitetônico e urbanístico sobreviveu por muitos anos do regime republicano, e aos monarquistas, que sonhavam com um novo D. Sebastião que pudesse restaurar o Império.

A "Casa de Doidos" encerrou suas atividades em 28 de fevereiro de 1903, quando as picaretas regeneradoras de Pereira Passos davam os primeiros golpes na face colonial de Sebastianópolis.[77]

Um poeta politizado

Ao contrário dos poemas satíricos publicados esporadicamente ao sabor da indignação, a sátira diária era escrita em razão de um compromisso profissional. A seção humorística necessitava todos os dias de material inédito. Talvez por isso, a paródia jornalística e a crítica da imprensa tenham-se revelado altamente produtivas pelo fato de oferecerem os periódicos assuntos atuais e de conhecimento geral, o que facilitava a comunicação entre poeta e leitor.

O poeta esforçava-se por manter certo decoro de salão em suas sátiras, cuja *indireta* revestia a licenciosidade de certas anedotas e a virulência de algumas críticas com o véu eufemístico das alusões oblíquas e da linguagem cifrada.

Mesmo quando essa compostura estudada fosse momentaneamente abandonada, havia uma última salvaguarda para que ninguém se sentisse ofendido; as palavras maliciosas e ferinas do poeta deveriam ser recebidas com a mesma complacência com que se ouvem as malcriações de um menino mimado ("O Filhote"), os desatinos de um adulador ignorante ("O Engrossa") e os disparates de um louco ("Casa de Doidos").

---

77 Pouco mais de um mês depois, Bilac louvou efusivamente o trabalho de reforma urbana, que derrubava os primeiros prédios. "Vibrai, feri, exterminai, demoli, trabalhai e cantai sem descanso, picaretas sagradas! cada golpe dos vossos é uma bênção e uma redenção! abri caminho à luz, rasgai estradas ao ar, arrasai os pardieiros em que se alaparda a nossa vergonha! – e benditas sejais, por toda a eternidade, picaretas implacáveis, exterminadoras do nosso opróbrio!" B. Registro. *A Notícia*. Rio de Janeiro, 17 abr. 1903, p.2, 2ª col.

A SÁTIRA DO PARNASO   199

Com seus "heterônimos" satíricos, o poeta procurou marcar e preservar sua dignidade de homem superior por sua cultura e maneiras civilizadas, que não poderia ser maculado no abnegado afã de corrigir os habitantes grosseiros, ignorantes e corruptos do Rio de Janeiro, verdadeiros obstáculos ao progresso material e espiritual da cidade.[78] Os governantes incompetentes e fisiológicos impediam as reformas que poderiam eliminar a insalubridade e o feio aspecto colonial da cidade, dotando-a de largas avenidas e construções modernas; a polícia incompetente e corrupta comprometia a ordem e a segurança públicas, em franca negação de seu discurso oficial, que considerava a "missão policial" uma "missão civilizadora";[79] os medíocres políticos cariocas, obcecados pelo poder e suas vantagens, não se dedicavam à tarefa de reurbanização e saneamento da cidade, que o poeta considerava de fundamental importância; os monarquistas representavam o que havia de mais reacionário na sociedade carioca, pois defendiam a restauração de um regime que o poeta acusava de ser um dos responsáveis pelo caos urbano. Leiam-se, a este propósito, as lamentações que Bilac escreveu no início de 1902.

O Império tinha aqui o seu coração: aqui residia o Imperador, aqui morava a corte, aqui se concentrava toda a energia vital da nação, daqui partia o sangue que ia alimentar todo o organismo brasileiro: e, em quase um século de domínio, o Império não cuidou uma só vez de sanear, de limpar, de salvar da imundície e do opróbrio a sua capital.[80]

Mas o poeta não eximia de culpa o novo regime, que ainda não adotara soluções para os velhos problemas da cidade.

---
78 Quando tratar do negócio "sujo" da política, o satírico deve entregar-se de forma decidida ao seu tema "impuro", mas preservando certa pureza de atitude com seu distanciamento estético das vulgaridades e da estupidez da batalha. Cf. HODGART, M. *La sátira*. Trad. de Angel Guillén. Madrid: Guadarrama, 1969, p.31.
79 SOIHET, R. *Condição feminina e formas de violência*. Mulheres pobres e ordem urbana: 1890-1920. Rio de Janeiro: Forense Universitária, 1989, p.15.
80 B. [Olavo Bilac]. Registro. *A Notícia*. Rio de Janeiro, 20 jan. 1902, p.2, 1ª col.

Veio a República: o Rio de Janeiro cuidou que, com a sua autonomia, chegara também a sua felicidade, mas não tardou muito o desengano... No Império e na República, esta cidade tem sido a enjeitada miserável que dá ao país todo o seu trabalho, e nada recebe dele em troca disso. Quando se trata de penar e sofrer, é o Rio de Janeiro quem mais pena e sofre: aqui rebentam as revoluções, aqui chovem as balas, aqui florescem os estados de sítio, aqui medram os impostos, aqui repercutem todos os desastres. Quando se trata de gozar, tudo é pouco para as outras cidades que se lavam, que se penteiam, que se arreiam de jóias.[81]

Por muitos anos, a autonomia do Distrito Federal foi a causa de muitos conflitos políticos, porque o poder central pretendia controlar sua capital enquanto as lideranças locais não abriam mão de seu poder político. Em suas crônicas, Bilac combateu a "politicagem" dos que defendiam a autonomia em nome do povo e criavam exasperantes *embaraços* para as picaretas regeneradoras de Pereira Passos.

O Povo!... Ainda hoje, quatro conselheiros municipais, em manifesto vibrante de ardor, declaram pelo *Jornal* que estão e estarão sempre ao lado do Povo, – e que, por isso, não darão o seu voto aos projetos *draconianos* do prefeito. O "draconismo" do prefeito consiste nisto: querer alargar e calçar as ruas, querer limpar a cidade, querer transformar esta rival de Fez numa capital decente. E, como tudo isso é um atentado ao Povo (com um *P* bem grande!), os conselheiros municipais juraram guerra de morte ao Dracon da Prefeitura![82]

Bilac abominava o despudorado loteamento de cargos praticado pelos políticos cariocas. Contemplando o descalabro administrativo e o abandono da cidade, Bilac passou a nutrir profundo desprezo pela mesquinha política municipal. O ex-adversário do ditador Floriano Peixoto apoiou a administração autoritária do prefeito Pereira Passos, que, para sua satisfação, punha fim às velhas mazelas do Rio de Janeiro.

---

81 B.[Olavo Bilac]. Registro. *A Notícia*. Rio de Janeiro, 20 jan. 1902, p.2, 1ª col.
82 B. [Olavo Bilac]. Registro. *A Notícia*. Rio de Janeiro, 8 dez. 1903, p.2, 1ª col. Grifos do autor.

4
BILAC E A DAMA COR-DE-ROSA

Um empreendimento ousado

No dia 17 de setembro de 1894, começou a circular no Rio de Janeiro um novo jornal da tarde, *A Notícia*, dirigido por Manuel Jorge de Oliveira Rocha, o Rochinha. Não era o primeiro vespertino que procurava conquistar o público leitor carioca, pois já fora precedido, por exemplo, pela *Gazeta da Tarde*, de Ferreira de Menezes (1845-1881), e por *Novidades*, de Alcindo Guanabara (1865-1918). Esses jornais, entretanto, estavam a serviço de facções políticas; suas matérias originais eram os artigos e editoriais, sempre incandescentes, uma vez que as notícias eram, sem nenhum pudor, aproveitadas das folhas da manhã. Ousada, a nova folha da tarde procurou ser fundamentalmente um órgão de informação, ostentando um "noticiário abundante *e de primeira mão*".[1] O principal objetivo do jornal era antecipar-se aos concorrentes, noticiando fatos que por eles só seriam divulgados no dia seguinte.[2] O fato de ser composto mais tarde per-

---
[1] SANTOS, J. dos [pseudônimo de Medeiros e Albuquerque]. Crônica literária. *A Notícia*. Rio de Janeiro, 17 set. 1902, p.2, 1ª col. Grifos do autor.
[2] Segundo o testemunho de um redator anônimo, a velocidade era espantosa. "... a imprensa da tarde hoje é a mais perfeita possível, dada a exigüidade do tempo

mitia-lhe inclusive publicar telegramas, grande novidade tecnológica, com a mesma data da edição. O cabeçalho, aliás, trazia, além da data real, a data do dia seguinte, talvez como um modo de alertar o leitor sobre a "validade" da edição. Se em termos jornalísticos a estratégia era eficiente, mostrava-se comercialmente muito arriscada, pois elevava de maneira exponencial os gastos da empresa com pessoal.[3] Com o sucesso do empreendimento, aos demais vespertinos não restou outra alternativa a não ser seguir os passos d'*A Notícia*.

Surgida numa época em que florianistas, jacobinos e monarquistas garantiam a agitação política nas ruas e em que até mesmo o *establishment* dividia-se encarniçadamente entre gliceristas[4] e aliados do presidente Prudente de Morais, *A Notícia* procurou fazer da *moderação* sua principal característica, mantendo no "terreno escabroso da política", segundo Alberto Torres (1865-1917), um de seus redatores, "a calma e a educação de meninas".[5]

Com essa índole "feminil", o jornal de Rochinha procurava conquistar os leitores que apreciavam "a opinião calma, correta e serenamente dita".[6] Com uma tiragem de 15 mil exemplares, *A Notícia* era lida por aqueles homens respeitáveis que, no fim de um dia de trabalho, à espera da refeição ou a bordo do *bond* ou da barca, procuravam inteirar-se dos principais fatos do dia. Por isso, o jornal não

---

em que é feita, e as suas notícias são tão recentes, às vezes de cinco minutos antes, que sucede, em casos de assassinato ou morte, por exemplo, o jornal dar a notícia, quando o cadáver da vítima ainda está quente." "A NOTÍCIA" em São Paulo. A estréia da venda avulsa – esplêndido êxito. *A Notícia*. Rio de Janeiro, 18 abr. 1906, p.3, 1ª-2ª col.

3 Era o que garantia Medeiros e Albuquerque: "Dantes, um jornal da tarde se fazia folgadamente com cinco a seis contos por mês: hoje exige mais de trinta!". SANTOS, J. dos. Crônica literária. *A Notícia*. Rio de Janeiro, 17 set. 1902, p.2, 1ª col.

4 Seguidores de Francisco Glicério, líder do Partido Republicano Federal na Câmara dos Deputados, conhecido pelo epíteto de General das 21 Brigadas por controlar as oligarquias estaduais. Fora responsável pela eleição de Prudente de Morais, com quem romperia posteriormente.

5 A. T. [Alberto Torres]. *A Notícia*. Rio de Janeiro, 17 set. 1895, p.1, 2ª col.
6 Ibidem.

podia atrasar-se, pois precisava estar às portas dos locais de trabalho antes do encerramento do expediente.[7] Segundo Alberto Torres, esses leitores ávidos por notícias, que não suportavam esperar pelas folhas da manhã, formavam "na opinião brasileira a fidalguia da inteligência e dos costumes".[8]

Talvez traduzindo simbolicamente sua moderação, mas por certo inspirando-se nos parisienses *Journal des Debats* e *Gil Blas*, *A Notícia*, a partir de 1º de julho de 1895, fez-se imprimir em um fino papel cor-de-rosa – "importado expressamente",[9] como não deixou de registrar. Provavelmente, o novo papel servia para diferenciar o jornal do Rochinha de seus concorrentes, entre os quais se contava a *Cidade do Rio*, de José do Patrocínio, que desde o dia 30 de março daquele ano publicava-se à tarde. Segundo um dos redatores do jornal, a cor do papel fazia que do Alto do Corcovado se visse que era *A Notícia* que um sujeito ia lendo no *bond* da Gávea.[10]

A diagramação também distinguia *A Notícia* dos outros jornais cariocas. Com apenas seis colunas, duas a menos que a *Gazeta de Notícias*, podia utilizar tipos graúdos, apropriados para uma leitura nos sacolejantes *bonds* ou nas residências à precária luz das velas.

No entanto, não pode ser desprezada como causa do sucesso do vespertino a qualidade da colaboração diária. O prestigiado jornalista Ferreira de Araújo, diretor da *Gazeta de Notícias*, encarregava-se do editorial; Alberto Torres redigia a crônica política; Augusto Montenegro (1867-1915) relatava as discussões parlamentares sobre

---

7 Em crônica de Bilac, o vespertino aparecia perfeitamente integrado ao cotidiano da cidade. "Eram quatro horas da tarde. Passavam homens apressados, carregando embrulhos. Os garotos apregoavam *A Notícia*. Era a hora em que se fecham os escritórios e as repartições públicas." FLAMINIO. Crônica. *A Notícia*. Rio de Janeiro, 20 maio 1898. p.2, rodapé. Segundo o editorial de lançamento de um concorrente, uma folha da tarde deveria estar nas ruas às 15 horas. Após as 18, nada mais se vendia. O FILHOTE. *O Filhote*. Rio de Janeiro, 31 maio 1897, p.1, 1ª col.
8 A. T. [Alberto Torres] *A Notícia*. Rio de Janeiro, 17 set. 1895, p.1, 2ª col.
9 *A Notícia*. Rio de Janeiro, 1º jul. 1895, p.1, 1ª col.
10 F. [Ferreira de Araújo]. A Notícia. *A Notícia*. Rio de Janeiro, 17 set. 1895, p.1, 1ª col.

as finanças e o orçamento do país; Medeiros e Albuquerque discorria sobre questões científicas e Figueiredo Coimbra procurava divertir o leitor com seus ferinos "Diálogos". Bilac publicava suas crônicas três vezes por semana.

A colaboração semanal também era excelente. Lia-se nas segundas-feiras a "Semana literária", de Valentim Magalhães (1859-1903); nas terças, as "Reminiscências políticas", de Anapurus, pseudônimo de Alfredo d'Escragnolle Taunay (1843-1899); nas quartas, o folhetim ilustrado de Julião Machado; nas quintas, "O teatro", de Arthur Azevedo; nas sextas, as "Notas de um simples", crônicas de Figueiredo Coimbra; e, nos sábados, fechando a semana, uma vez que o jornal não circulava aos domingos, a crônica de Lulu Senior, pseudônimo de Ferreira de Araújo.

Entre os colaboradores eventuais, contavam-se, entre outros, os nomes de José Avelino, Capistrano de Abreu, Mello Moraes (1844-1919), Aluísio Azevedo, que publicou em folhetins parte d'*O livro de uma sogra* (1895), Gastão Bousquet (1870-1918) e Figueiredo Pimentel (1869-1914).

Esse era o quadro de colaboradores d'*A Notícia*, formado por Manuel da Rocha, por volta do primeiro aniversário do vespertino. Com o passar dos anos, mortes e desentendimentos entre seus componentes[11] alteraram-no sensivelmente. Colaboraram posteriormen-

---

11 Por causa da indelicadeza de Max (pseudônimo de Medeiros e Albuquerque), responsável pelos "Ecos", *A Notícia* perdeu um de seus principais colaboradores, Ferreira de Araújo, que, em meados de novembro de 1896, deixou o jornal após uma colaboração de pouco mais de dois anos. Os dois jornalistas discordaram a respeito da rejeição no Conselho de Intendentes de emenda ao Orçamento que autorizava o Executivo a contrair empréstimo e a criar impostos sobre aluguéis e consumo de água para financiar o saneamento da cidade. Para Max, a rejeição da emenda fora "uma vantagem para a população"; para F., simplesmente atendera aos interesses escusos do Triângulo, grupo político que dominava o legislativo municipal. Seria apenas uma divergência de opiniões se Max não afirmasse posteriormente que o texto publicado nos "Ecos" representava "... a opinião editorial da direção da folha. O que escreveu F. é a sua opinião pessoal ...". ECOS. O saneamento. *A Notícia*. Rio de Janeiro, 14 nov. 1896, p.1, 2ª col. Ferreira de Araújo, sentindo-se desprestigiado e ofendido com as palavras de Max, deixou o jornal. Embora breve, a contribuição do eminente

te com *A Notícia* Luís de Castro (1863-1920), João do Rio, pseudônimo de Paulo Barreto, Vieira Fazenda (1847-1917) e Coelho Neto, entre outros intelectuais de prestígio.

A exemplo de Medeiros e Albuquerque, o "pulmão" do jornal, que se desdobrava em várias seções, dois outros intelectuais mantiveram seus postos durante longos anos. Bilac, enquanto esteve vinculado ao jornalismo, permaneceu fiel à sua "dama cor-de-rosa",[12] e Arthur Azevedo sustentou sua coluna até a morte. Segundo o próprio comediógrafo, "O teatro" teria sido responsável pela encampação, por parte das autoridades municipais, do projeto de construção do Teatro Municipal.[13]

A despeito de sua autoproclamada moderação, *A Notícia* viu-se envolvida no trágico episódio do suicídio de Raul Pompéia. Em abril de 1895, Carlos Dias (1875-1941), responsável pela crônica literária, referiu-se a um suposto roubo de autógrafos na Biblioteca Nacional, então dirigida pelo autor d'*O Ateneu*. Teriam sido arrancadas as primeiras páginas de livros pertencentes ao imperador.[14] Dias

---

jornalista deve ter favorecido a aceitação do vespertino. É o que se deduz de uma crônica de Artur Azevedo: "A pena ilustre de Ferreira de Araújo, que satisfaz a todos os paladares, contribuiu poderosamente para vulgarizar a *Notícia*, levando-a a todas as camadas da população. F. ou Lulu Senior é tão lido nos salões de Botafogo como nos cortiços da Cidade Nova". A. A. O teatro. *A Notícia*. Rio de Janeiro, 19 set. 1895, p.1, rodapé.

12 O poeta atribuiu esse epíteto ao jornal no dia de seu sexto aniversário. B. [Olavo Bilac] Registro. *A Notícia*. Rio de Janeiro, 17 set. 1900, p.2, 1ª col.

13 Sem modéstia, Artur Azevedo assim avaliou a sua contribuição: "... os meus folhetins foram a origem não só de todo esse movimento de simpatia que se formou em volta da idéia do teatro Municipal, mas do próprio Municipal [cuja construção já se decidira], movimento considerabilíssimo se o comparamos à inércia, à indiferença, à esmagadora apatia dos outros tempos." A. A. [Artur Azevedo]. O teatro. *A Notícia*. Rio de Janeiro, 22 set. 1898, p.2, rodapé.

14 C. D. [Carlos Dias] discorria sobre autógrafos e os altos valores que se pagavam por eles, quando resolveu tratar de negócios locais. "Entre nós, o Sr. Max Fleiuss dá como prêmios, em concursos literários da *Semana*, autógrafos de Machado de Assis... Financeiro!... Eu sei de quem os arranjou de primeira ordem, Hugo, Renan, Herculano, D. Luís, Castellar e muitos outros, rasgando a primeira folha a muitos livros da Biblioteca Nacional, quando o espólio do imperador jazia amontoado numa sala do 2º andar." Crônica literária. *A Notícia*. Rio de Janeiro, 16 abr. 1896, p.1, rodapé.

depois, uma nota da redação esclarecia que, segundo declaração do cronista, o furto não fora cometido durante a administração de Raul Pompéia.[15] A uma pessoa sensível e exaltada como o romancista, o desmentido talvez não tenha satisfeito inteiramente.

Após esse episódio, Raul Pompéia discursou à beira do túmulo de Floriano Peixoto, de quem era seguidor fanático, exaltando o morto em detrimento de Prudente de Morais, presente ao sepultamento, que foi realizado no dia 6 de julho de 1895. A posterior demissão do romancista da diretoria da Biblioteca Nacional tem sido corretamente atribuída à sua imprudente oração.[16] No entanto, é bem possível que, na ocasião, maldosos ou mal informados tenham-se lembrado do caso dos autógrafos como uma das possíveis causas da exoneração.

Em dezembro do mesmo ano, Raul Pompéia teria procurado *A Notícia* para iniciar uma colaboração, que lhe era proposta desde a estréia do jornal.[17] Sua primeira resenha saiu à luz no dia 12. Dias depois, chegava à redação um segundo texto, que, entretanto, só foi publicado, contrariando vontade expressa pelo autor pouco antes da tragédia,[18] *no dia seguinte ao suicídio*. Em pedaço de papel, deixara o romancista as seguintes palavras: "À *Notícia* e ao Brasil declaro que sou um homem de honra".[19]

Evidentemente, não se pretende aqui culpar o jornal pelo lamentável acontecimento. Mas não se pode deixar de reconhecer que,

---

15 Cf. A BIBLIOTECA Nacional e a crônica literária. *A Notícia*. Rio de Janeiro, 18 abr. 1895, p.1, 6ª col.
16 Cf. BROCA, B. *Raul Pompéia*. São Paulo: Melhoramentos, s.d. p.69. Idem. *Naturalistas, parnasianos e decadistas*. Campinas: Ed. da Unicamp, 1991, p.146.
17 Cf. RAUL P. *A Notícia*. Rio de Janeiro, 26 dez. 1895, p.1, 5ª col.
18 No dia da tragédia, Pompéia dirigiu ao jornal a seguinte carta: "À ilustrada redação da *Notícia*: / Cumpro o dever de comunicar que, não havendo sido publicado o segundo artigo da minha colaboração, aceito aliás em termos benévolos, considero como sem efeito essa aceitação e agradeço a inserção do primeiro. / 25 dez. 1895. Raul Pompéia". *A Notícia*. Rio de Janeiro, 28 dez. 1895. p.1, 4ª col. Nos últimos dias, o romancista "queixava-se do pouco caso de toda a gente" e do pouco caso d'*A Notícia* "para com os seus artigos". RAUL P. *A Notícia*. Rio de Janeiro, 26 dez. 1895, p.1, 5ª col.
19 RAUL, P. *A Notícia*. Rio de Janeiro, 26 dez. 1895, p.1, 5ª col.

para uma personalidade delicada e suscetível,[20] um aparente insucesso literário, coroando um ano de tantas e tão dolorosas mágoas,[21] poderia ter sido o suficiente para inspirar um ato desesperado.

Bilac e *A Notícia*

Bilac dedicou-se ao vespertino *A Notícia* com a mesma intensidade com que trabalhou para a *Gazeta de Notícias*. Não havia incompatibilidade entre as duas atividades, pois o jornal da tarde era preparado pela manhã[22] e o matutino era redigido e composto a partir do fim da tarde da véspera, mantendo a possibilidade de noticiar fatos ocorridos nas primeiras horas da madrugada.

Apesar de manter uma colaboração freqüente no período de 1894 a 1898 e de sustentar uma coluna diária de 1899 a 1908, Bilac não publicou n'*A Notícia* poemas satíricos em grande quantidade; o poeta foi mais pródigo com a *Gazeta de Notícias*. Talvez a sátira, por

---

20 Segundo *A Notícia*, Pompéia, dias antes do suicídio, teria dito a Figueiredo Coimbra que um dos seus "Diálogos" conteria alusões à sua pessoa. Cf. RAUL Pompéia. *A Notícia*. Rio de Janeiro, 26 dez. 1895, p.1, 5ª col. Ao jornal, possivelmente interessado em eximir-se de responsabilidades pelo desastre, era muito conveniente insistir na tese do "estado de exaltação".

21 Em abril de 1895, o volume VII dos *Anais* da Biblioteca Nacional, publicado durante a administração de Raul Pompéia, foi duramente criticado na *Revista Brasileira* por José Veríssimo, que lhe apontou erros e lacunas sensíveis. Em maio do mesmo ano, a *Revista* publicou carta do autor d'*O Ateneu* em que este se queixava da "injustiça" e do "inesperado rigor" da crítica. BROCA, B. *Naturalistas, parnasianos e decadistas*. Campinas: Ed. da Unicamp, 1991, p.154-8. Em dezembro, Pompéia leu artigo, publicado no *Comércio de São Paulo* dois meses antes (16 out. 1895), no qual Luís Murat criticara áspera e impiedosamente o seu discurso em honra de Floriano Peixoto. O título não deixava dúvidas sobre a avaliação que o poeta fazia do episódio: "Um louco no cemitério". Sentindo-se profundamente ofendido em sua honra, Pompéia tentou, sem sucesso, publicar réplica no *Jornal do Comércio*. BROCA, B. *Raul Pompéia*. São Paulo: Melhoramentos, s.d. p.71-3. Ver a íntegra do artigo de Murat em: PONTES, E. *A vida inquieta de Raul Pompéia*. Rio de Janeiro: José Olympio, 1935, p.278-81.

22 Bilac assim encerrou uma de suas crônicas: "Até outro dia! vou almoçar...". FLAMINIO. Crônica. *A Notícia*. Rio de Janeiro, 16 mar. 1898, p.2, rodapé.

definição crítica e impiedosa, fosse incompatível com a alardeada moderação da folha cor-de-rosa. Para o vespertino, o poeta criou diversas seções de crônicas.

A coluna "Fantasia", assinada pelas iniciais O. B., foi publicada três vezes por semana, em dias variados, de 7 de agosto de 1895 a 18 de fevereiro de 1897. Boa parte dos poemas satíricos veio à luz sob essa rubrica.

De 9 de junho de 1897 a 27 de julho de 1898, Bilac enfeixou seus textos, assinados geralmente com o pseudônimo Flaminio e publicados no rodapé da segunda página, sob a epígrafe "Crônica".

Durante um ano e um dia, de 5 de junho de 1899 a 5 de junho de 1900, o poeta tornou-se um pertinaz consulente de velhos alfarrábios,[23] de onde retirava matéria-prima para escrever sua seção diária "A data", publicada na primeira coluna da segunda página e assinada com a inicial B. A tarefa do cronista era rememorar fatos históricos ocorridos na data de cada edição. Mas muitas vezes essa visita ao passado servia de pretexto para tratar dos problemas do presente. A fórmula agradou ao público leitor.[24]

Em 6 de agosto de 1900, teve início uma coluna diária, assinada com a inicial B., que seria mantida regularmente na primeira coluna da segunda página até 12 de novembro de 1908. Em seu "Registro" diário, Bilac tratou das mais variadas questões, muitas das quais também inspiraram poemas satíricos. Por isso, a leitura desses textos muito contribui para a interpretação da poesia satírica bilaquiana.

As freqüentes viagens do poeta não interromperam o cotidiano "Registro", cujos textos eram enviados à redação do jornal pelos Correios. A passagem por outras cidades levou o cronista a compará-las com sua cidade natal. Para Bilac, a cidade de Buenos Aires, saneada, arborizada e dotada de largas avenidas perfeitamente calçadas, era a prova viva de que era possível reformar o Rio de

---

23 Cf. B. [Olavo Bilac] A data. *A Notícia*. Rio de Janeiro, 27 jun. 1899, p.2, 1ª col.
24 Ao menos, era o que garantia o jornal. "Raras seções d'*A Notícia* têm tido o sucesso da *Data*, que ontem terminou." *A Notícia*. Rio de Janeiro, 6 jun. 1900, p.1, 2ª col.

Janeiro.[25] O exemplo de São Paulo era com freqüência lançado à face das autoridades cariocas,[26] que, segundo o cronista, deveriam envergonhar-se da rapidez com que os paulistanos faziam de sua cidade um modelo de salubridade e organização.[27] Até mesmo a pequena Campinas humilhava a Capital Federal,[28] pois pusera fim à febre amarela com simples mas eficientes medidas de saneamento.[29]

Porém, de todas as cidades conhecidas por Bilac, nenhuma superava Paris, que o poeta visitou pela segunda vez em 1904 e de onde remetia suas crônicas, em que expressou seu encantamento com as belezas da cidade,[30] com a intensidade da sua vida intelectual,[31] com o grande teatro da Comédie Française[32] e com a difusão da alfabetização.[33]

Finalmente, entre as seções de crônicas bilaquianas, é preciso citar as efêmeras colunas semanais "Os sete dias", publicada de 6 de julho a 7 de setembro de 1901, e "Conversando...", publicada de 18 de março a 13 de maio de 1905 para cobrir a lacuna deixada por viagem de Medeiros e Albuquerque à Europa. Todos esses textos, colocados no alto da terceira página, eram assinados por L. Flaminio.

A voz dos monumentos

Na coluna de crônicas "Fantasia", Olavo Bilac publicou seis poemas, cinco dos quais satíricos. Sob essa rubrica, estampou-se o poema "In extremis",[34] reunido depois no livro *Alma inquieta* (1902).

---

25 B. [Olavo Bilac]. Registro. *A Notícia*. Rio de Janeiro, 21 ago. 1900, p.2, 1ª col. Ibidem, 3 set. 1900, p.2, 1ª col.
26 Ibidem, 3 jan. 1902, p.2, 1ª col.
27 Ibidem, 19 fev. 1902, p.2, 1ª col.
28 Ibidem, 18 mar. 1902, p.2, 1ª col.
29 Ibidem, 19 fev. 1902, p.2, 1ª col.
30 B. [Olavo Bilac]. Registro. *A Notícia*. Rio de Janeiro, 13 jun. 1904, p.2, 1ª col.
31 Ibidem, 6 jul. 1904, p.2, 1ª col.
32 Ibidem, 30 set. 1904, p.2, 1ª col.
33 Ibidem, 15 jun. 1904, p.2, 1ª col.
34 B. [Olavo Bilac]. *A Notícia*. Rio de Janeiro, 13 dez. 1895, p.1, 3ª col.

Os textos satíricos eram *cenas* introduzidas e encerradas por rubricas em que o poeta descrevia o cenário, definia a iluminação e estabelecia a marcação, ou seja, a posição dos atores. Em quatro cenas, a marcação era sempre a mesma, pois as personagens dramáticas eram rígidas estátuas que monologavam, expressando as mais variadas queixas. Nesses textos, que faziam justiça à rubrica sob a qual eram publicados, evidenciava-se um elemento fundamental de toda sátira verdadeira: a *indireta* sob a forma de fantasia, que, para proporcionar prazer ao leitor e, assim, tornar mais eficaz o ataque agressivo, expressa uma visão fantástica do mundo.[35]

Na Travessa das Belas Artes, João Caetano (1808-1863) reclamava entediado da solidão e de sua lamentável aparência estatuária.

> Fiz na vida real mais do que fiz nos dramas:
> Semimortas de amor, atrizes e madamas
> Vi, rojando aos meus pés, debulhadas em choro!
> Belo e forte, fui rei na troça e no namoro...
> E, ai de mim! que tão feio e tão atarracado
> Vim a vida acabar, neste beco plantado![36]

Bilac fez o grande ator reclamar da homenagem porque havia muito pedia às autoridades a mudança das instalações da Escola de Belas Artes, que, segundo o poeta, naquele beco estava muito mal instalada, colocando em risco a saúde de alunos e professores e a conservação do acervo.

No Largo do Rocio, D. Pedro I, montado em seu cavalo de bronze, chorava a solidão de uma madrugada chuvosa.[37] O texto aludia à prisão de José Marques Pereira Santos, um bêbado que se dignou a conversar com a estátua moldada por Louis Rochet.[38]

---

35 Cf. HODGART, M. *La sátira*. Trad. de Angel Guillén. Madrid: Guadarrama, 1969, p.11.
36 O. B. [Olavo Bilac]. Fachadas brancas! luar de gelo! nuvens frias! *A Notícia*. Rio de Janeiro, 14 set. 1895, p.1, 4ª col.
37 Ibidem. Duas horas! E chove! E troveja! E faz frio! *A Notícia*. Rio de Janeiro, 8 nov. 1895, p.1, 4ª col.
38 B. [Olavo Bilac]. A data. *A Notícia*. Rio de Janeiro, 30 mar. 1900, p.2, 1ª col.

A SÁTIRA DO PARNASO   211

A causa do desconforto do conselheiro Manuel Buarque de Macedo (1837-1881), colocado na estação das Oficinas da Estrada de Ferro Central do Brasil, era outra. O célebre construtor de ferrovias, de proverbial honestidade, estava exasperado com a duvidosa homenagem, que o colocara no jardim modesto de uma estação secundária, onde, apesar do pó de carvão sobre os olhos e da fumaça escura, diariamente testemunhava acidentes.[39]

Colocado no Largo do Paço, o general Osório, que já reclamara contra um pavilhão, comparava nostalgicamente o embriagador cheiro de sangue dos campos de batalha com os nauseabundos cheiros que a vizinhança do Mercado Municipal "em decomposição" lhe fazia suportar.

> Cheiro de quingombôs, de couves, de tomates,
> De alfaces, de agriões, de jilós, de abacates;
> Cheiro de peixe podre e cheiro de suor;
> Cheiro de maresia, e cheiro ainda peior:
> Cheiro de burro morto e cheiro de sentina!
> Cheiro de bacalhau! cheiro de negra-mina![40]

O cheiro de negra-mina colocado entre os piores dá muito o que pensar sobre a intensidade do preconceito racial da elite carioca, que se manifestava até mesmo num autor que fora abolicionista e se pronunciaria em textos sérios contra a discriminação de cor.[41]

---

39 O. B. [Olavo Bilac]. Quem foi que me mandou, política nefasta. *A Notícia*. Rio de Janeiro, 29 nov. 1895, p.1, 4ª col.
40 No jornal: *negra mina*. O. B. [Olavo Bilac]. Ó paquetes que entrais, paquetes que saís! *A Notícia*. Rio de Janeiro, 5 dez. 1895, p.1, 4ª-5ª col.
41 Em 1906, o cronista Olavo Bilac descobrira que a guarda civil paulistana não aceitava em suas fileiras pretos ou mulatos. Note-se como os seus comentários de então contrastariam com o tratamento que sua sátira dispensara aos negros. "Não sei quem foi o homem que assim ressuscitou em S. Paulo o 'preconceito de cor', – o mais bárbaro e revoltante de todos os preconceitos. Seja quem for, já deve estar arrependido da triste idéia que teve... / Justamente aquilo que mais honra e nobilita a civilização brasileira é a singela e admirável harmonia que ela estabeleceu entre as raças que contribuíram para a sua formação. A cor jamais impediu, no Brasil, que um homem galgasse as mais altas posições. Já no tempo

No entanto, o primeiro texto satírico publicado na coluna "Fantasia" não era o monólogo de uma estátua. Nesse *sketch*, o poeta deu voz ao parque da Praça da República, que, observado pela clássica alegoria da Morte, dialogou com quatro transeuntes.

(Meio dia. Sobre o parque da Praça da República, um sol vibrante e alegre se desfaz em dardos de fogo. Céu[42] azul, lavado, sereno. Ao longe, levanta-se a fachada da Estação da Estrada de Ferro Central. Escarranchada sobre os ombros da estátua do Progresso, de Almeida Reis, aparece lá em cima, no alto do edifício, uma hedionda figura de mulher, com um sorriso mau[43] na boca descarnada, e segurando com ambas as mãos, cujos ossos rutilam ao sol, uma grande foice recurva e afiada. Passa muita gente pela Praça — homens, mulheres e crianças — dirigindo-se à Estação. E, no parque, a verdura dos arvoredos, a água dos tanques, as pedras das grutas, a areia das alamedas — unindo as suas vozes em uma só voz ardente e clara, falam a quem passa...)

    A Voz do Parque:
Que bonito moço que ali vai chorando...
Vem para o meu seio, que é cheiroso e brando!
Caminhante moço! que destino levas?
Que melancolia assim te desfigura?

---

do Império havia no Senado homens de cor. Vários mulatos, bem pouco disfarçados, foram ministros de Estado... Foi preciso que estabelecêssemos a República e que nos entregássemos de corpo e alma ao mais democrático de todos os regímens, – para que alguém se lembrasse de excluir do seio de uma corporação os pretos e os seus descendentes! / Para honra nossa, o protesto contra essa tolice tem sido ardente e unânime. / Felizmente! seria um crime imperdoável, uma vergonha sem nome, que destruíssemos agora, por uma ridícula vaidade, a grande obra de confraternização entre as raças, que os nossos avós empreenderam e realizaram. / E que ingratidão, que hedionda e revoltante ingratidão haveria nisso! Foi o preto quem fez o Brasil. ... / Mas, nesta perseguição imoral e vergonhosa exercida contra os homens de cor em qualquer ponto do Brasil, não haveria apenas ingratidão: haveria também uma filáucia cômica. Quantos brasileiros haverá que possam jurar que são completamente, legitimamente, absolutamente brancos, com o sangue positivamente limpo de mescla africana?" O. B. [Olavo Bilac]. Crônica. *Gazeta de Notícias*. Rio de Janeiro, 21 jan. 1906, p.1.
42 No jornal: *céo*.
43 Ibidem: *máo*.

O Moço:
Pesa-me a existência! Vou sondar as Trevas!
Vou comprar bilhete para Cascadura...

A Voz do Parque:
Ó mocinha linda! cede aos meus amores!
Tenho sombras doces... passarinhos... flores...
Pálida mocinha! no verdor dos anos,
Que tristeza te enche o coração de pomba?

A Mocinha:
Já não tenho amores! tenho desenganos...
Vou tomar passagem para Maxambomba!

A Voz do Parque:
Ó velhinha triste, o meu convite escuta:
Vem dormir à sesta! vem à minha gruta!
Vive mais um pouco para os teus netinhos!
Nada mais te agrada? nada te deleita?

A Velhinha:
Já não tenho ouvidos para os teus carinhos:
Vou comprar bilhete para Cedofeita...

A Voz do Parque:
Criancinha loura! por que choras tanto?
Dentro do meu seio secarás teu pranto:
Tenho borboletas, tenho ninhos, tenho
Tanto cisne branco, tanto inseto de ouro!...

A Criancinha:
Já li Schopenhauer! Já não me contenho!
Vou tomar passagem para o Matadouro!

(*Então, a voz do parque vai desmaiando, vai desmaiando, vai desmaiando,*[44] *até morrer num longo soluço. Para a Estação da Estrada*

---

44 Idem: *vae desmaiando, vae desmaiando, vae desmaiando.*

Central continua a caminhar muita gente – homens, mulheres, crianças... De repente, ouve-se um pavoroso estrondo: houve mais um desastre na Central. E lá em cima, no alto do edifício, sobre os ombros da estátua do Progresso, escarranchada, vê-se a Morte sacudida por uma gargalhada formidável: segurando a foice recurva e afiada, os ossos dos seus dedos reluzem ao sol... E muita gente, muita gente desenganada da vida continua a correr ao bilheteiro.) – O. B.[45]

A rubrica inicial estabelecia dois pólos no cenário. O primeiro, francamente positivo, era caracterizado pela luz do sol, acentuada pelo céu limpo, e pela tranqüilidade do parque com suas árvores, lagos e grutas. O segundo era dominado por uma estereotipada alegoria da Morte, que observava toda a cena ironicamente assentada a cavaleiro sobre a figura que, colocada na fachada da estação de trens, representava o Progresso.

A Morte não falava, apenas contemplava o movimento dos passageiros que procuravam a estação. Muitos destes eram obrigados a atravessar o parque, que, motivado pelo aspecto sorumbático dessas personagens, as interpelava. Eram quatro os interlocutores do parque, representando ambos os sexos e as idades do ser humano.

O parque tentou melhorar a disposição de espírito das personagens oferecendo-lhes seus encantos: seus agradáveis perfumes, sua paz, suas plantas e animais deslumbrantes.[46] Mas cada carioca tinha seus motivos para recusar o sedutor convite. O moço estava cansado da vida; a mocinha colecionava decepções amorosas; aos exauri-

---

45 O. B. [Olavo Bilac]. Que bonito moço que ali vai chorando... *A Notícia*. Rio de Janeiro, 31 ago. 1895, p.1, 2ª col.

46 O parque da República procurava cumprir a sua função primordial. "O jardim público não deve ser um recanto lôbrego, que só propositalmente possa ser procurado pelos amigos das plantas e do sossego. O jardim público deve ser aberto, franco, risonho, oferecendo-se, impondo-se ao trânsito, forçando a atenção do transeunte, cercando-o e subjugando-o com a sua influência. Ele não deve nem pode ser um lugar de retiro e de meditação: deve ser um lugar de passagem obrigada, parte integrante da vida da cidade. Assim, a sua influência benéfica é inevitável e completa; assim, a sua sedução conquista insensivelmente as almas." B. [Olavo Bilac]. Registro. *A Notícia*. Rio de Janeiro, 29 out. 1904, p.2, 1ª col.

dos sentidos da velhinha, os atrativos do parque nada significavam; a inverossímil criancinha versada na filosofia pessimista de Arthur Schopenhauer (1788-1860) não se deteve. Todos se dirigiram convictos à bilheteria.

O texto era constituído por hendecassílabos, ou seja, versos com 11 sílabas poéticas. Bilac acentuou os chamados versos de arte maior na quinta e na décima primeira sílabas, criando um ritmo brando por meio do grande número de sílabas átonas em cada verso. A suavidade do ritmo não destoava da amenidade do parque e reforçava o caráter persuasivo do seu discurso. Nas falas dos passageiros, a brandura correspondia ao estado geral de atonia e desilusão. A maior extensão das estrofes destinadas à voz do parque favorecia seu empenho em persuadir os transeuntes. Já as estrofes menores reforçavam o caráter inabalável da decisão dos que buscavam a estação. A rima segundo o esquema *aabcbc* fazia que a réplica fosse irretorquível por ser construída com parte do discurso otimista do parque: o dístico rimava com os dois últimos versos da quadra.

A rubrica final registrou a derrota completa do parque, que se calou, e a conseqüência do embarque. Os passageiros foram vítimas de mais um desastre na Central – para gáudio da Morte, que gargalhava enquanto observava a chegada de mais "gente desenganada da vida".

O alvo da sátira não poderia ser mais evidente. Em 1895, ano de sua publicação, comprar um bilhete para Cascadura ou para qualquer outra estação equivalia, segundo o poeta, a suicidar-se.[47] Com esse texto, Bilac juntava-se ao coro dos jornalistas que reclamavam

---

47 Em crônica de 1903, quando, segundo o poeta, os acidentes da Central do Brasil tornavam-se raros, Bilac recordou-se do temor que a estrada de ferro inspirava. "Houve tempo (ainda não nos separam muitos anos dessa época maldita!) em que aquela casa do Campo de Sant'Ana era uma espécie de antecâmara da Eternidade, a sala de espera do Além, onde a gente comprava, não só bilhetes de ida e volta para pequenas excursões ao Cupertino ou ao Encantado, mas também bilhetes, só de ida, para a grande viagem à *undiscovered country* de onde nenhum viajor voltou jamais..." B. [Olavo Bilac]. Registro. *A Notícia*. Rio de Janeiro, 17 dez. 1903, p.2, 1ª col.

das condições de segurança da ferrovia. A "mania do suicídio", tema freqüente das crônicas bilaquianas, talvez tenha também inspirado a cena de suicídio coletivo.

A sátira fez que a entrada da estação se parecesse com os portais do Hades, o mundo das sombras. Os passageiros que atravessavam o parque estavam deixando a *cidade* e se dirigiam aos *subúrbios*, aos quais se chegava pela estrada de ferro. Para Bilac, a Central do Brasil talvez representasse *o fim* da cidade que ainda poderia, embora com grandes esforços, ser aproximada da civilização e *o início* da barbárie. Talvez.

Mas ainda há um aspecto do *sketch* que suscita algumas considerações. Bilac colocou no mesmo palco o *locus amoenus* e o *locus horrendus*. No entanto, o recanto aprazível não era exatamente bucólico,[48] mas urbanizado; tratava-se de um parque planejado e formado pelas mãos do homem. As árvores e o gramado foram plantados e as fontes e os tanques foram produzidos artificialmente. O jardim surgiu por iniciativa de um ministro do Império, o conselheiro João Alfredo (1835-1919), que o construiu em parte do antigo Campo de Sant'Ana ou Campo das Lavadeiras. Inaugurado em 1873, data que até hoje seus portões ostentam, era o único jardim da cidade que poderia ser exibido sem constrangimentos aos estrangeiros.[49]

O lugar tenebroso, por sua vez, estava ligado à tecnologia e à velocidade descontroladas, que se voltavam contra o homem. Ao mesmo tempo que valorizou a domesticação da natureza por meio da técnica, Bilac paradoxalmente não assimilou na sua cidade ideal o principal produto da tecnologia: a máquina. Talvez percebesse que o dinamismo e a força da máquina ameaçavam o meio urbano estável, equilibrado e harmônico com que sua estética neoclássica lhe

---

48 A paisagem ideal da antigüidade clássica é uma "amável nesga da Natureza". CURTIUS, E. R. *Literatura européia e Idade Média latina.* Trad. de Teodoro Cabral com a colaboração de Paulo Rónai. Rio de Janeiro: MEC, INL, 1957, p.193.
49 Cf. V. F. [Vieira Fazenda]. Jardim da praça da República. *A Notícia.* Rio de Janeiro, 30 set. 1895, p.1, 2ª col.

fazia sonhar. Mais tarde, o poeta mostrar-se-ia incomodado com a mais perfeita tradução da vida moderna, o automóvel, que se apresentava como a mais nova ameaça a seu sonho de uma cidade aprazível, embora a princípio houvesse considerado o novo veículo como o perfeito complemento da cidade que Pereira Passos moldava por ser "uma condução fácil, barata, elegante e agradável".[50]

Logo Bilac compreenderia que a nova máquina tomaria posse da cidade, transformando em matadouros as alamedas que julgava destinadas a passeios elegantes e conversas amenas. Pouco depois de inaugurada, a novíssima Avenida Beira-Mar já não seria um lugar seguro para pedestres.

> Já sei ... que o automóvel foi inventado para correr, e não para se arrastar. Se ele fosse inventado para ser um veículo tardígrado e descansado como o carro de bois, não valeria a pena inventá-lo. Sei isso muito bem. Mas sei também que os elegantes *chauffeurs* que, aos domingos, vão exibir na Avenida Beira-Mar os seus automóveis, estão ali a passeio, e não têm negócio nenhum a resolver entre a rua da Passagem e o morro da Viúva. Compreenderia eu muito bem que os automobilistas por ali voassem dando toda a força a todos os sessenta cavalos das suas máquinas, se tivessem de ir salvar alguém da forca, ou de ir resolver algum alto negócio do Estado, ou de ir encontrar, numa entrevista urgente, a salvação dos seus apuros de dinheiro ou de amor... Mas, não! os *chauffeurs* janotas estão ali para peraltear, para deslumbrar as moças bonitas, para fazer inveja aos peões humildes que embasbacam diante daquela novidade. ...
>
> Com mil diabos! das duas uma: ou os automobilistas ali vão para distrair-se, para gozar a delícia de um passeio elegante, para "fazer um bonito" — ou ali vão para experimentar a sensação da embriaguez e da vertigem da velocidade. No primeiro caso, moderem o seu ardor, e

---

50 Bilac chegou a pedir isenção de impostos alfandegários para os automóveis importados. B. [Olavo Bilac]. Registro. *A Notícia*. Rio de Janeiro, 10 ago. 1905, p.2, 1ª col. Consta que, alguns anos antes, Bilac destruíra em uma árvore o primeiro automóvel chegado ao Brasil. Em novela recentemente lançada, Ruy Castro relatou com bom humor o episódio. *Bilac vê estrelas*. São Paulo: Companhia das Letras, 2000, p.14-5.

sofreiem a já não sei quantos cavalos furiosos que levam no bojo das suas almanjarras devoradoras de espaço; no segundo caso, escolham outra hora para o seu exercício fantástico, tomem conta da Avenida depois da meia-noite, estraçalhem-se à vontade contra o paredão do cais, atirem-se ao mar, suicidem-se! mas não estraguem o passeio dos outros, que não vão à Avenida para comer poeira nem para perder a vida debaixo de um daqueles hipogrifos galopantes!...[51]

A história iria comprovar que os temores do poeta estavam bem fundamentados. A nova máquina tomaria conta das avenidas e modificaria a cidade de acordo com suas necessidades.[52]

Um herói de Sebastianópolis

No bojo dos textos da seção "Crônica", Olavo Bilac publicou três textos satíricos. Num soneto, a Primavera, batida pelas chuvas e pela lama da cidade, pediu abrigo ao poeta Flaminio.[53]

Em outro de seus rodapés,[54] Flaminio transcreveu "carta anônima", que, por sua vez, reproduzia o poema "A naturalização de Baco", de Fantasio, publicado na *Gazeta de Notícias*.[55] Apesar de não ser o poema inédito, sua publicação ilustrava a maneira criativa como Bilac explorava seus "heterônimos", fazendo deles personagens autônomas.

Pasmado com a façanha de Afonso Coelho, que fugira pelo teto de uma cadeia de São Paulo, Flaminio resolveu transcrever trecho de uma paródia d'*Os Lusíadas* que um poeta "de seu conhecimento" escrevera[56] para louvar os feitos do gatuno.

---

51 B. [Olavo Bilac]. Registro. *A Notícia*. Rio de Janeiro, 26 maio 1906, p.2, 2ª col.
52 KURZ, R. O crepúsculo da indústria automobilística. *Folha de S.Paulo*. São Paulo, 7 de janeiro de 2001, Mais!, p.14-5.
53 FLAMINIO. Sacerdote do Amor! abre-me a porta! *A Notícia*. Rio de Janeiro, 6 out. 1897, p.2, rodapé.
54 FLAMINIO. Crônica. *A Notícia*. Rio de Janeiro, 9 mar. 1898, p.2, rodapé.
55 Rio de Janeiro, 19 mar. 1896, p.1, 6ª col.
56 Tratava-se de um evidente recurso de disfarce da autoria.

I

Agora tu, Calíope, me ensina
O modo de cantar o ilustre Afonso:
Inspira imortal canto e voz divina,
Não em latim cerrado de responso,
Mas em linguagem clara e peregrina,[57]
Que, digna sendo do Coelho sonso,
A sua fama espalhe em toda parte,
— Se a tanto me ajudar engenho e arte!

II

Glorioso seja o ventre abençoado,
De onde veio à existência este sujeito!
Homem nunca se viu tão acabado,
Nunca se viu[58] patife tão perfeito,
Como este Afonso, que o valor ousado
Tendo claro e a fartar no ilustre peito,
Conhece o meio de alegrar a gente,
— Cousas que juntas se acham raramente.

III

Certo não faltam falsificadores,
Estradeiros de engenho extraordinário,
Pesadelos eternos dos credores,
Sacerdotes do conto do vigário,
Espantalhos cruéis dos cobradores,
— Assombros do sistema planetário:
Mas cesse quanto a antiga Musa canta,
Que outro valor mais alto se alevanta!

IV

Fadado a ser da humanidade o espanto,
Este nasceu na terra das palmeiras;

---

57 No jornal: *perigrina*.
58 Ibidem. *Homem nunca se vio tão acabado / nunca se vio*.

Do berço, ouviu dos sabiás o canto
Sobre as copas das verdes laranjeiras;
E foi tão grande, e tanto,
Que o seu nome, das praias brasileiras,
Foi derramado pela Fama clara,
— E, se mais mundo houvera, lá chegara...

V

Ah! se a mão de um soldado furibundo
Te esmagar na cadeia o altivo empenho,
— Digno de eterna pena do profundo,
(Se é justa a justa lei que sigo e tenho)
Nunca juízo algum alto e profundo,
Nem cítara sonora ou vivo engenho
Lhe dê por isso fama, nem memória:
Mas com ele se acabe o nome, e a glória!

VI

Tu, levado à polícia, assombras tudo...
Todos se atilam, quando compareces...
E, em pé, defronte do escrivão sisudo,
Falas, bracejas, gesticulas, cresces,
E, de repente, ficas quedo e mudo,
E te dissipas e desapareces...
— E o delegado fica mudo e quedo,
Qual junto de um penedo outro penedo.

VII

A ti, fantasma, o cárcere que importa?
Que importa a pena de prisão escura?
Se tu morresses, tua carne morta
Fugiria através da sepultura!
Como qualquer de nós por uma porta,
Passas sutil por uma fechadura!
— Ah! que a Musa te aponte ao Universo,
Se tão sublime preço cabe em verso!

VIII

Nunca deixas de achar caminho franco
Voas como um ginete desbocado
Para quem não há cerca, nem barranco...
E, ora através das telhas do telhado,
Ora no dorso de um cavalo branco,
Vais[59] deixando o ridículo espalhado
Pela polícia que jamais te prende,
E a quem tua ousadia tanto ofende...

IX

É que só vence aquele que, constante,
No praticar e no estudar porfia;
Tu, para a fama conquistar, brilhante,
Trabalhaste e estudaste todo o dia:
"A gatunice especial prestante,
Não se aprende, ó mortais,[60] na fantasia,
Sonhando, imaginando e vadiando,
Senão vendo, tratando e pelejando!"

X

Quando nasceste, dizem que a parteira
Amimou-te, banhou-te... e, já vestido,
Deixou-te às voltas com a mamadeira...
E deixando-te, infante, adormecido,
— Ao sair, deu por falta da carteira:
Tinha a carteira desaparecido!
Digam agora os sábios da Escritura
Que segredos são estes da Natura...

XI

Hás de viver, hás de[61] viver, Coelho!
Já, em louvor da tua agilidade,

---

59 Ibidem: *vaes*.
60 Ibidem: *mortaes*.
61 Ibidem: *Hasde viver, hasde*.

Escovo a lira e as rimas aparelho.⁶²
Diante da tua glória, a Humanidade
Curva, admirada, o trêmulo joelho:
Hás de⁶³ viver por toda a Eternidade,
— Mais que o doutor Antônio, ousado e forte,
E outros em que poder não teve a morte!⁶⁴

A paródia aproveitava de seu modelo a oitava real, estrofe de oito versos decassílabos rimados segundo o esquema *abababcc*. No texto bilaquiano, dos 88 versos, vinte eram sáficos, isto é, tinham acento obrigatório na quarta e na oitava sílabas poéticas. Os demais, com exceção do primeiro verso da terceira estrofe,⁶⁵ eram heróicos, ou seja, apresentavam acento obrigatório na sexta sílaba. Bilac mantinha a oscilação de acento do decassílabo camoniano, a qual, segundo João Pacheco, teria indisposto muitos parnasianos contra o poeta português.⁶⁶

A paródia não possuía a extensão monumental do texto parodiado. Iniciada por uma *invocação* à musa da poesia épica, não apresentava uma *proposição* explícita, não possuía *epílogo* nem mesmo uma *dedicatória*. A *narração*, a quinta das partes da epopéia estabelecidas pela tradição, também não estava bem definida, pois não havia no texto bilaquiano uma ação nodal que se comparasse à descoberta do caminho marítimo para as Índias. A sexta, a sétima e a oitava estrofes referiam-se de forma genérica às fugas e à arte de evadir-se do herói, mas não narravam nenhuma fuga específica. Apenas a déci-

---

62 Introduz-se aqui o necessário ponto final porque se supõe erro de composição ou revisão por parte do jornal.
63 Idem: *Hasde*.
64 FLAMINIO. Agora tu, Calíope, me ensina. *A Notícia*. Rio de Janeiro, 11 maio 1898, p.2, rodapé.
65 Esse verso apresenta acento na quarta sílaba poética, mas para ser sáfico dependeria de um frouxo apoio na subtônica da palavra falsificadores. Também representa exceção parcial o quinto verso da quarta estrofe, que é um heróico quebrado.
66 Cf. PACHECO, J. *A literatura brasileira*. 2.ed. São Paulo: Cultrix, 1967, v.3, p.68.

ma estrofe narrava o maravilhoso feito cometido pelo herói, que, logo ao vir ao mundo, furtara a parteira. O que acabava por predominar na paródia é um teor louvaminheiro.

Mas o caráter irônico do louvor tornava-se evidente quando se comparava o herói do modelo, o valoroso navegador português Vasco da Gama, com o "perfeito patife" (segunda estrofe) Afonso Coelho, ladrão e estelionatário.

Certamente, a escolha do épico camoniano como "texto-alvo" da paródia não era fortuita, pois n'*Os Lusíadas* eram mencionados beligerantes reis de Portugal que adotaram o nome de Afonso: D. Afonso Henriques, primeiro rei de Portugal e fundador da dinastia de Borgonha, que expandiu o território do reino ao fazer guerra aos mouros (canto primeiro, décima terceira estrofe; III, 23-84);[67] D. Afonso II, o Gordo, que libertou Alcácer do Sal do domínio maometano (III, 90); D. Afonso III, o Bolonhês, que tomou o território do Algarve ao mouro (III, 94-5); D. Afonso IV, o Bravo, que ajudou o rei de Castela, D. Afonso XI, a livrar-se de uma invasão dos seguidores de Maomé (III, 99-135); D. Afonso V, que conquistou terras no Marrocos (IV, 54-9). Assim, Dom Afonso Coelho, o Sonso (primeira estrofe), continuaria à sua maneira "ilustrando" o honrado nome. Era como se o texto de Bilac, mais do que uma paródia, fosse uma extensão do poema camoniano. Havia um bom motivo para que Bilac alinhasse com reis portugueses o Afonso carioca: supostas declarações do estelionatário em favor da restauração monárquica.[68]

O satírico carioca aproveitou a invocação do canto terceiro d'*Os Lusíadas*, talvez porque não lhe fosse possível, como fez Camões no início de seu poema, apelar às tágides tão longínquas. O poeta pediu a Calíope que lhe propiciasse "linguagem clara e peregrina" e não

---

67 As próximas citações d'*Os Lusíadas* são localizadas pelo canto e pela estrofe a que pertencem, identificados respectivamente por algarismos romanos e arábicos. Utiliza-se aqui a seguinte edição: CAMÕES, L. de. *Os Lusíadas*. Edição organizada por Emanuel Paulo Ramos. Porto: Porto Editora, 1990.

68 A PRISÃO de Afonso Coelho. Sagacidade e tino. A reabilitação da polícia. *O Filhote*. Rio de Janeiro, 31 maio 1897, p.1, 5ª col.

"latim cerrado de responso". Talvez o pedido quisesse expressar uma crítica sutil ao estilo do poeta português, cujas anástrofes e hipérbatos, impenetráveis aos olhos infantis, garantiram a muitos mestres-escolas concorridas aplicações de palmatória. Em crônica comemorativa do vigésimo primeiro aniversário da morte do conselheiro Vitório, fundador de um colégio homônimo, Bilac recordou sua experiência com o temível instrumento pedagógico, que até recebera um nome jocoso, alusivo a certas estampas piedosas.

> Quanta gente, que anda hoje nos galarins da política e das letras, roçou os fundilhos nos velhos bancos do *Vitório!* Parece-me que ainda estou vendo o conselheiro, todo vestido de linho branco, com uma branca barba venerável ao peito, – empunhando, nos momentos terríveis, a terrível *Santa Luzia*, a palmatória dura, o duro monstro negro de cinco olhos...
> Ó mão que seguras esta pena! lembras-te ainda dos bolos que choviam daquela bicha?...[69]

Os dois últimos versos da primeira estrofe da paródia eram semelhantes aos da segunda estrofe do primeiro canto d'*Os Lusíadas*. A diferença era que Camões queria espalhar a fama dos heróis da nacionalidade portuguesa, ao passo que Bilac pretendia popularizar um célebre representante da marginalidade carioca, único "herói" com que Sebastianópolis podia contar naqueles tempos.

A segunda estrofe da paródia concentrava louvores a Afonso, que, a exemplo de Camões (X, 154), combinava qualidades "que juntas se acham raramente". Porém, ao passo que o português conciliava engenho e "honesto estudo / Com longa experiência misturado", o malandro carioca, sem prejuízo de seu "ousado valor", conhecia o "meio de alegrar a gente". E alegrava efetivamente, pois suas ousadas ações criminosas e fugas espetaculares inspiravam cronistas e repórteres e enchiam as colunas dos jornais, além de serem tópicos obrigatórios nas esquinas e barbearias da cidade. Tantas fez

---

69 B. [Olavo Bilac]. A data. *A Notícia*. Rio de Janeiro, 17 maio 1900, p.2, 1ª col. Grifos do autor.

que alguns jornais passaram a atribuir-lhe o epíteto de Rocambole Brasileiro.[70]

Bilac encerrou sua terceira estrofe com o célebre comando do início do épico camoniano (I, 3). Enquanto o poeta português decretava a superação dos heróis antigos – Ulisses, Enéias, Alexandre Magno e Trajano, imperador romano – por "outro valor mais alto", o satírico carioca registrava a derrocada de falsificadores e outros meliantes, suplantados por Afonso Coelho. Com isso, a paródia criou um contraste cômico com o texto de fundo, como se quisesse dizer que cada época possuía heróis de acordo com seu merecimento.

A quarta estrofe aludia à famosa "Canção do exílio", poema de exaltação da terra brasileira escrito por Gonçalves Dias, poeta romântico admirado por Bilac. As palmeiras, os sabiás e as laranjeiras foram utilizados para definir a nacionalidade do herói, cuja fama invadira as praias brasileiras do mesmo modo irresistível como a obstinação portuguesa colonizara África, América e Ásia (VIII, 14). O imbatível Afonso Coelho parecia destinado a divulgar a impunidade brasileira em todos os continentes – "E, se mais mundo houvera, lá chegara..." (VII, 14).

Na quinta estrofe, Bilac aventou a possibilidade de um soldado pôr fim à carreira do ilustre marginal, tratado familiarmente por *tu* a partir daí (segundo verso). Sobre esse hipotético agente da lei, o poeta lançou a maldição do velho do Restelo (IV, 102). N'*Os Lusíadas*, essa personagem, símbolo do conservadorismo, ou melhor, do *carrancismo*, como diria Bilac, invectivou a cobiça dos navegantes, que, em busca da Fama e da Glória, arriscariam a vida, a honra e a alma. Com os mesmos versos, o poeta carioca parecia ironicamente reprovar a provável ousadia do soldado porque, como toda decisão "revolucionária", poderia abalar os fundamentos da "ordem" brasileira, caracterizada pela liberdade de ação oferecida aos bandidos.

As três estrofes seguintes detalhavam o comportamento costumeiro das autoridades policiais, responsáveis pela ordem pública. A

---

70 Cf. AFONSO C. Uma séria de estelionatos. *A Notícia*. Rio de Janeiro, 5 set. 1902, p.2, 3ª col.

sexta estrofe atribuía a Afonso Coelho o poder de dominar a polícia como se fosse um hipnotizador e de transformar o delegado em um novo gigante Adamastor (V, 39-60), reduzindo-o a uma imobilidade pétrea. A sétima afirmava a incapacidade do cárcere em reter o sutil herói, cujos méritos o poeta recomendava à Musa, repetindo versos d'*Os Lusíadas* (I, 5). A oitava estrofe aludia às inverossímeis fugas do herói, que tantos motes ofereceram à imprensa. O último verso, retirado do episódio do gigante Adamastor (V, 50), insinuava que a polícia, embora se mostrasse ofendida com as ousadias do fugitivo, mantinha-se inexplicavelmente tão imóvel e impotente quanto o promontório.

Na nona estrofe, o poeta justificou pela constante prática e pelo aturado estudo o êxito do herói, a quem cedeu a palavra nos quatro últimos versos, adaptados do épico português (X, 153). Afonso Coelho dirigiu-se aos mortais para lhes explicar que a "gatunice especial prestante" se aprende com muita prática e esforço. Com os mesmos gerúndios do último verso – "vendo, tratando e pelejando" –, Camões aludia às nobres atividades da vida militar; o herói carioca empregava esses verbos para referir-se à sondagem, à fraude e à violência por ele praticadas contra suas vítimas.

Na estrofe seguinte, Bilac narrou um dos segredos da Natura digno de figurar ao lado dos impressionantes fenômenos metereológicos descritos por Camões (V, 18-22), que só poderiam ser explicados pelos "sábios na Escritura". Iniciando de modo maravilhoso sua próspera carreira criminosa, o recém-nascido Afonso Coelho teria roubado a parteira.

O poeta encerrou sua paródia assegurando a imortalidade do herói louvado em seus versos, que haveria de viver mais que "outros em que poder não teve a morte" (I, 14) – como o *doutor Antônio*, célebre assaltante,[71] que a citação do poema camoniano colocava ironicamente no mesmo plano dos heróis portugueses que lutaram na Ásia.

A irônica exaltação de Afonso Coelho por meio da paródia do estilo elevado e solene da poesia épica levaria às últimas conseqüências um processo de heroicização do gatuno que já se esboçava nos jornais,

---

71 V. Crônica. *Gazeta de Notícias*. Rio de Janeiro, 8 maio 1898, p.1, 2ª col.

sempre atentos às suas peripécias. Esse ladrão assinalado sempre vencia suas pelejas com a polícia – às vezes, misteriosamente... Preso pela primeira vez, após roubar dezenas de contos de réis, o famoso estelionatário iludiu os soldados que o levavam para o tribunal e fugiu montado num extraordinário cavalo branco, preparado por comparsas.[72] O episódio inspirou aos humoristas do vespertino *O Filhote* um romance-folhetim paródico intitulado *Cavalo Branco*. Os grandes alvos da paródia, portanto, eram a polícia, cuja incompetência ou corrupção, denunciadas por Bilac, garantiam a impunidade e a glória do herói, e a imprensa, que fizera de um fora-da-lei uma celebridade,[73] desvirtuando sua missão iluminista de esclarecimento da opinião pública e abrindo suas páginas para o sensacionalismo.

Note-se que a paródia não ridicularizava o texto parodiado; o escárnio do poeta voltava-se contra outros alvos. A imitação burlesca do texto consagrado criava um pano de fundo contra o qual se evidenciava o caráter irônico da exaltação de Afonso Coelho, que, afinal de contas, não era um varão sublimado como Vasco da Gama nem nenhum dos valorosos reis de Portugal citados por Camões. Olavo Bilac colocou a paródia a serviço da sátira;[74] por isso, seu poema herói-cômico poderia ser mais bem classificado como *sátira paródica*.[75]

---

72 AFONSO, C. Uma séria de estelionatos. *A Notícia*. Rio de Janeiro, 5 set. 1902, p.2, 3ª col.

73 Anos mais tarde, a "exaltação" de Afonso Coelho chegaria ao seu ápice, pois até o circunspecto *Jornal do Comércio* o chamaria de "sublime". Os outros jornais publicavam o retrato e a biografia da personagem e enchiam "colunas compactas com a descrição da sua fisionomia, do seu vestuário, da sua maneira de conversar e de andar". Bilac comentou o caso com ironia. "Essa glorificação, feita pela imprensa com um ardor digno de melhor causa, obedece ao nosso propósito de mostrar que já temos civilização igual à da Europa, pois que já temos pessoal nosso que possa, em malandragem e gênio inventivo, correr parelhas com os luminares da ladroeira no velho mundo." O. B. [Olavo Bilac]. Crônica. *Gazeta de Notícias*. Rio de Janeiro, 7 set. 1902, p.1, 1ª col.

74 Como observa Linda Hutcheon, "... a sátira utiliza, com freqüência, a paródia como veículo para ridicularizar os vícios e as loucuras da Humanidade, tendo em vista a sua correção". *Uma teoria da paródia*. Lisboa: Edições 70, 1989, p.74.

75 De acordo com Linda Hutcheon, a sátira paródica, "um tipo do gênero sátira", caracteriza-se por visar a "algo exterior ao texto", empregando a paródia como "veículo para chegar ao seu fim satírico ou corretivo". Ibidem, p.83.

Agruras de uma quitandeira

No corpo de uma crônica intitulada "Dona Inês de Castro quitandeira",[76] Olavo Bilac transcreveu paródia do canto terceiro d'*Os Lusíadas*, que encomendara a "um grande poeta" seu amigo. O cronista, que muito se divertira com o infortúnio da comerciante, que caíra em desgraça com o marido por causa do jogo do bicho, justificou ao leitor sua decisão de delegar a palavra a "outro".

> Eu poderia bem fazer, na minha prosa, o comentário deste sucesso... Mas não quero! há cousas que só podem ser cantadas em verso, na linguagem de ouro e cristal de Apolo.[77]

Ao contrário do poema em honra de Afonso Coelho, que aludia a vários episódios do épico português, a paródia transcrita a seguir, por causa da sugestão do nome da quitandeira, baseava-se integralmente no famoso episódio de Inês de Castro (canto III, estrofes 118-137).

> CXIX
> Tu, só tu, puro amor... (Ai! que me espicho!
> Tu não foste...) A esta pobre Inês amiga,
> Quem vítima tornou do seu capricho,
> Que os corações humanos tanto obriga,
> — Foste tu, imortal Jogo do Bicho!
> Nem com lágrimas tristes se mitiga
> A sede atroz com que, áspero e tirano,
> Vais chupando e engolindo o sangue humano.
>
> CXX
> "Estavas, pobre Inês, posta em sossego,
> Da quitanda colhendo o doce fruito,
> Naquele engano d'alma ledo e cego,

---

76 *A Notícia*. Rio de Janeiro, 17 ago. 1898, p.2, rodapé.
77 O. B. [Olavo Bilac]. Crônica. *A Notícia*. Rio de Janeiro, 17 ago. 1898, p.2, rodapé. Essas palavras do poeta consagram a decisão de estudar nesta tese apenas as sátiras que adotaram o verso como seu veículo.

Que a fortuna não deixa durar muito;
E na Cancela foi (não no Mondego),
Da quitanda no palco nunca enxuito,
Que às bananas mostraste e às laranjinhas
O palpite que n'alma escrito tinhas!

CXXI
Do marido Joaquim ali guardavas
O cobre que os fregueses lhe traziam;
E sempre entre os legumes que mercavas
E os níqueis[78] de tostão que eles rendiam,
Tu, quitandeira honesta, prosperavas...
E ao teu lado as alfaces rescendiam...
E não havia, na cidade inteira,
Mais inocente e casta quitandeira...

CXXII
De outras belas Senhoras e Princesas
Não invejavas sedas e alegrias,
Nem carros, nem veludos, nem riquezas:
Bastavam-te agriões e melancias!
— E vendo essas tranqüilas estranhezas,
E invejando o sossego em que vivias,
A bicharia pérfida e atrevida
Matou-te a calma e corrompeu-te a vida.

CXXIII
Miava o gato nos teus sonhos: rouco,
Regougava o leão; mugia a vaca;
O macaco saltava, ágil e louco;
Silvava a cobra pérfida e velhaca;
Foste perdendo assim, a pouco e pouco,
O senso, oh dama delicada e fraca!
— De vinte e cinco bichos sitiada
Que pode fraca dama delicada?!"

---

78 No jornal: *nickeis*.

CXXIV

Dos bicheiros ao bolso foi cedendo
Todo o cobre do mísero marido;
E quanto mais a Inês ia perdendo,
Mais a adorava o estúpido iludido...
Mas houve um dia desgraçado e horrendo,
Em que por fim, do dolo esclarecido,
Fulo de raiva e tonto, o quitandeiro
Perguntou à mulher: – Que é do dinheiro? –

CXXV

Para o céu[79] cristalino alevantando
Com lágrimas os olhos piedosos,
E no chão da quitanda despejando
Um cesto de quiabos saborosos,
Depois, nos espinafres atentando
Que tinha tão verdinhos e mimosos,
— A pobre Inês inanimada e fria
Para o cruel Joaquim assi dizia:

CXXVI

"Ó tu que tens de humano o gesto e o peito
(Se de humano é matar uma donzela
Fraca e sem força, só por ter sujeito
O teu dinheiro a quem soube vencê-la)
— Às couves e aos repolhos tem respeito,
Pois o não tens à sorte escura dela!
Mova-te a piedade sua e minha,
Pois não te move a culpa que não tinha!"

CXXVII

E assi como a cenoura que cortada
Antes do tempo foi, na sua roça,
(Sendo das mãos calosas maltratada
Do lavrador que a trouxe na carroça)

---

79 Ibidem: *céo*.

O cheiro traz perdido e a cor mudada,
Tal ficou triste a quitandeira moça:
— E por fugir do bruto à raiva crua,
Pegou nas trouxas e pulou p'ra a rua...

CXXVIII
Couves e quingombôs a fuga escura
Longo tempo chorando memoraram,
E em quibebes, em sopas de verdura,
E em grossos ensopados se mudaram;
A memória de Inês inda perdura,
Com os palpites de Inês que a desgraçaram;
E tudo chora a Inês, maluca e bela,
Na quitanda da rua da Cancela![80]

Nessa outra paródia do épico português, Bilac voltaria a adotar a oitava real. Das dez estrofes, 72 versos eram heróicos e apenas oito (10%), sáficos, todos de autoria plena do poeta carioca, isto é, não foram emprestados d'*Os Lusíadas*.

Bilac inspirou-se no célebre episódio lírico em que Camões narrou o infortúnio daquela "Que despois [sic] de ser morta foi rainha" para registrar o revés de outra Inês de Castro, uma humilde quitandeira carioca de origem lusitana, que fugira de casa por ter gasto todas as economias do marido no jogo do bicho; não sobrara dinheiro para pagar nem mesmo o aluguel.[81] Não se pode ignorar o sentido burlesco da paródia, que retirou alguns dos mais belos versos do maior poema da língua portuguesa para colocá-los no prosaico rodapé de um jornal carioca; que ousou comparar a nobre dama portuguesa a uma vulgar quitandeira; que aproximou as poéticas margens do Mondego da plebéia rua da Cancela;[82] que comparou uma comovente e dolorosa his-

---

80 O. B. [Olavo Bilac]. Tu, só tu, puro amor... (Ai! que me espicho!). *A Notícia*. Rio de Janeiro, 17 ago. 1898, p.2, rodapé.
81 INÊS de Castro e o bicho. *Gazeta de Notícias*. Rio de Janeiro, 16 ago. 1898, p.1, 6ª col.
82 A quitanda onde trabalhava Inês Alves de Castro localizava-se, na verdade, na rua São Luís Gonzaga, junto do *largo* da Cancela em São Cristóvão, bairro dominado pelo bicho.

tória de amor impossível a um rude desentendimento entre comerciantes, provocado por uma mesquinha questão financeira. Não era a primeira vez que Bilac parodiava o episódio camoniano. Em sua primeira viagem à Europa, escrevera com Eça de Queiroz, a quem visitara em Neuilly, uma comedieta bufa sobre a morte de Inês de Castro, peça que seria encenada familiarmente com a participação da esposa e de uma cunhada do romancista português.[83]

A paródia seguiu de perto seu modelo, dele adotando até mesmo a numeração das estrofes. No entanto, a estrofe 126 do canto terceiro d'*Os Lusíadas* não encontrava correspondente direta na paródia, assim como a penúltima estrofe da paródia não acompanhou os versos camonianos.

Logo na primeira estrofe, Bilac interrompeu-se bruscamente quando, seguindo os passos de Camões, se dirigiu ao "puro amor", porque se deu conta de que os sentimentos com que lidava não eram tão elevados quanto os dos nobres amantes portugueses. "Ai! que me espicho!", reconheceu. Sobre a quitandeira não agia o "fero amor", mas o "imortal Jogo do Bicho", que, por meio das maiúsculas, foi comicamente elevado à categoria de entidade abstrata, quase uma divindade.[84] A contravenção era imortal à maneira de Afonso Coelho, posto que também fosse invencível... em uma cidade em que a polícia mostrava-se estranhamente tolerante com a jogatina, que seduzia a maioria dos cidadãos cariocas. Bilac substituiu a bela metáfora camoniana das aras banhadas em sangue humano, apropriada ao trágico destino da dama portuguesa, pela imagem, criativamente associada às lágrimas mencionadas no sexto verso, de um sedento Jogo do Bicho que chupava e engolia sangue. O pedestre verbo *chupar* acentuava o caráter burlesco da paródia, que se afastava do estilo elevado do episódio camoniano.

---

83 MAGALHÃES JR., R. *Olavo Bilac e sua época*. Rio Janeiro: Americana, 1974, p.141-3.
84 A contravenção zoológica imperava absoluta. "... quem diz atualmente *jogo*, diz *jogo do bicho*: porque esse matou todos os outros, e monopolizou o amor do povo." B. [Olavo Bilac]. Registro. *A Notícia*. Rio de Janeiro, 24 nov. 1902, p.2, 1ª col. Grifos do autor.

O primeiro verso da segunda estrofe contrastava os adjetivos definidores das duas mulheres. A lamentada era linda, a escarnecida era pobre; a primeira passeava bucolicamente "Nos saúdosos campos do Mondego", relembrando o subido Príncipe amado; a segunda concebia palpites para o jogo do bicho entre as frutas de sua quitanda na Rua da Cancela. O poeta opunha comicamente o ambiente nobre e os sentimentos elevados ao espaço vulgar e às preocupações medíocres.

A terceira estrofe insistia nesse gênero de oposições. Enquanto a dama portuguesa cultivava na memória as lembranças de seu Príncipe, D. Pedro, a quitandeira carioca guardava o cobre e os tostões do marido. Enquanto aquela embalava-se em "doces sonhos", esta prosaicamente prosperava.

As duas situações de equilíbrio foram quebradas por agentes diversos. No poema camoniano, o velho rei, D. Afonso IV, percebendo as "namoradas estranhezas" do príncipe, "que casar-se não queria" e enjeitava os "desejados tálamos" de "belas senhoras", resolveu "Tirar Inês ao mundo". Na paródia, a *aurea mediocritas* da carioca, que não cobiçava "sedas e alegrias", despertou a inveja da "bicharia pérfida", que lhe matou a calma.

Na estrofe 123 do canto terceiro, Camões contrastou a crueldade do rei com a fragilidade e a inocência de sua vítima, "uma fraca dama delicada". Na correspondente estrofe da paródia, Bilac criou uma barafunda com os bichos do jogo inventado pelo barão de Drummond.[85] O assédio da bicharia roubou o "senso" da "dama delicada

---

85 Numa crônica, Bilac relembraria com bom humor as origens da contravenção no Jardim Zoológico. "A princípio, esse vício estava confinado em Vila Isabel, onde um naturalista de estranha espécie mantinha o seu famoso parque, curso prático das ciências naturais e do azar, espécie de academia zoológica, onde ele, com os seus discípulos, entre as gaiolas e os viveiros (como outrora Platão, entre as sagradas oliveiras do jardim de Akademus) discreteava sobre controversos pontos de ornitologia, mamologia e entomologia aplicadas à arte... de explorar os papalvos. ... / Mas a polícia mandou fechar a Academia Zoológica. Que sucedeu? a praga alastrou-se. O melhor meio de dar força a uma doutrina é persegui-la." B. [Olavo Bilac]. Registro. *A Notícia*. Rio de Janeiro, 24 nov. 1902, p.2, 1ª col.

e fraca". Note-se que os mesmos adjetivos que serviram para acentuar a feminilidade e a gentileza da personagem camoniana foram utilizados por Bilac para caracterizar a *debilidade moral* da quitandeira.

A estrofe seguinte aludia à sedução da "dama" carioca pelos bicheiros, que se apropriaram do dinheiro de seu marido. No poema camoniano, o rei foi persuadido a prosseguir em seu cruento desígnio pelo "povo", que temia pelas conseqüências políticas da união do príncipe com D. Inês, cujos filhos poderiam disputar o trono com o herdeiro legítimo, filho da princesa D. Constança. A paródia contrastava as altas razões de Estado, que moviam os áulicos do rei, com os pragmáticos e baixos interesses dos *bookmakers*. No final da estrofe, a paródia chegava a seu clímax com a descoberta pelo marido do desfalque na quitanda. O embaraço da carioca foi comicamente comparado à situação extrema da nobre portuguesa, levada prisioneira à presença do rei.

Na estrofe 125 do canto terceiro, Camões colocou em destaque os "olhos piedosos" da vítima indefesa, que dirigiu seu olhar ao "céu cristalino", talvez em busca da clemência divina, e aos seus filhos "Que tão queridos tinha e tão mimosos, / Cuja orfindade como mãe temia". Na estrofe de mesmo número da paródia, a quitandeira apontou seus olhos ao "céu cristalino" enquanto derrubava pelo chão um cesto de quiabos. Depois, olhou para seus espinafres "tão verdinhos e mimosos". A nobreza de um gesto, ao qual aludia a paródia, acabava por acentuar a vulgaridade de outro.

Na estrofe 126 da paródia, Bilac reproduziu com poucas alterações a de número 127 do épico português, em que estava registrada parte do comovente discurso da malfadada senhora ao rei, a quem pretendia demover de sua feroz decisão. Já o apelo da quitandeira ao marido era totalmente grotesco, pois pedia-lhe respeito "Às couves e aos repolhos", aos quais atribuía o condão de inspirar piedade no marido. Bilac misturou voluntariamente alhos com bugalhos, chegando às raias do *nonsense*. Deve-se observar a incongruência do último verso, pois quem não tinha culpa era a dama portuguesa e não a quitandeira, que traiu a confiança do marido.

Com mais duas estrofes, Bilac concluiu abruptamente sua paródia, deixando de seguir de perto o modelo, que, após a estrofe 127, ainda dedicou dez estrofes ao doloroso episódio da morte de Inês de Castro e acontecimentos subseqüentes.

Na penúltima estrofe, o poeta carioca comparou comicamente o abalo sofrido pela quitandeira às modificações sofridas por uma cenoura ao ser colhida e transportada e registrou a farsesca fuga da infeliz quitandeira, que "Pegou nas trouxas e pulou p'ra a rua...".

A última estrofe baseava-se na estrofe 135 do canto terceiro do poema camoniano. A exemplo das "filhas do Mondego", que choraram a morte de Inês de Castro, dando origem com suas lágrimas a uma fonte que levaria o nome da rainha póstuma, legumes e verduras choraram a fuga da homônima quitandeira carioca, mas se transformaram em diversos pratos. O que preservaria a memória da Inês "maluca e bela" seriam apenas seus palpites, que ainda perdurariam.

Um dos adjetivos atribuídos à quitandeira na última estrofe expressava um juízo de valor. Embora fosse bela, a Inês de Castro carioca era, segundo o poeta, "maluca"; talvez assim a considerasse por ter arriscado uma situação confortável para satisfazer uma ambição desmedida ou por não ter sido forte moralmente para resistir à sedução da jogatina. A paródia, que expressava uma crítica moral, não ridicularizava o texto que lhe servia de fundo, mas expunha uma humilde comerciante à derrisão de leitor d'*A Notícia* ao compará-la sem nenhum fundamento – além do nome e da nacionalidade comuns – com a pranteada Inês de Castro, mártir do amor impossível. Por isso, a exemplo da irônica exaltação de Afonso Coelho, esse texto poderia também ser considerado uma sátira paródica.

N'*Os Lusíadas*, Camões lamentou compadecido o terrível fim de uma cortesã cujo grande crime fora amar a quem não devia e por esse homem ser ardentemente correspondida. Na sátira paródica, Bilac escarneceu impiedosamente da desgraça de uma obscura quitandeira, que só inspirou as farpas do poeta satírico porque curiosamente se chamava Inês de Castro. O poeta consagrado e acatado jornalista que era Bilac não poderia compadecer-se do sofrimento de quem, embora digna de lástima, pertencia a um estrato inferior da sociedade e envolvia-se com uma atividade clandestina. Ora, se não houvesse preconceito de classe, não haveria comicidade na comparação do venerando episódio ao acontecimento banal. O poeta pretendeu provocar o riso ao associar o estilo elevado da poesia épica a uma personagem de baixa extração social.

A amena sátira da tarde

No papel cor-de-rosa d'*A Notícia*, Olavo Bilac satirizou a desorganização e a precariedade dos edifícios públicos, a sujeira das vias e dos logradouros do Rio de Janeiro, a ineficiência da polícia, a precariedade do transporte ferroviário, a leviandade da imprensa e a jogatina. Embora sem citar nomes, suas sátiras procuravam atingir os detentores do poder público, que eram, afinal de contas, os responsáveis por boa parte dos problemas apontados.

Esses textos permitiam definir os contornos da cidade ideal do poeta, um Rio de Janeiro limpo, seguro, salubre e, sobretudo, agradável à visão e ao olfato. Nesse *locus amoenus* urbano, não haveria lugar para máquinas ameaçadoras, policiais corruptos e ineficazes, *bookmakers*, políticos venais e administradores incompetentes. Talvez nem mesmo para quitandeiras e negras-minas. Em crônica de 1905, o poeta mostrar-se-ia preocupado com a *ocupação* da nova Avenida Central por vendedores ambulantes de jornais e frutas.

> Se esse abuso tem de ser proibido (e tem de ser!), é bom proibi-lo desde já, enquanto todos o reprovam. Daqui a pouco, aparecerão em campo os defensores dos "sagrados direitos do povo" – aqueles mesmos que, com tão espalhafatoso ardor, protestam contra o projeto de lei com que se queria impedir a permanência de carregadores descalços nas ruas... Sairão a campo esses advogados da Liberdade (?) – e não haverá meio de impedir que as quitandas se estabeleçam definitivamente no *boulevard* da elegância.

Como quitandas, creio eu, já bastam as que existem nas ruas mais *chics* da cidade – baiúcas medonhas, de onde sai um bafio pestilento de verduras podres...[86]

A adoção da sátira paródica revelava uma confiança do poeta na formação cultural dos leitores d'*A Notícia*, dos quais esperava um razoável conhecimento dos clássicos da literatura de língua portuguesa. Dificilmente quitandeiros e marginais fariam parte desses *happy few* numa época em que a alfabetização era muito restrita e a educação pública e gratuita dava apenas os seus primeiros passos.

Em crônica dominical, Bilac, mostrando-se preocupado com os desalojados pelas reformas promovidas por Pereira Passos e com os que seriam desabrigados pelo planejado arrasamento do Morro do Castelo, indicaria o terreno que estava destinado à "gente humilde": "as duas margens do leito da Estrada de Ferro, pela imensa extensão da zona dos subúrbios, podem abrigar uma infinita colméia humana".[87] Mais do que a piedade pelo sofrimento dos operários, a grande motivação para que o poeta sugerisse às autoridades a construção de habitações populares naquela região talvez fosse o temor de que a área *civilizada* da cidade continuasse ocupada pelos mais pobres apesar das radicais intervenções de Pereira Passos.

Em 1945, Oswald de Andrade, baseando-se na obra de Henri Bergson (1859-1941) sobre o riso, assim definiu, numa conferência, a função da sátira:

> Fazer rir. Evidentemente isso está ligado ao social. Ninguém faz sátira rindo sozinho. A eficácia da sátira está em fazer os outros rirem de alguém, de alguma instituição, acontecimento ou coisa. Sua função é, pois, crítica e moralista. E através da ressonância, a deflagração de um estado de espírito oposto. A sátira é sempre oposição.[88]

---

86 B. [Olavo Bilac]. Registro. *A Notícia*. Rio de Janeiro, 22 nov. 1905, p.2, 1ª col.
87 O. B. [Olavo Bilac]. Crônica. *Gazeta de Notícias*. Rio de Janeiro, 13 ago. 1905, p.5, 3ª col.
88 ANDRADE, Oswald de. A sátira na literatura brasileira. *Boletim Bibliográfico*. São Paulo, v.7, abr./jun. 1945, p.39.

Os poemas de Olavo Bilac até aqui estudados demonstraram que a "vocação oposicionista" do gênero não é dirigida exclusivamente ao governo ou ao grupo dominante, nem pretende necessariamente beneficiar a sociedade como um todo.[89] A sátira bilaquiana *não* integra a "poesia resistência" que Alfredo Bosi definiu como a poesia que resiste ao "estilo capitalista e burguês de viver, pensar e dizer", contrapondo-se, portanto, à "ideologia dominante que dá ... nome e sentido às coisas".[90]

Segundo Bosi, a sátira representa uma das faces dessa resistência, que se manifesta pela "crítica direta ou velada da desordem estabelecida".[91] Evidentemente, a desordem a que se referiu o crítico não é a mesma que combatia Olavo Bilac; é antes esta que furtou

> à vontade mitopoética aquele poder originário de nomear, de compreender a natureza e os homens, poder de suplência e de união. As almas e os objetos foram assumidos e guiados, no agir cotidiano, pelos mecanismos do interesse, da produtividade; e o seu valor foi-se medindo quase automaticamente pela posição que ocupam na hierarquia de classe ou de *status*. Os tempos foram ficando – como já deplorava Leopardi – egoístas e abstratos. "Sociedade de consumo" é apenas um aspecto (o mais vistoso, talvez) dessa teia crescente de domínio e ilusão que os espertos chamam "desenvolvimento" (ah! poder de nomear as coisas!) e os tolos aceitam como "preço do progresso".[92]

---

89 A sátira bilaquiana contraria afirmação de um estudioso do gênero. "Satire wounds and destroys individuals and groups in order to benefit society as a whole." HIGHET, G. *The anatomy of satire*. Princeton: Princeton University Press, 1962, p.26. Segundo João Adolfo Hansen, a leitura equivocada da sátira fez de Gregório de Matos um crítico pré-nacionalista da ordem dominante no Brasil colonial. O poeta barroco, na verdade, pretendia restabelecer a hierarquia social e a moral, que eram fundamentais para essa ordem. *A sátira e o engenho*. Gregório de Matos e a Bahia do século XVII. São Paulo: Companhia das Letras, Secretaria de Estado da Cultura, 1989.
90 BOSI, A. *O ser e o tempo da poesia*. São Paulo: Cultrix, 1983, p.142.
91 Ibidem, p.145.
92 Ibidem, p.142.

A sátira, de acordo com Bosi, é um dos modos de resistir dos que preferem à defesa o ataque; somente o contexto pode determinar se a sátira

> é o ataque ao presente feito em nome do bom tempo já passado (sátira conservadora, de tipo romano) ou em nome daquilo que há de vir, do "ainda não" (sátira revolucionária).[93]

Certamente o ataque agressivo da poesia satírica bilaquiana às mazelas do Rio de Janeiro não era feito em nome de uma inexistente idade de ouro carioca. Bilac não via o passado monárquico ou colonial com complacência saudosista; na verdade, considerava-o responsável por boa parte dos problemas da cidade. Seria então "revolucionária" a sátira bilaquiana? Fantasio, Puck e Flaminio atacavam Sebastianópolis em nome de uma utopia? Não, porque *havia o lugar* com que sonhava o poeta; ele estava logo ali às margens do Prata[94] ou um pouco mais longe, às margens do Sena. A sátira de Olavo Bilac seria antes *reformista*, porque buscava a solução para os problemas do presente no próprio presente.

Ainda segundo Bosi, o satírico recusa a ideologia vigente.[95] Ora, a base teórica dos ataques agressivos de Fantasio, Puck e Flaminio era o discurso higienista, que era formulado na Faculdade de Medicina e informava o discurso e os programas de muitos políticos e a orientação programática de alguns órgãos de imprensa. A Higiene norteou a "teoria e prática do exercício do poder público" e sustentou a falácia da administração competente por ser apolítica e por deixar-se guiar pela Ciência.[96] Considere-se o modo de funcionamento da ideologia, descrito por Bosi.

> A ideologia não aclara a realidade: mascara-a, desfocando a visão para certos ângulos mediante termos abstratos, clichês, slogans, idéias rece-

---

93 Ibidem, p.161.
94 Ver Crônica. *Gazeta de Notícias*. Rio de Janeiro, 18 nov. 1900, p.1, 1ª col.
95 Cf. BOSI, A. *O ser e o tempo da poesia*. Op.cit., p.163.
96 CHALOUB, S. *Cidade febril*. São Paulo: Companhia das Letras, 1996, p.182.

bidas de outros contextos e legitimadas pelas forças em presença. O papel mais saliente da ideologia é o de cristalizar as divisões da sociedade, fazendo-as passar por naturais; depois, encobrir, pela escola e pela propaganda, o caráter opressivo das barreiras; por último, justificá-las sob nomes vinculantes como Progresso, Ordem, Nação, Desenvolvimento, Segurança, Planificação e até mesmo (por que não?) Revolução. A ideologia procura compor a imagem de uma pseudototalidade, que tem partes, justapostas ou simétricas ("cada coisa em seu lugar", "cada macaco no seu galho"), mas que não admite nunca as contradições reais.[97]

Teria Bilac aclarado a realidade com suas idéias de limpeza, beleza, ordem e conforto ou a observou de modo deformado do restrito ponto de vista do saneamento? Quando apontou como responsável pelo sofrimento dos mais pobres a falta de higiene e instrução primária não teria cristalizado ou *naturalizado* as divisões da sociedade? Não teria justificado ou encoberto as barreiras sociais com o vago mito da Civilização? Não teria fortalecido a imagem de uma pseudototalidade com sua cidade ideal, que possuía um lugar até mesmo para os operários saneados (muito embora ao longo da Central do Brasil)?

Recusando o papel da sátira, definido por Alfredo Bosi, a poesia satírica bilaquiana não se contrapunha à "pseudototalidade forjada pela ideologia"; pelo contrário, ajudava a defini-la.[98] Era, na verdade, uma poesia *contra a resistência* à imposição do "estilo capitalista

---

[97] Ibidem, p.145-6. Grifos do autor.
[98] Segundo Sidney Chalhoub, os pressupostos da Higiene constituíam uma ideologia, isto é, "... um conjunto de princípios que, estando destinados a conduzir o país ao 'verdadeiro', à 'civilização', implicam a despolitização da realidade histórica, a legitimação apriorística das decisões quanto às políticas públicas a serem aplicadas no meio urbano. Esses princípios gerais se traduzem em técnicas específicas, e somente a submissão da política à técnica poderia colocar o Brasil no 'caminho da civilização'. Em suma, tornava-se possível imaginar que haveria uma forma 'científica' – isto é, 'neutra', supostamente acima dos interesses particulares e dos conflitos sociais em geral – de gestão dos problemas da cidade e das diferenças sociais nela existentes". CHALHOUB, S. *Cidade fabril.* Op.cit. p.35.

e burguês de viver, pensar e dizer", fundamental para o imperialismo surgido a partir da Segunda Revolução Industrial e da conseqüente definição da economia de base científico-tecnológica. As reformas de Pereira Passos eram também, em certa medida, uma adaptação do Rio de Janeiro, terceiro porto das Américas, aos novos tempos de livre e rápida circulação global de mercadorias e matérias-primas.[99]

---

99 Ver SEVCENKO, N. Introdução. O prelúdio republicano, astúcias da ordem e ilusões do progresso. In: NOVAIS, F. A. (Coord. geral). *História da vida privada no Brasil*. São Paulo: Companhia das Letras, 1998, v.3, p.7-48.

5
A SÁTIRA AO TEATRO NAS REVISTAS ILUSTRADAS

A Cigarra

Em 1895, aos 29 anos, Bilac gozava do prestígio de escrever para dois jornais importantes: o matutino *Gazeta de Notícias* e o vespertino *A Notícia*. Apesar do intenso trabalho cotidiano que a função de redator lhe exigia, Bilac sentiu-se encorajado a aceitar a direção da parte literária de um periódico, que pretendia explorar o filão das publicações ilustradas.

Os diários não tinham condições técnicas para publicar charges, vinhetas e ilustrações em abundância por causa da dificuldade em reproduzir desenhos. Pela técnica litográfica, o artista desenhava às avessas diretamente sobre uma pedra calcárea com um lápis gorduroso. Essa pedra era primeiro molhada para umedecer as partes não cobertas pelo desenho; depois, recebia uma tinta, que, incompatível com a água, concentrava-se sobre a área seca. Com o advento da zincografia, o desenho passou a ser feito sobre papel especial com pena de irídio e tinta autográfica. Uma prensa imprimia o desenho sobre uma placa de zinco, que, em seguida, era submetida a banhos graduados de água-forte, que poupavam a superfície coberta pela tinta.[1]

---

[1] Os dois processos são descritos por Raul Pederneiras em artigo de jornal. Apud SODRÉ, N. W. *História da imprensa no Brasil*. Rio de Janeiro: Civilização Brasileira, 1966, p.253.

A complexidade das técnicas empregadas pelos ilustradores impedia-os de satisfazer plenamente a voracidade dos jornais por matérias atualizadas.[2] Além disso, a composição manual coluna por coluna exigia determinar-se previamente o espaço a ser reservado para a ilustração.

Por isso, uma revista publicada com intervalo de vários dias entre um número e outro teria melhores condições de incorporar ilustrações que fossem adequadas aos assuntos tratados pelo texto escrito, mas que não deixassem, por isso, de ser produzidas com esmero artístico. Com projeto gráfico requintado e impressas em papel especial, as revistas ilustradas visavam a proporcionar à elite carioca entretenimento e possivelmente uma espécie de deleite tátil e visual.

Resolvido a disputar o modesto público leitor carioca com a nova revista de Angelo Agostini (1843-1910), *D. Quixote*, Manuel Ribeiro, o proprietário, *bookmaker* e dono de frontão de pelota basca,[3] incumbiu Olavo Bilac e Julião Machado da direção d'*A Cigarra*, cujo primeiro número saiu em 9 de maio de 1895, com oito páginas coloridas em formato pequeno. O título da publicação aludia à conhecida fábula de La Fontaine, sugerindo que a revista pretendia ser uma fonte de diversão amena para as *formigas* da sociedade carioca. Mas as *cigarras* do periódico não eram tão imprudentes quanto a da fábula; desde o primeiro número, fizeram questão de estabelecer o preço da assinatura semestral ou anual e do exemplar avulso. A primeira página trazia uma gravura de Julião Machado, que representava alegoricamente a revista pela figura de uma moça munida de violão e asas de inseto. Ao lado, um texto de Olavo Bilac procurava apresentar a nova publicação aos leitores.

A cigarra é um jornal ilustrado, que não tem programa nenhum e terá muitos assinantes. Esta cigarra vai cantar enquanto para isso houver forças; e as forças não faltarão enquanto o dinheiro chover dentro deste escritório, como já está chovendo.

---

2 Métodos fotoquímicos (fotozinco e fotogravura), mais rápidos, seriam empregados pioneiramente pela *Revista da Semana*, lançada em maio de 1900.

3 MAGALHÃES JR., R. *Olavo Bilac e sua época*. Rio de Janeiro: Americana, 1974, p.189.

Amigos! o tempo dos romantismos passou. Pode-se amar, ao mesmo tempo, o *calembourg* e o *paté de foie gras*, as facécias de Gil Blas de Santilhana[4] e as apólices da dívida pública, os belos olhos de uma mulher e o seu dote. Nós estimamos a propriedade: no dia em que tivermos casa própria e uma tiragem de 200.000 exemplares, nem por isso nos consideraremos incompatibilizados com a Graça e a Alegria, fontes perpétuas do rejuvenescimento.

Os casos de cantoras, que, como a Candiani, acabam num casebre de Santa Cruz ou alhures, depois de haverem embasbacado gerações de melômanos, pertencem à História Antiga.[5]

A conciliação entre arte e profissionalismo, defendida em tom de pilhéria no editorial, já vinha sendo tentada com relativo êxito por Bilac e seus companheiros de geração, como Aluísio Azevedo, Coelho Neto, Guimarães Passos, Pedro Rabelo e Artur Azevedo, entre outros, que invadiram as redações dos periódicos cariocas, tornando-os um pouco mais "literários".[6]

A Cigarra, publicada sempre às quintas-feiras, pretendia ser a primeira publicação ilustrada do Brasil projetada para ser encadernada no final do primeiro ano, formando um volume de mais de 420 páginas, que conteria "a crítica literária, política e artística" do período.[7]

A partir do número 5, de 6 de junho de 1895, a primeira página da revista passou a abrigar alternadamente *portraits-charges* das ci-

---

4 Personagem do romance picaresco de Alain-René Lesage (1668-1747).
5 *A Cigarra*. Rio de Janeiro, n.1, 9 maio de 1895, p.2. Cabe reproduzir aqui nota de rodapé de R. Magalhães Jr. a respeito da diva citada. "Augusta Candiani, cantora de ópera, de nacionalidade italiana, chegada ao Rio de Janeiro em fins de 1843, com o marido Gioacchino Figlio, de quem anos depois se separou. Teve um período brilhante, mas morreu na obscuridade, em 28 de fevereiro de 1890." In: BILAC, O.; AZEREDO, M. de. *Sanatorium*. Recolhido, anotado e prefaciado por R. Magalhães Jr. São Paulo: Clube do Livro, 1977, p.61, n.24.
6 Sobre a profissionalização da vida literária nas últimas décadas do século XIX, ver SIMÕES JR., Á. S. Uma geração que sonhou viver da literatura. *Pós-História*. Assis, v.6, p.87-100, 1998. Ibidem. A (re)definição do trabalho intelectual no início do século XX. In: PETERLE, P.; SANTURBANO, A.; CAIRO, L. R. V.; MARGATO, I. *Escritura e sociedade*: o intelectual em questão. Assis: Faculdade de Ciências e Letras de Assis, UNESP-Publicações, 2006, p.149-58.
7 *A Cigarra*. Rio de Janeiro, n.4, 30 maio 1895, p.1.

garras – artistas, literatos e jornalistas – e das *formigas* – políticos, diplomatas, comerciantes e banqueiros – da sociedade carioca. Talvez essa fosse uma maneira de atrair as simpatias das pessoas influentes para o novo periódico.

A *Cigarra* possuía seções fixas como "A política", "Crônica" e "Teatros" e publicava também matéria variada, como comentários de *fait divers* e colaboração literária: contos e poemas assinados por Aluísio Azevedo, Coelho Neto, Guimarães Passos, Artur Azevedo, Pedro Rabelo, Luiz Murat e B. Lopes.

Bilac abandonaria a função de redator em outubro de 1895, sendo substituído por Pedro Rabelo, mas continuaria a assinar a "Crônica". A veia satírica do poeta manifestou-se uma única vez nas páginas d'*A Cigarra*, quando, em 10 de outubro de 1895, expressou seu desconsolo com o panorama teatral da cidade do Rio de Janeiro.

> Musa! Por que inda vais[8] ao largo do Rocio
> Bocejar, de teatro em teatro vazio?
> Foi-se o Frégoli! Foi-se a Tiozzo! A Füller (Ida)
> Foi-se! E, em largo tropel, aos trambolhões, fugida,
> Foi-se a *troupe* do Frank, – cavalos e palhaços...
> A que triste platéia[9] hás de[10] levar os passos,
> Musa? Restam-te agora apóstrofes e prantos:
> Ou a Emília Adelaide, ou a Ismênia dos Santos...
>
> Nem sequer ouvirás Palmira n'*A Cigarra*;
> Souza Bastos de novo ao *trololó* se agarra:
> E, para restaurar as enchentes que tinha,
> Ressuscita o *Tintim* e *Os dias de Clarinha*...
>
> Musa! a noite melhor, a noite que me chama
> É a do beijo, a do amor, a do sono, a da cama![11]

---

8 Na revista: *vaes*.
9 Ibidem: *platéa*.
10 Ibidem: *has-de*.
11 PUCK. *A Cigarra*. Rio de Janeiro, n.23, 10 out. 1895, p.7.

Apesar da estrofação irregular, é preciso reconhecer nesse texto um soneto com rimas parelhas. Os catorze alexandrinos foram escritos para ocupar a seção "Teatros" da revista. A primeira estrofe de oito versos descreveria o panorama visitado pela musa da crônica teatral; a quadra seguinte trataria mais especificamente das atrações oferecidas pela companhia Sousa Bastos; o dístico final marcaria a recusa definitiva do poeta em tratar da cena teatral carioca.

Nesse poema, Bilac procurou dissuadir sua musa de freqüentar os teatros vazios, onde o que paradoxalmente se notava eram as ausências do cantor lírico italiano Leopoldo Fregoli (1867-1936), que, em um mesmo espetáculo, era soprano, contralto, barítono, tenor etc., homem, mulher etc., da diva italiana Zaira P. Tiozzo, que encantou os melômanos cariocas, da sensual norte-americana Ida Füller[12] e sua *Dança serpentina*, que havia merecido os encômios do cronista,[13] e do *clown* e empresário inglês Frank Brown e sua equipe de acrobatas eqüestres, que inundavam o São Pedro de Alcântara com oitenta mil litros de água, líquido raro em Sebastianópolis. Nas salas ou, como preferia Bilac, nos barracões do Largo do Rocio, atual Praça Tiradentes, e na adjacente Rua do Espírito Santo, atual Pedro I, imperavam as companhias da portuguesa Emília Adelaide (1836-1905) e da baiana Ismênia dos Santos (1840-1918), especializadas, respectivamente, em dramas lacrimogêneos e operetas baseadas nos membros inferiores das atrizes.

Nesse ambiente desanimador para o poeta, sua musa não poderia ouvir nem mesmo a cômica portuguesa Palmira Martins de Sousa Bastos (1875-1967) na opereta homônima da revista de Bilac e Julião Machado, espetáculo elogiado pela crítica, pois a companhia Sousa Bastos, insatisfeita com a pouca afluência de público, resolvera colocar em cartaz no Recreio Dramático velhos sucessos como a revista *Tintim por tintim* (encenada pela primeira vez no Lucinda em 1892), de Antônio de Sousa Bastos (1844-1911), dono da companhia

---

12 Trata-se, provavelmente, de Loïe (Marie Louise) Füller (1862-1928).
13 *A Cigarra*. Rio de Janeiro, n.20, 19 set. 1895, p.7.

e marido de Palmira, e a opereta *Os 28 dias de Clarinha*, adaptação de original francês (*Les vingt huit jours de Clairette*, de Gustave-Hippolyte Roger – 1815-1879) por Moreira Sampaio e Luís de Castro, que, em 1892, já fora à cena no Sant'Ana com o título *Um rapaz de saias*.

Nesse soneto, Bilac valorizou espetáculos díspares entre si: canto lírico, espetáculo coreográfico, exibição circense e quadro cômico. Na falta destes, não se animou a comentar os dramalhões, as revistas e as operetas em cartaz. Note-se que a estrofe dedicada aos ausentes continha o dobro de versos. Um dos "trololós" da companhia Sousa Bastos, a revista portuguesa *Tintim por tintim*, de 1888, Bilac havia considerado em crônica anterior uma tola revista européia inteiramente estranha à vida carioca.[14] O que haveria de comum entre os artistas celebrados seria a procedência estrangeira; entre os preteridos por uma noite de amor, haveria a origem luso-brasileira. Seria essa escolha resultado da assimilação dos modelos culturais europeus por Bilac? Pode-se suspeitar que sim. Como notara a concorrente *D. Quixote*,

> o espírito d'*A Cigarra* é o verdadeiro espírito Gaulês que o Julião trouxe consigo, mas que, forçoso é confessá-lo, encontrou já aqui incarnado no seu companheiro, redator Olavo Bilac.[15]

Julião Machado, português natural de Luanda, adquirira o *esprit gaulois* durante sua estada em Paris, para onde fora em 1890 conhecer de perto as revistas ilustradas francesas e consumir a herança paterna. Em 1894, completamente arruinado, resolvera tentar a sorte em Buenos Aires, mas uma escala no Rio de Janeiro mudou seus planos; permaneceria na então Capital Federal até 1920.[16] Bilac, por sua vez, intoxicara-se irremediavelmente de "parisina" durante sua primeira

---

14 Cf. *A Cigarra*. Rio de Janeiro, n.3, 23 maio 1895, p.7.
15 Apud *A Cigarra*. Rio de Janeiro, n.12, 25 jul. 1895, p.1.
16 Cf. LIMA, H. *História da caricatura no Brasil*. Rio de Janeiro: José Olympio, 1963, v.3, p.963-85.

viagem à Europa em 1890.[17] Insuflada pelo espírito crítico e mordaz, de matriz parisiense, de seus diretores, A Bruxa não poderia admitir produções distanciadas dos padrões do teatro civilizado, ou seja, do melhor teatro que se fazia na Europa. A atitude blasé muitas vezes assumida por Bilac em suas críticas ao teatro carioca correspondia à sua função de redator de uma revista que procurava seguir o luxo e a sofisticação de similares francesas, que costumavam ser plagiadas sem nenhum constrangimento pela imprensa brasileira;[18] o caráter licencioso e popularesco da maioria dos espetáculos em cartaz no Rio de Janeiro entrava em choque com o projeto elitista d'A Cigarra.

O hebdomadário ilustrado Gil Blas, publicado em Paris a partir de 1891, foi provavelmente lido por Julião Machado durante sua estada naquela cidade. Pode-se supor que Bilac conhecera o periódico durante sua primeira viagem ao Velho Continente (1890-1891) ou mesmo folheando os exemplares que chegavam ao Rio de Janeiro.[19] Neles, os desenhos do suíço naturalizado francês Théophile Alexander Steinlen (1859-1923) e de outros artistas ilustravam os versos de Charles Baudelaire (1821-1867) e Paul Verlaine (1844-1896), entre outros poetas, e as crônicas e contos de, por exemplo, Aurélien Scholl (1833-1902), Anatole France (1844-1924) e Marcel Prévost (1862-1941). Como A Cigarra, Gil Blas era impresso em formato pequeno, possuía oito páginas e utilizava tipos de imprensa comuns em seu título (o título d'A Bruxa, revista de que se trata logo a seguir, era desenhado). Ambos os periódicos ostentavam no cabeçalho um lema ou uma epígrafe. O francês reproduzia uma frase do

---

17 Em 25 de março de 1991, noticiando a volta do poeta ao Rio de Janeiro, Artur Azevedo nos "Flocos" do Correio do Povo fez o seguinte registro: "O nosso poeta está seriamente intoxicado; ingeriu pantagruélicas doses de 'parisina', a famosa bebida de que falava Charles Nodier, e agora não há volta a dar-lhe. Se ficar aqui a passear, entre o beco das Canelas e a rua da Vala, morre da pior das nostalgias, a nostalgia de Paris". Apud BROCA, B. A vida literária no Brasil — 1900. 3.ed. Rio de Janeiro: José Olympio, 1975, p.93.
18 Cf. LIMA, H. História da caricatura no Brasil. Rio de Janeiro: José Olympio, 1963, v.1, p.127.
19 A Biblioteca Nacional possui coleção do periódico francês.

prefácio de uma edição do romance *Gil Blas de Santillane* (1715-1735), de Alain René Lesage: *"Amuser les gens qui passent, leur plaire aujourd'hui et recommencer le lendemain"*.[20] Já o carioca estampava dois versos de Lazare de Baïf (1532-1589), respeitando a ortografia do original: *"Il est hyver; danse, faineante. / Appren des bestes, mon ami"*. O primeiro lema esclarecia que o jornal europeu propunha-se divertir o leitor; o segundo propunha a diversão a quem era avesso a ela. Objetivos semelhantes levaram a soluções diferentes, adequadas provavelmente ao presuntivo nível cultural dos leitores: *A Cigarra* ostentava maior número de desenhos e vinhetas, enquanto *Gil Blas* trazia textos mais longos.

Ao contrário de sua similar carioca, a publicação francesa adotava estratégias comerciais muito interessantes. A sétima página era dedicada a anúncios dos mais diversos produtos, de fotografias galantes com *scènes de boudoir* a remédios para *maladies secrètes*. Como um maior número de leitores poderia certamente atrair mais anunciantes, *Gil Blas* manteve-se aliado ao cotidiano homônimo, cujos assinantes recebiam o hebdomadário ilustrado em primeira mão.

A demonstração incontestável de que a revista francesa servira de modelo a Julião Machado viria em março de 1898, quando o desenhista português lançou no Rio de Janeiro o hebdomadário ilustrado *Gil Braz*, cujo nome não ocultava a origem de sua inspiração. Infortunadamente, o novo periódico não resistiu a uma das principais endemias cariocas: o mal dos sete números...

A Bruxa

Pouco mais de três meses depois de haver abandonado *A Cigarra*, Bilac reuniu-se novamente a Julião Machado para juntos dirigirem *A Bruxa*, de Sousa Lage (1873-1925). De acordo com o título, a publicação ilustrada de oito páginas em três cores procuraria seguir

---

20 Segundo informação do cabeçalho, o referido prefácio teria sido escrito por Jules Janin (1804-1874).

um estilo "gótico" que lhe daria certa uniformidade estética.[21] As capas e vinhetas eram habitadas por bruxos, diabos, duendes e outras entidades infernais; os artigos eram assinados por demônios como Belsebuth, Astaroth e Lucifer;[22] a data de publicação do hebdomadário era sexta-feira, dia aziago.

A capa do primeiro número, publicado em 7 de fevereiro de 1896, trazia a figura de uma bruxa, a quem se atribuía a autoria do editorial de apresentação. Seminua, a figura ostentava formas bem proporcionadas e um rosto jovem, que o texto procurava justificar.

A Bruxa, que aqui vedes, não é velha, nem feia, nem desdentada, nem mal amanhada, nem má. Ouve missa, aos domingos, às 11 horas, em S. José; veste-se *chez Dreyfus*; espera ficar, através dos anos sem conta, eternamente bela e eternamente moça; e, condescendente com as paixões humanas, promete não negar os beijos e os sorrisos da sua boca a quem souber merecer o seu amor.

Se a magoarem, vê-la-eis retomar o seu clássico aspecto de comedora de crianças. Aparecerá, como antigamente, embrulhada numa túnica remendada e podre, com olhos de hiena fuzilando entre falripas arrepiadas, comandando, com um simples aceno das moletas sinistras, toda a sua comitiva de demônios e de espíritos perversos.[23]

Como era praxe entre os membros das "igrejinhas" formadas por jornalistas e literatos *daquele tempo*, os encômios – beijos – d'*A Bruxa* eram destinados aos amigos e protegidos; aos desafetos, as críticas mais duras e, muitas vezes, injustas.

A Bruxa herdou algumas seções fixas d'*A Cigarra*, como "Crônica", "A política" e "Teatro",[24] e criou uma nova: "O carrilhão da Bru-

---

21 Na apropriação da mitologia infernal, Bilac e Julião Machado foram precedidos pelos carnavalescos Tenentes do Diabo, que em 17 de janeiro de 1880 lançaram *O diabo da meia-noite*. Orgão da Sociedade Euterpe Comercial Tenentes do Diabo. TINHORÃO, J. R. *A imprensa carnavalesca no Brasil*. São Paulo: Hedra, 2000, p.126-9.
22 Pseudônimos de Olavo Bilac.
23 *A Bruxa*. Rio de Janeiro, n.1, 7 fev. 1896, p.2.
24 Ao passar para *A Bruxa*, o nome dessa seção perdeu o plural, adquirindo maior generalidade, o que lhe permitiu acolher *sketches* satíricos como o transcrito mais adiante.

xa", seção de notas variadas escritas em tom bem-humorado. Além da capa, as gravuras ocupavam integralmente as páginas centrais (4 e 5) e às vezes alguma outra de acordo com a necessidade; as páginas de texto eram ilustradas com desenhos originais ou vinhetas em razoável variedade. *A Bruxa* cedia um bom espaço para a colaboração literária, que era assinada por Júlia Lopes de Almeida, Machado de Assis, Alphonsus de Guimarães (1870-1921), Francisca Júlia da Silva, Valentim Magalhães, Emílio de Menezes, Valdomiro Silveira (1873-1941), Alberto de Oliveira, Coelho Neto, Guimarães Passos, Luís Guimarães Junior (1845-1898), Luís Murat, Figueiredo Pimentel, Luís Delfino (1834-1910) e Artur Azevedo, entre outros. Julião Machado também colocava a revista à disposição de outros ilustradores, como Henrique Bernardelli (1858-1936), Antônio Parreiras (1860-1937), Belmiro de Almeida (1858-1935), Angelo Agostini, Artur Lucas, Virgílio Cestari, Isaltino Barbosa e alguns outros.

Sousa Lage procurou ser mais ousado comercialmente do que Manuel Ribeiro, de quem adquiriu as antigas assinaturas d'*A Cigarra*, que pouco sobrevivera à saída de Olavo Bilac. A partir do sexto número, a revista passou a trazer a frente e o verso da contracapa repletos de anúncios ilustrados por Julião Machado. A alfaiataria Ortigão, a Casa Godinho, armarinho e modas, a casa de chapéus Ao Pavilhão Brasileiro, a Casa das Fazendas Pretas, o fotógrafo J. Gutierrez, o restaurante Petrópolis, as perfumarias Ao Bogary e Miguel Lopes & Irmão, as lojas de roupas femininas Aux Tuileries e Mme. Missik e a Camisaria Especial acreditaram no prestígio d'*A Bruxa* entre o público. Quando se comparam os anúncios d'*A Bruxa* com os da *Gazeta de Notícias*, predominantemente de medicamentos, percebe-se que a revista ilustrada atingia um público constituído pelas classes privilegiadas da sociedade carioca, que podiam vestir-se com elegância e perfumar-se. Consta que cartazes da revista pintados "a guache e prata e ouro" eram expostos no original "nas lojas chiques e nas confeitarias de luxo", atraindo bom público.[25]

---

25 JULIÃO Machado. *Jornal do Comércio*. Rio de Janeiro, 2 set. 1930, Apud LIMA, H. *História da caricatura no Brasil*. Rio de Janeiro: José Olympio, 1963, v.3, p.970.

Os preços cobrados pela assinatura, 48$000 pela anual e 25$000 pela semestral, também indicavam que a revista visava a um público leitor com maior poder aquisitivo. Assinar a *Gazeta*, cuja periodicidade era *diária*, custava a metade[26] e dava direito a brindes especiais. O número avulso d'*A Bruxa* custava 1$000, dez vezes mais do que o jornal de Ferreira de Araújo.

Disposto a ampliar o número dos leitores de seu hebdomadário, Sousa Lage, em março de 1896, fez-se acompanhar de Olavo Bilac em viagem à progressista cidade de São Paulo, onde esperava vender muitas assinaturas e contratar mais anúncios.

Aparentemente, os negócios da revista prosperaram nos primeiros meses a ponto de animar o proprietário a mudar a redação da "pouco aristocrática rua da Quitanda" para a Rua do Ouvidor, "coração da cidade", em novembro de 1896,[27] antes mesmo do primeiro aniversário, comemorado com uma festa ruidosa e uma chuva de papel picado sobre a via elegante do Rio de Janeiro.

Entretanto, o número 64, de 30 de junho de 1897 – cujo desenho de capa representava *A Bruxa* por um redator (profissão identificada pelo lápis colocado sobre a orelha) que, vestido com roupas remendadas, *colocava a viola no saco* (talvez a mesma viola que fora vista nas mãos da Cigarra) – anunciaria a suspensão da publicação.

> Somos forçados a suspender temporariamente a publicação deste hebdomadário, que com verdadeiro sacrifício temos mantido e esperamos continuar a manter. Quando, dentro de poucas semanas, reaparecer *A Bruxa*, terá sido reformada radicalmente: com a medida que tomamos agora, não serão absolutamente prejudicados os nossos assinantes.
>
> Ninguém ignora as dificuldades com que luta quem se abalança a uma empresa como esta: já *A Bruxa* tem feito prodígios, procurando ser pontual, interessante, nova, original. Se Deus e o Diabo não mandarem o contrário, ela ainda será mais bela e mais digna de aplauso, na fase nova em que vai entrar brevemente.
>
> Até breve, pois!

---

26 Os preços cobrados dos leitores de outros estados eram um pouco mais altos. A assinatura anual custava 28$000 e a semestral, 14$000.
27 Cf. *A Bruxa*. Rio de Janeiro, n.40, 13 nov. 1896, p.1.

Cumprindo parte do prometido, *A Bruxa* reapareceria no ano seguinte sob a direção de Leopoldo Cabral. Porém, retornando à Rua da Quitanda, a revista tornar-se-ia mais modesta, com menos ilustrações – dessa vez assinadas por Raul Paranhos Pederneiras (1874-1953) e Celso Hermínio (1871-1904). Embora o nome de Bilac ainda constasse da capa, talvez como chamariz para o público, constatar-se-ia que os responsáveis efetivos pela redação seriam Guimarães Passos e Alfredo Santiago. Os novos diretores da revista procuraram reduzir radicalmente os preços das assinaturas e do número avulso, que passou a custar a metade. No entanto, a estratégia de recuperação do periódico não foi bem-sucedida. Em julho de 1900, surgiria *outro* jornal ilustrado chamado *A Bruxa*, que apenas se aproveitava da nomeada da revista extinta, pois não possuía com ela nenhum vínculo.

Para *A Bruxa*, Bilac escreveria vários poemas satíricos; alguns foram publicados isoladamente, outros serviram de legenda para as ilustrações de Julião Machado. A maioria deles, no entanto, ocuparia o espaço da seção "Teatro".[28] Logo no primeiro número da revista, essa seção trouxe um poema constituído de dez alexandrinos com rimas parelhas, que retomou, cinco meses depois da publicação do soneto d'*A Cigarra* aqui comentado, a crítica do meio teatral carioca.

> Fui do Jardim do *Apolo* ao jardim do *Recreio*
> E ao do *Lucinda*. Vi moças de farto seio;
> Vi senhores de olhar cúpido e ardente; vi
> Tanta gente passar, às tontas por ali!
> Vi namoro, e chalaça, e farsas, e bebidas,
> E mais nada...
>
> Lamento essas horas perdidas!
> O ator Martins, Nhô-Quim do drama nacional,

---

28 Na revista ilustrada, Bilac publicaria sátiras como "A Correção (poema fim de século)" (20 mar. 1896), sobre a situação calamitosa de uma penitenciária, crônicas paródicas e sátiras ilustradas, como "Tempos bicudos" (30 out. 1896). Estudam-se neste capítulo apenas os textos publicados na seção reservada à crítica teatral por serem mais numerosos, originais e afinados com o projeto editorial d'*A Bruxa*.

Inda não veio à cena: a Arte municipal
Oscila entre o *Tintim* e a *Maria Cachuxa*:
Que hei de, pois, escrever nesta seção d'*A Bruxa*?[29]

Nesse texto, o poeta narrou passeio realizado nas ruas do Lavradio e do Espírito Santo, que, juntamente com o Largo do Rocio, concentravam as principais salas teatrais do Rio de Janeiro.[30] Nos jardins – áreas de convívio para os freqüentadores se encontrarem antes dos espetáculos e nos intervalos entre os atos – dos teatros Apolo, Recreio Dramático e Lucinda, o poeta viu apenas moças sedutoras, senhores seduzidos e ruidosa reunião social. Os teatros Recreio Dramático e Apolo eram efetivamente cercados de jardins; o Lucinda era precedido de barracões que funcionavam como botequins.[31] Algumas prostitutas freqüentavam esses locais para arrebanhar fregueses. Dos espetáculos em cartaz, o poeta nada disse; apenas lamentou suas "horas perdidas" – perdidas porque fora aos teatros em busca de Arte, enquanto as salas, entretanto, ofereciam outros atrativos muito apreciados pelos cariocas.

A "Arte municipal" oscilaria entre as revistas *Tintim por tintim* e *Maria Cachuxa*, porque, segundo o poeta, o ator Antônio de Sousa Martins (1836-1917) ainda não teria aparecido em cena. Ao atribuir a este "ministro e secretário de Estado dos Negócios do Teatro",[32] então envolvido em um projeto de Teatro Normal, o condão de revitalizar a cena teatral carioca, Bilac quis ser irônico, pois desde os tempos d'*A Cigarra* fora implacável com o velho artista, que, mais tarde, definiria como "um dos que melhor sapatearam nos cancãs do teatro Sant'Ana".[33] Martins assumira a sala fresca e arejada daquele teatro, também cercado por jardins, em 1872, logo após a inauguração. O novo empresário fundamentou sua companhia no exuberan-

---

29 LUCIFER. *A Bruxa*. Rio de Janeiro, n.1, 7 fev. 1896, p.7.
30 Até a década de 1950, a área em torno da atual praça Tiradentes ainda contava com oito teatros.
31 Cf. SILVA, L. *História do teatro brasileiro*. Rio de Janeiro: Ministério da Educação e Saúde, 1938, p.67, 71 e 81.
32 *A Cigarra*. Rio de Janeiro, n.5, 6 jun. 1895, p.7.
33 *A Bruxa*. Rio de Janeiro, n.11, 17 abr. 1896, p.7.

te talento de atrizes egressas do Alcazar,[34] Rose Villiot (1850-1908) e Amélia Gubernatis. Martins permaneceria no Sant'Ana até 1880, com interrupção entre 1877 e 1879.

O ator que interpretou a personagem-título da peça *Nhô Quim*, menosprezada por Bilac,[35] ameaçava vir "à cena" como diretor artístico de uma projetada escola municipal de arte dramática. Bilac encerraria o texto ressaltando a impossibilidade de se pronunciar sobre o teatro carioca, dominado pelas bambochatas; seu desalento só poderia aumentar ao ver encarregado da "regeneração" capitaneada pelo Conselho Municipal um ator e empresário de revistas e operetas.

O texto transpirava certa censura de cunho moralista aos freqüentadores dos teatros, que deles se serviam para realizar atividades estranhas à arte dramática. No entanto, o "namoro", a chalaça e as bebidas dos jardins talvez fossem apenas um transbordamento da licenciosidade do palco, onde os ditos obscenos e a ginástica erótica do maxixe predominavam.[36]

---

34 O café-concerto Alcazar, do artista francês Joseph Arnaud, foi inaugurado na Rua da Vala, atual Uruguaiana, em 1857. A chegada em 1864 de um grupo de francesas revitalizou a sala de espetáculos, que abrigou alguns sucessos, como *Orphée aux enfers*, ópera-bufa em quatro atos, de Offenbach, que, em 1865, deu início à hegemonia do teatro cômico e musicado no Rio de Janeiro e manteve-se em cartaz por *quatrocentas noites*. A estrela absoluta daquele palco foi Aimée, que despertou nos cariocas paixões arrebatadoras e ruinosas. Suas sucessoras foram Angèle Chartou, Marta Lafourcade, Delmary, Rose Marie (depois chamada de Rose Meryss), Leonor Rivero e Suzana Castera. Cf. SILVA, L. *História do teatro brasileiro*. Op.cit., p.355. FARIA, J. R. *O teatro realista no Brasil: 1855-1865*. São Paulo: Edusp, 1993, p.xvii-xviii. Segundo um freqüentador do teatro, nem mesmo as senhoras respeitáveis resistiram à sedução da ópera-bufa. Para atraí-las, organizou-se uma *soirée de familles*, da qual foram cuidadosamente excluídas as mulheres de vida alegre. A estratégia foi bem-sucedida. "Foi preciso repetir muitas vezes as *soirées de famille*, a que todo o Rio de Janeiro sério concorreu. E o *Orfeu* invadiu a cidade toda, diluído em quadrilhas, em marchas, em polcas, tocado pelos pianos e pelos realejos, e até pelos sinos das igrejas." VELHOTE. No nosso tempo... O Alcazar – III. *A Notícia*. Rio de Janeiro, 7 nov. 1896, p.1, 2ª col.
35 Teatros. *A Cigarra*. Rio de Janeiro, n.4, 30 maio 1895, p.6.
36 O maxixe "... se constituiu em gênero musical, antecessor do samba, a partir de uma maneira de dançar, mais requebrada, francamente erótica, não aceitável a não ser pelas camadas populares". PRADO, D. de A. *História concisa do teatro brasileiro* (1570-1908). São Paulo: Edusp, 1999, p.113.

Pelo desagrado manifestado pelo crítico com o teatro do Rio de Janeiro, compreende-se a pouca assiduidade da seção "Teatro" n'*A Bruxa*, irregularidade que certa vez Bilac procurou justificar para o leitor.

> Haveis de notar que raras vezes se inclui n'*A Bruxa* esta seção.
> A razão é simples: nenhuma novidade aparece, digna de menção, na calmaria podre dos podres barracões da rua do Espírito Santo.[37]

Algumas vezes, a seção trazia *sketches* satíricos que, embora pertencentes ao gênero dramático, não tratavam propriamente do teatro carioca. A personagem do "monólogo" a seguir transcrito, por exemplo, foi o ávido chefe de polícia, intensamente criticado pela imprensa, que debalde pedia sua demissão.

Monólogo de Atualidade

O Sr. André Cavalcanti (só, mastigando, passeando[38] agitadamente pelo seu gabinete da rua do Lavradio):

> Sai[39] o fruto da flor, e a pérola do mar;
> Do sol, a luz do dia, e da lua, o luar;
> Sai[40] a guerra da paz, e sai da paz a guerra,
> E as espumas do mar, e as árvores da terra;
> O leite sai da vaca, e do ovo o pinto; sai[41]
> Da avó a mãe, assim como do avô o pai;
> Tudo sai![42] No fervor universal da vida
> Há para tudo entrada, e tudo tem saída!
> *(Pausa)*

---

37 *A Bruxa*. Rio de Janeiro, n.50, 22 jan. 1897, p.7. Na Rua do Espírito Santo, ficavam os teatros Sant'Ana, Lucinda e Recreio Dramático. Os que ofereciam melhores acomodações eram o Lírico e o São Pedro de Alcântara, situados, respectivamente, na Rua da Guarda Velha, atual Treze de Maio, e na Praça Tiradentes (Largo do Rocio).
38 Na revista: *passeiando*.
39 Ibidem: *sae*.
40 Ibidem: *sáe*.
41 Ibidem: *sàe*.
42 Ibidem: *sáe*.

Ó minh'alma! eu também um dia hei de[43] sair?
Porque[44] não ficarei, perpétuo, a digerir,
Perpetuamente em paz, almoços e jantares,
Regados a Bordeaux, regados a Colares?
Ai! também sairei! não posso, por meu mal,
Formar uma exceção na vida universal!
Sairei! arrastando o estômago, com fúria,
E dirigindo aos céus[45] a derradeira injúria,
Lembrando com saudade os *lunches* que gozei,
Sairei! sairei! sairei! sairei...
    (Pausa)
Mas, sairei à força, ó alma angustiada!
(Chamando um contínuo)
Seu José! tome lá! vá comprar uma empada![46]

Esses alexandrinos com rimas parelhas não eram apenas uma sátira contra um policial considerado glutão e incompetente, que ocupava um cargo importante apenas por atender a conveniências políticas; serviam também como crítica indireta aos "podres barracões da rua do Espírito Santo" e aos demais palcos, que não forneciam matéria digna de ocupar a seção da revista que lhes era reservada.

Em julho de 1896, apareceria uma novidade digna de menção. As dependências do Teatro Eldorado seriam transformadas numa réplica do *Cabaret du Chat Noir* de Paris pela senhorita Ivone, ou melhor, *mademoiselle* Ywonna, conforme anúncio publicado na *Gazeta de Notícias*. O cronista Fantasio reconheceria na nova casa um esforço de imitação de similares francesas, onde imperava o cançonetista popular homenageado pela empresária no cenário de sua casa e em sua própria indumentária.

---

43 Ibidem: *hei-de*.
44 Respeitou-se a separação vocabular do original.
45 Na revista: *céos*.
46 LILITH. *A Bruxa*. Rio de Janeiro, n.54, 19 fev. 1897, p.7. Na *Vida exuberante de Olavo Bilac*, Eloy Pontes reproduz esse texto sem o título e com várias alterações na pontuação. Rio de Janeiro: José Olympio, 1944, v.2, p.386.

Em ponto grande, com o seu vestuário de bretão, avulta o retrato de Aristide Bruant, o rei das tavernas de Montmartre.[47] E, vestida à maneira de Bruant – pantalonas fofas de belbutina, camisa vermelha, sombreiro desabado – passa e repassa entre as mesas a gorda Ivone, de olhos espertos rebrilhando malícia, covinhas brejeiras no queixo, melenas soltas, boca cheia de sorrisos amáveis.[48]

O cabaré, cujo ar, segundo o cronista, era "impuro", oferecia como principais atrações a seu público as *chansonettes* brejeiras interpretadas pelas *mademoiselles* Eugenie Chauvin, Dubois e Lisette, entre outras. Atraía também a atenção dos freqüentadores o ardente bailado espanhol de Carolina Brosio e Del Valle. Ivone reunia num único estabelecimento, que funcionava convenientemente depois das 11 horas da noite, dois produtos da predileção dos cariocas: cerveja e pernas de atriz.[49]

Bilac, que, por diversas vezes, já se mostrara desiludido com o teatro carioca e, naquele momento, via os empreendedores do setor curvarem-se ao gosto inculto do público, abandonando completamente a veleidade de constituição de uma arte dramática nacional digna deste nome, só poderia receber com ironia a abertura de uma casa que, a seu ver, prostituía o teatro. Assim, compôs uma cançoneta para ser cantada pela proprietária do cabaré.

---

47 Anatole France, ídolo literário da geração de Bilac e mestre da ironia, assim avaliou a contribuição de Aristide Bruant, Victor Meusy e Léon Xanrof, autores verdadeiramente "modernos", para a canção francesa: "Avec eux la chanson a pris un air qu'elle n'avait pas encore, une crânerie canaille, une fière allure des boulevards extérieurs, qui témoigne du progrès de la civilisation. Elle parle l'argot des faubourgs." Les chansons du Chat-Noir. In: Idem. *Oeuvres complètes illustrées de Anatole France*. Paris: Calmann-Lévy Éditeurs [1949]. t. VII, p.375.

48 FANTASIO. No cabaré. *Gazeta de Notícias*. Rio de Janeiro, 3 jul. 1896, p.1, 7ª col.

49 Alguns anos depois, Olavo Bilac observaria na sua crônica dominical que, "... desde o tempo do ouro do *Alcazar* da rua da Vala, ... a boa gente carioca tem o amor da cançoneta picante e do cancã maroto...". *Gazeta de Notícias*. Rio de Janeiro, 11 mar. 1900, p.1, 2ª col.

THA-MA-RA-BOUM-DI-HÉ
(Para ser cantado, com coros de artistas nacionais,[50] no Cabaret,[51] por Melle Ivonne)

MÚSICA DE DÉSANSART

I

Quando vivia João Caetano,
Havia ingênua, e pai[52] tirano,
E capa, e espada, e sangue só...
— O dramalhão desfez-se em pó!
Temos agora o diabo a quatro,
Graças ao gênio do Brandão!
Enfim! possuímos um teatro,
Em plena civilização!

Tha-ma-ra-boum-di-hé![53] *(bis)*
Temos *Tintim*,[54] e até
Temos um Cabaret!
Tha-ma-ra-boum-di-hé! *(bis)*

II

Chegai! chegai![55] já ninguém cora,
Nem se revolta, ao ver de fora,
Do gás ao brilho ardente e cru,
Tudo quanto há no *Rio-Nu*...[56]
Que tem que as pernas das atrizes
Sejam de carne ou de algodão?
— Mirai-as[57] bem, olhos felizes!
Isto é que é civilização!

---

50 Na revista: *nacionaes*.
51 Manteve-se a grafia francesa por tratar-se de nome próprio.
52 Na revista: *pae*.
53 Manteve-se a grafia original desse verso por ser formado por interjeições.
54 N'*A Bruxa*, o título da revista de ano é sempre grafado com hífen.
55 Na revista: *Chegae! chegae!*
56 Em vários textos da revista, esse título é grafado com hífen e acento: *Rio-Nú*.
57 Na revista: – *Mirae-as*.

Tha-ma-ra-boum-di-hé! *(bis)*
Temos *Tintim*, e até
Temos um Cabaret!
Tha-ma-ra-boum-di-hé! *(bis)*

III

Inda heis de[58] ver, bem ensaiada,
Representar-se *A Martinhada*!
Vereis, da rampa à viva luz,
Freiras sem véus[59] e frades nus![60]
Feliz o Rio de Janeiro!
Feliz, feliz população!
Entrou o Palco brasileiro
Em plena civilização!

Tha-ma-ra-boum-di-hé! *(bis)*
Temos *Tintim*, e até
Temos um Cabaret!
Tha-ma-ra-boum-di-hé! *(bis)*[61]

O "tha-ma-ra-boum-di-hé" de Bilac era uma paródia das canções que se ouviam nos teatros cariocas, onde se cultivavam gêneros dramáticos como a revista e a zarzuela, que combinavam representação, canto e declamação. Por isso, a rubrica pedia "coros de artistas nacionais" para saudar, com um estribilho eufórico no final de cada estrofe, a revista *Tintim por tintim*, que seguia "inexpugnável" no teatro Éden-Lavradio, e o novo cabaré.

Na primeira estrofe, como sugeria o poeta, Ivone deveria registrar o fim dos dramalhões dos tempos de João Caetano (1808-1863)[62]

---

58 Ibidem: *heis-de*.
59 Ibidem: *véos*.
60 Ibidem: *nús*.
61 LILITH. *A Bruxa*. Rio de Janeiro, n.23, 10 jul. 1896, p.7. Esse texto foi republicado por Martins Fontes com algumas alterações na pontuação e sem os destaques gráficos do original. *Bohemia galante. Poesia cômica*. Santos: Bazar Americano [1924]. p.113-4.
62 Ao tratar do teatro brasileiro no período 1838-1855, José Galante de Sousa registrou que "o chamado dramalhão, mistura do melodrama francês com o drama romântico, fez aqui sua época. Bouchardy, Arago, D'Ennery e Anicet Bourgeois tiveram larga aceitação, principalmente nos palcos cariocas". *O teatro no Brasil*. Rio de Janeiro: MEC/INL, 1960, t.1, p.172.

e o triunfo do ator cômico Brandão (1845-1921), cognominado "O Popularíssimo". Associar João Caetano à repetição do enredo da "ingênua e pai tirano", que seria uma marca do teatro romântico, foi uma perfídia que Bilac colocou na boca da *mademoiselle*. O ator que revolucionou a declamação brasileira teve o mérito de ser um dos primeiros a organizar, em 1833, um elenco dramático com atores brasileiros nos papéis principais, núcleo de uma das melhores organizações teatrais que este país já possuiu; além disso, interpretou as principais personagens dos grandes clássicos da literatura dramática[63] e levou ao palco a primeira tragédia e a primeira comédia nacionais: *Antônio José ou O poeta e a Inquisição*, de Domingos José Gonçalves de Magalhães (1811-1882), e *O juiz de paz da roça*, de Luís Carlos Martins Pena (1815-1848).[64] Já a companhia Brandão consagrou as revistas maliciosas com saias e vestidos esvoaçantes, dando ao Rio de Janeiro, nas irônicas palavras do poeta, "um teatro / em plena civilização!". Para o gênero de teatro que fazia a esfuziante Ivone, certamente mais contribuía o popularíssimo Brandão do que o inolvidável João Caetano. Nos anos em que as revistas ilustradas de Bilac e Julião Machado eram publicadas, o Rio de Janeiro estava avassalado pelos três gêneros do teatro musicado: a opereta, a revista e a mágica.[65]

"Civilização", repetida três vezes na canção da Ivone, era uma palavra-chave para se entender o contexto cultural da época. Para Bilac e seus contemporâneos, a civilização ocidental era mais bem representada pela capital francesa por sua organização urbanística

---

63 SOUSA, J. G. de. *O teatro no Brasil*. Op.cit., t.2, p.142.
64 PRADO, D. de A. *História concisa do teatro brasileiro*. Op.cit., p.40.
65 Gênero menor, a mágica, derivada da *féerie* francesa, foi assim definida pelo ator e empresário Sousa Bastos: "É uma peça de grande espetáculo cuja ação é sempre fantástica ou sobrenatural e onde predomina o maravilhoso... Infelizmente o gênero, patrocinado pelos deslumbramentos das visualidades e riqueza dos acessórios, cai em mãos inábeis quase sempre; e por isso é vulgar tais peças aparecerem muitas vezes cheias de inépcias, grosserias e infantilidades tolas". Apud PRADO, D. de A. *História concisa do teatro brasileiro*. Op.cit. p.105.

exemplar e sua intensa e variada vida cultural. Mas na "civilização" carioca, como registrava a segunda estrofe, ninguém se indignava "ao ver de fora ... Tudo quanto há no *Rio-Nu*...". Um dos diabos que escrevia para *A Bruxa* narrou assombrado o que vira no teatro Lucinda.

> Lembro-me de que vi o inferno em cena, e, com grande escândalo, o não reconheci; em todo o caso, porém, lisongeou-me essa evocação do meu lar.
> Vai pecadora a terra! Mulheres despidas saracoteando os quadris na dança crioula: o maxixe; homens em feroz raivaço agredindo-as à vista do público; ditos de arrepiarem meu próprio pai; pouca vergonha; chalaças pulhas; e nenhum critério literário, e nenhuma condição artística, e a mais completa ausência da gramática, e um mistifório de línguas e olhos esbugalhados, e as mais ignóbeis macaquices... eis o que vi!
> ....
> ... Já vi *Lisboa em camisa*, e, apesar de Artur Azevedo afirmar que o *Rio nu* está muito bem vestido – cáspite! – eu concordo como quem o arranjou – não acho por onde lhe pegue.
> E, com os olhos flamejantes, contemplei os camarotes – as famílias riam; olhei as torrinhas – o povinho ria; mirei a platéia – todo o mundo ria...[66]

Na emulação da cultura parisiense, os cariocas copiavam o que o modelo apresentava de ruim: as cançonetas, as revistas, as óperas-bufas e os *vaudevilles* sem nenhuma ambição artística nem literária, que procuravam apenas satisfazer os baixos apetites do público.[67] Nem mesmo a presença de certa *cor local*, como a assegurada pelo maxixe no *Rio Nu*, modificava essa tendência; pelo contrário, acen-

---
66 FLAMECHE. *A Bruxa*. Rio de Janeiro, n.11, 17 abr. 1896, p.7.
67 Na França, o *vaudeville* caracterizava-se por possuir personagens sem profundidade psicológica e pelo emprego sistemático do *couplet*, "desdobrando a música em árias, duetos, trios e coros. O que, por si só, significava menos realismo e mais fantasia". A falta de unidade permitia ao autor da partitura aproveitar melodias já conhecidas do público. PRADO, D. de A. *História concisa do teatro brasileiro*. Op.cit., p.120.

tuava-a poderosamente.[68] Por isso, Bilac fez Ivone dizer das pernas das atrizes: "Isto é que é civilização".[69]

Na terceira estrofe, a cançoneta previa a encenação d'*A martinhada* com suas "freiras sem véus e frades nus!". Nunca existiu peça com esse título, que, na verdade, aludia à iniciativa da municipalidade de criar um Teatro Normal, que foi previamente confiado à direção artística do ator Martins. O título sarcástico expressava a desconfiança do poeta para com a intromissão do poder público no meio teatral, máxime com a assessoria de quem por longos anos cultivara o gênero de espetáculos acusado pelos críticos teatrais de ser o responsável pela "decadência" do teatro nacional.[70] Por isso, o poe-

---

[68] No verão de 1905, o ritmo sincopado foi a principal atração de uma casa noturna de Paris. A "consagração" estrangeira não fez Bilac mudar de opinião: "... escrito como nós o escrevemos e limitado ao uso e ao gozo do nosso povo que se diverte – ou afrancesado mudando de gênero e de ortografia sob a nova denominação de '*la matchiche*' – o *maxixe* sempre será o *maxixe* – uma dança que é tão obscena e imoral quanto é selvagem e bárbaro o *cake-walk*". B. [Olavo Bilac]. Registro. *A Notícia*. Rio de Janeiro, 28 set. 1905, p.2, 1ª col.

[69] Em viagem posterior à Europa, realizada em 1904, Bilac testemunharia o fastígio do teatro ligeiro na capital francesa. "Nós costumamos dizer, no Rio de Janeiro, que não pode haver coisa mais estúpida do que as nossas famosas 'revistas de ano'. Pois bem: em Paris, o principal, o mais forte elemento de 'sucesso' dos *cafés-concertos*, no verão, é a 'revista de ano' ... / Em todas essas bambochatas, montadas com um luxo fabuloso de encenação, de instalação de luz, de vestuários e de acessórios, mas completamente destituídas de nexo, de significação, de graça e de senso comum, havia apenas a preocupação de exibir a nudez das cantoras e das comparsas, e a obscenidade deslavada de diálogos e de coplas, em que a exasperação da tolice corria parelhas com o cinismo da expressão. ... / Quanto aos espectadores – esses escapam facilmente à influência perniciosa de tão seguras e terríveis causas de demência – porque não prestam atenção ao enredo das revistas; não é propriamente para ouvir o que se diz e o que se canta em cena que a gente vai aos *cafés-concertos*: a atração desses magníficos e ofuscantes *cabarets* não está na cena, mas fora dela, nos *halls* iluminados, onde se exibem e tumultuam feiras de amor, capazes de contentar e saciar a desmarcada ambição delirante de um Salomão..." B. [Olavo Bilac]. Registro. *A Notícia*. Rio de Janeiro, 29 set. 1904, p.2, 1ª col. Essa crônica foi escrita em Paris em 31 de agosto de 1904.

[70] O fenômeno já havia sido detectado por Machado de Assis em 1873. "Hoje, que o gosto público tocou o último grau de decadência e perversão, nenhuma esperança teria quem se sentisse com vocação para compor obras severas de arte.

ta vislumbrava como resultado do iminente magistério municipal a aparição em cena de personagens nuas. A saudação ao Rio de Janeiro pela entrada do "Palco brasileiro" em "plena civilização" estava, portanto, totalmente contaminada pela ironia, tropo com que às vezes se disfarça a censura sob as vestes do elogio;[71] a inauguração do cabaré, o sucesso de público de espetáculos como *Tintim por tintim* e *Rio Nu* e a atribuição da missão regeneradora a um velho revisteiro marcavam, pela perspectiva de Bilac, a completa *débâcle* do teatro do Rio de Janeiro.

No terceiro número d'*A Bruxa*, Bilac dignou-se responder a Lulu Junior (Luís de Castro), da *Gazeta de Notícias*, que, em sua coluna "Artes e Manhas" indagava sobre "as causas da decadência" do teatro nacional e os possíveis "remédios" para o mal.[72] De início, o poeta procurou colocar a questão em termos apropriados: "Verdade é que não compreendo bem que utilidade haverá em saber a gente quais são as causas da decadência de uma cousa... que não existe". Depois, associou a precariedade da arte dramática brasileira ao baixo nível de desenvolvimento cultural do país.

> Nós estamos em um país, onde não há livro de literatura que tenha mais de duas edições de mil exemplares. Mais ainda: estamos em um país, em que não há um só jornal que tire, por dia, a ninharia de cinqüenta mil folhas. Por quê? porque o amor da leitura, da instrução, das belas letras, das ciências e das artes, só pode existir em povo que já se tenha desenvolvido e aperfeiçoado politicamente, comercialmente, e industrialmente. Como querem os regeneradores que um povo, como o nosso, prefira Shakespeare a Sousa Bastos ou Molière a Eduardo Garrido?[73]

Quem lhas receberia, se o que domina é a cantiga burlesca, ou obscena, o cancã, a mágica aparatosa, tudo o que fala aos sentimentos e aos instintos inferiores." Apud PRADO, D. de A. *História concisa do teatro brasileiro*. Op.cit., p.86.

71 Cf. KERBRAT-ORECCHIONI, C. L'ironie comme trope. *Poétique*. Paris, v.41, Février 1980, p.121.

72 No rodapé da edição de 8 de fevereiro de 1896, Lulu Jr. afirmava ter feito essas perguntas a autores, diretores, empresários, atores e críticos de teatro e prometia publicar as respostas obtidas em sua coluna semanal, o que realmente fez.

73 *A Bruxa*. Rio de Janeiro, n.3, 21 fev. 1896, p.7.

Bilac considerou a preocupação com o teatro uma questão ociosa, pois o país ainda não possuía "coisas infinitamente mais necessárias que teatro". Apontou como exemplo a ser seguido o povo da América do Norte, que se desenvolvera

> prodigiosamente e fabulosamente; e, antes de ter teatro, teve indústria, teve comércio, teve administração, teve estradas de ferro, teve navegação, teve autonomia.[74]

Em artigo publicado na *Gazeta de Notícias*, Bilac – dessa vez sob o pseudônimo de Fantasio – voltaria a tocar na questão da decadência do teatro, esclarecendo seu ponto de vista sobre a interferência do poder público.

> não vejo inconveniente em que alguns homens de boa vontade e de paciência inesgotável se esfalfem a dar Arte a um povo que só quer bambochatas.
> Mas o que me parece um contra-senso é que o conselho municipal se meta a regenerar o teatro, quando não trata de sanear a cidade. ... Tendo nós febre amarela, e tendo, ao mesmo tempo, um teatro normal, teremos um bem compensando um mal, – o que não será felicidade pequena. Mas, ainda assim, cuido que muito melhor seria ficarmos privados de teatro, contanto que também ficássemos privados de febre amarela.[75]

O envolvimento da municipalidade com a regeneração do teatro era considerado por Bilac uma inversão injustificável de prioridades.

> Os poderes municipais que fazem para sanear a cidade, para matar essa hedionda febre amarela que está insaciavelmente agarrada ao nosso peito, a mamar-nos a vida, o crédito, a reputação? O Rio de Janeiro está cada vez mais sujo. Há ruas que têm a vegetação das florestas virgens, e outras que pela sua porcaria fazem lembrar as ruas porquíssimas

---

74 Ibidem.
75 FANTASIO. Entre a febre e o teatro. *Gazeta de Notícias*. Rio de Janeiro, 29 fev. 1896, p.1, 6ª col.

de Fez. Nos aterros que se estão fazendo nos cais, vão, de cambulhada, com a terra, cadáveres de burros e de cachorros. E toda a cidade cheira mal. E os poderes municipais cuidam em plantar no meio dela um Teatro Normal – flor de arte e de civilização no meio de um atoleiro. Tratar do progresso artístico antes do progresso material... qualquer cousa como usar perfume no lenço, e não banho... qualquer cousa como ensopar de óleo o cabelo antes de o ter ensaboado![76]

Subjacente à celebração irônica do teatro carioca pela cançoneta composta para ser cantada ruidosamente no cabaré entre brindes e goles de cerveja, havia mais amargo desencanto do que ferina censura; havia a lúcida constatação do insignificante desenvolvimento cultural da nação brasileira e do longo caminho a ser percorrido para aproximá-la da civilização européia.

A despeito da ironia de que estava impregnada essa primeira oferenda, Fantasio iria compor alguns meses depois duas novas "canções do dia", que, depois de publicadas na *Gazeta de Notícias*, deveriam ser cantadas à noite pela estrela do cabaré, conforme assegurava nota do jornal.[77] A primeira, "O tha-ma-ra-boum-di-hé do divórcio",[78] satirizava as discussões em torno de projeto do deputado Érico Coelho que instituía o divórcio. A segunda, "En revenant de la chambre",[79] criticava asperamente a inoperância do Congresso Nacional.

Em outro texto, a insatisfação crescente com o teatro carioca, que se afastava definitivamente dos padrões da alta cultura européia, fez Bilac abandonar o tom neutro do discurso irônico, que geralmente disfarça franca desaprovação sob amena urbanidade.

---

76 Ibidem.
77 Nota d'*A Notícia*, publicada em 1898, anunciaria, em contradição com a informação fornecida pelo jornal de Ferreira de Araújo, que Mlle. Iwonna se exibiria "pela primeira vez em português" – dois anos depois, portanto. *A Notícia*. Rio de Janeiro, 20 jan. 1898, p.3, 1ª col.
78 *Gazeta de Notícias*. Rio de Janeiro, 11 out. 1896, p.1, 5ª col.
79 Ibidem, 15 out. 1896, p.1, 5ª col.

Olá vós! em Paris, em Londres, em Viena,
Não tendes com certeza os dramas que há por cá!
Deve causar-vos dó, deve fazer-vos pena
    Não ouvir o *Amapá!*

Tendes vós um Moreira, um Cardim, um Vicente?
Tendes um gênio assim? tendes alguém? — Quem é?
Tendes por lá quem trame o enredo refulgente
    Do *Alferes Busca-Pé?*

A Arte, neste Brasil, vive em perpétua aurora:
Andam aos pontapés os gênios por aqui!
O alto e bondoso Deus deu-nos o *Zé-Caipora*,
    E a *Bilontra-Mimi!*

Lá no vosso Teatro, ó cidades da Europa,
O drama é bagaceira, é porcaria, é pó...
Isto aqui é que é Arte, isto aqui é que é tropa:
    Deveis ter pena e dó!

Porque enfim eu daqui nem a pauladas saio:
É maior que o Indostão, é maior que o Peru[80]
Um país que possui[81] um Moreira Sampaio,
    E tem um *Rio-Nu!*[82]

    Nessas quadras formadas cada uma por três alexandrinos e um heróico quebrado, o poeta dirigiu-se aos povos europeus para vangloriar-se da superioridade do teatro brasileiro sobre o deles. Com uma atitude ufanista, pretendeu esnobar as grandes cidades européias, onde não se assistiria a dramas como os cariocas ou a revistas de ano como *O Amapá* (primeira estrofe), que, aproveitando a excitação provocada pelo interesse francês no território, explorava opor-

---
80 Na revista: *Perú*.
81 Ibidem: *possúe*.
82 PUCK. *A Bruxa*. Rio de Janeiro, n.43, 4 dez. 1896, p.7. Martins Fontes republicou esse texto em antologia de poesia satírica. *Bohemia galante*. Op.cit., p.113-4.

tunamente o zelo patriótico do público para encher as dependências do Sant'Ana; onde não se encontravam gênios do porte de um Francisco Moreira Sampaio (1851-1901), um Vicente Torres da Silva Reis (1870-1947) ou um Pedro Augusto Gomes Cardim (1864-1932), autores de revistas de ano, comédias e *vaudevilles* como *Alferes Buca-Pé*[83] (segunda estrofe), paródia da ópera *Aída*, de Verdi; onde não surgiam espetáculos como a revista *Zé-Caipora*, encenada no Príncipe Imperial em 1887, e o *vaudeville Mimi Bilontra*, adaptação livre de *Les mémoires de Mimi Bamboche*, de Grangée Thiboust, que estreou no Variedades em 1890 (terceira estrofe); onde o drama era "porcaria" (quarta estrofe). Para o poeta, o que distinguiria o Brasil entre os países do mundo era ser a pátria de Moreira Sampaio, o mais prolífico dos revisteiros. Segundo José Galante de Sousa, o autor do *Rio Nu* escreveu treze revistas, dezesseis operetas e seis *vaudevilles*, além de várias comédias e outras peças.[84]

À parte a qualidade literária da obra desses autores, cujo sucesso dependia muitas vezes do figurino com que seus textos eram encenados, esse ufanismo *avant la lettre*[85] era completamente despropositado, sabendo-se da ascendência do teatro europeu, notadamente francês, sobre o brasileiro. Numa época em que o direito autoral não era reconhecido,[86] autores estrangeiros como, por exemplo, Octave Feuillet (1821-1890), Henri Meilhac (1831-1897), Franz von Suppé (1819-1895), Georges Feydeau (1862-1921), Victorien Sardou (1831-1908), Arthur Millaud (1844-1892), Lanbert Thiboust (1827-1867) e Eugène Labiche (1815-1888) eram traduzidos ou adaptados em larga escala, muitas vezes de forma apressada e infiel ao texto original. Além disso, dada a admiração pela civilização européia mani-

---

83 Esse texto foi escrito por Moreira Sampaio.
84 Cf. SOUSA, J. G. De. *O teatro no Brasil*. Op.cit., t.2, p.473-8.
85 A obra do conde de Afonso Celso, *Por que me ufano do meu país*, que daria largo curso à expressão, seria publicada mais tarde, em 1900.
86 A primeira lei de direitos autorais surgiria em 16 de julho de 1898 com o objetivo de beneficiar os autores brasileiros. Cf. MERIAN, J.-Y. Aluísio Azevedo e os escritores brasileiros no debate sobre a propriedade literária. In: Ibidem. *Aluísio Azevedo*. Rio de Janeiro: Espaço e Tempo; Brasília: INL, 1988, p.362-86.

festada por Bilac em numerosas passagens de suas crônicas, a bazófia do poeta nesse texto só poderia ser lida como discurso irônico. Ao ver proliferar o teatro "imbecil e obsceno" das operetas, *vaudevilles* e revistas[87] escritos por "atores, sapateiros, médicos, carregadores, maestros"[88] e premiados com o apreço popular, Bilac procurou fulminá-lo com a letal arma do sarcasmo, que se diferencia da ironia propriamente dita justamente pelo tom de derrisão desabrida.[89]

Desde 1884, data de apresentação da revista *O Mandarim*, de Artur Azevedo e Moreira Sampaio, primeiro sucesso do gênero, até o início do século XX, as revistas, com suas montagens aparatosas, dominaram o teatro brasileiro juntamente com as operetas, cujo início data de 1865, quando foi encenada no Alcazar a ópera-bufa em quatro atos *Orphée aux enfers*, do judeu de origem alemã – mas músico iminentemente parisiense – Jacques Offenbach.[90] A opereta foi nacionalizada em 1868 por Francisco Correia Vasques (1829-1892). O seu *Orfeu na roça* era uma paródia da opereta de Offenbach, que, por sua vez, parodiava as convenções da ópera e ridicularizava a antiguidade greco-romana.

---

87 *A Bruxa*. Rio de Janeiro, n.3, 21 fev. 1896, p.7.
88 Ibidem, n.20, 19 jun. 1896, p.7.
89 Cf. MUECKE. Analyses de l'ironie. *Poétique*. Paris, v.36, nov. 1978, p.490.
90 Segundo um historiador, essa estréia teria determinado os rumos do teatro brasileiro. "Ao realismo, se a história tivesse lógica, seguir-se-ia o naturalismo, como aconteceu na França, e no que diz respeito ao romance também no Brasil, com Aluísio Azevedo sucedendo a José de Alencar. Mas nos palcos do Rio de Janeiro, cidade que concentrava praticamente todo o teatro nacional, essa seqüência foi interrompida por uma espécie de avalanche de música ligeira, que arrasou o pouco que o romantismo e o realismo haviam conseguido construir sob a designação de drama. A irrupção da opereta francesa, acompanhada por suas seqüelas cênicas, trouxe consigo a morte da literatura teatral considerada séria. Não se deixou por isso de pensar sobre o Brasil – e sobre o que mais poderíamos pensar? –, porém em termos de comédia ou de farsa, em continuação a Martins Pena, não a Castro Alves ou Alencar. Tal inflexão foi condenada por todos os interessados – autores, intérpretes, críticos –, menos pelo público, que de qualquer forma nunca dera atenção aos nossos escritores." PRADO, D. de A. *História concisa do teatro brasileiro*. Op.cit., p.85.

Nas mãos do Vasques, pobres de literatura, mas ricas de experiência de palco, Orfeu aparece sob as vestes de Zeferino Rabeca; Morfeu, o deus do sono, transforma-se num nacionalíssimo Joaquim Preguiça; e Cupido passa a responder pelo irresistível nome de Quim-Quim das Moças. O êxito da fórmula, casando França e Brasil, Offenbach e Martins Pena, foi fulminante.[91]

As revistas baseavam-se na crítica de costumes e *passavam em revista* os principais acontecimentos do ano anterior. De modo que facilitasse a encenação, entidades abstratas – como a carestia e o câmbio, por exemplo – eram personificadas e encarnadas por um ator. Compostas de quadros variados, as revistas empregavam dezenas de pessoas além dos atores e cantores: figurinistas, cenógrafos, coro, músicos etc. Todos encarregados de assegurar a alegria e o movimento do palco.

Para obstar a total fragmentação, que afetava até mesmo a música, havia uma personagem que estava presente em quase todos os espetáculos do gênero.

> Não tendo enredo, ou não o necessitando [sic], a revista adquiria a sua escassa unidade através da figura do *compère* .... Essa personagem, em parte fictícia, como as outras, mas relacionada de perto às características pessoais do ator incumbido de interpretá-la, unia os diferentes quadros que compunham o espetáculo, ora cômicos, ora de canto e dança, quando não das três coisas juntas. Ele, o *compère*, era de certo modo o mestre de cerimônia, não deixando, pela sua forte ação de presença, pela empatia com o público, que a continuidade da representação se desfizesse totalmente em números isolados.[92]

As primeiras revistas, como *O Tribofe* (1892), de Artur Azevedo, apresentavam certa "continuidade de enredo"; depois, entretanto, o gênero perdeu unidade, aglutinando "quadros isolados, independentes".[93] No período de fastígio do gênero, quando *A Bruxa* era

---

91 Ibidem, p.95.
92 Ibidem, p.103.
93 Cf. SOUSA, G. de. *O teatro no Brasil*. Op.cit., t.1, p.228-9.

publicada, acentuaram-se as velhas queixas a respeito da "decadência do teatro nacional", para a qual apontavam-se várias causas, entre as quais "a mania da popularidade a todo custo" e "a falta de assistência do governo".[94]

O civilizado leitor d'*A Bruxa* rejeitaria o significado literal dos versos porque não poderia aceitar uma inversão de "hierarquia" que colocasse o teatro brasileiro acima do europeu. Com ele, rejeitaria também todo um complexo ideológico de matiz nacionalista que pudesse virtualmente valorizar os espetáculos cariocas pelo que contivessem de espontâneo ou popular. Juntos, leitor e poeta ascendiam a um lugar mais alto e supostamente mais sábio e verdadeiro, de onde observavam superiormente os que pudessem vir a ignorar as marcas evidentes de sarcasmo[95] ou mesmo os que se divertiam nos teatros cariocas. Ambos estavam plenamente convencidos da superioridade da cultura européia e da impossibilidade de cultivar a arte dramática nos trópicos.

No início de 1899, o teatro carioca enfrentaria grave crise causada pela concorrência de outras diversões noturnas: frontões de pelota basca, salões de boliche e velódromos, onde se promoviam corridas de bicicletas. Todas essas casas aceitavam apostas, o que atraía bom público. O rodapé d'*A Notícia* registrou a extensão do problema enfrentado pelos teatros.

> E aí estão os teatros fechados! O S. Pedro, o Sant'Ana e o Lírico há muito não se abrem; fecha-se o Lucinda porque o [empresário] Oyanguren desanima; o Variedades porque o Dias Braga leva a sua companhia ao Rio Grande do Sul; o Éden Lavradio porque é preciso ensaiar a todo vapor a revista *O Buraco* ... .

---

94 Ibidem, t.1, p.230-1. Sintomaticamente, o dramaturgo Eduardo Vitorino publicaria em 1898 a obra *Arte dramática. Estudo sobre a regeneração do teatro no Brasil*.
95 Segundo Wayne C. Booth, com o significado literal do enunciado irônico, o leitor rejeita uma inteira estrutura de crenças e convicções. Ao fazer isso, sente-se superior àqueles que não percebem a presença do tropo. Cf. *A Rhetoric of Irony*. Chicago: The University of Chicago Press, 1974, p.35-9.

Fica, por conseguinte, aberto apenas o Recreio, se a empresa não resolver fechar também as portas durante os últimos ensaios do *Gavroche*. Consta – não sei com que fundamento – que o Variedades, o Sant'Ana, o Lucinda e o Éden serão transformados em estabelecimentos de jogatina diurna e noturna. Melhor seria que a polícia, tomando uma resolução enérgica, mandasse enforcar o último empresário nas tripas do último artista![96]

Imagine-se com que amargura Artur Azevedo, que dedicou sua vida ao teatro, escreveu essas linhas. Apesar de tão criticadas, apenas revistas de ano como *Gavroche* e *O Buraco*, citadas pelo cronista, poderiam atrair aos barracões do Largo do Rocio e adjacências os arredios espectadores cariocas.

Um poeta civilizador

Editar *A Cigarra* e *A Bruxa* representava o esforço de oferecer ao leitor carioca uma publicação tão sofisticada quanto as similares dos países ditos civilizados. Ilustradas, coloridas, impressas em papel de superior qualidade, compostas de acordo com o melhor padrão gráfico da época, com farta e prestigiada colaboração literária, as revistas de Bilac e Julião Machado foram mais uma tentativa de adaptação de modelos culturais europeus aos trópicos. Os produtos correspondiam plenamente às expectativas da elite carioca, já que se mostrar afinado com o gosto europeu era assegurar prestígio social.[97]

Como os periódicos cariocas dedicavam especial atenção à arte dramática, ou melhor, aos espetáculos em cartaz nos teatros, cujos anúncios asseguravam boa parte do faturamento da imprensa, as

---

96 A. A. [Artur Azevedo] O teatro. *A Notícia*. Rio de Janeiro, 12 jan. 1899, p.2, rodapé.
97 Como observou um estudioso da sociedade brasileira do século XIX, "a semelhança física e de costumes com os europeus ... era indispensável ao reconhecimento social e ao sucesso econômico da família". COSTA, J. F. *Ordem médica e norma familiar*. 3.ed. Rio de Janeiro: Graal, 1989, p.120.

revistas ilustradas de Bilac e Julião Machado procuraram criar seções que tratassem exclusivamente do meio teatral. Entretanto, o crítico teatral *blasé* que Bilac encarnou nos dois periódicos não poderia aprovar o teatro licencioso e popular das revistas e operetas luso-brasileiras em cartaz; de modo geral, ele preferia os espetáculos vindos diretamente dos países europeus, com exceção de Portugal.

Segundo o crítico, no entanto, havia na cidade do Rio de Janeiro artistas que cultivavam um teatro de superior qualidade. Um deles era o autor das revistas de ano *O Tribofe* (1892) e *Fantasia* (1896), entre outras.

> Artur [Azevedo], que foi no Brasil o introdutor do gênero, nunca abaixou o seu talento até o nível intelectual dos admiradores de *Maxixópolis*. As suas revistas são sempre comédias de costumes, em que há observação e estilo.[98]

Os "admiradores de *Maxixópolis*" formavam a grande maioria dos freqüentadores da Rua do Espírito Santo e do Largo do Rocio e representavam um obstáculo importante a ser transposto pelos que sonhavam com a formação de um teatro civilizado no Rio de Janeiro.

> o público apenas quer ouvir música jovial, ver pernas de bailarinas, admirar cenografias de luxo e dilatar o baço e a alma, rindo e folgando.[99]

Segundo um dos diabos d'*A Bruxa*, o fracasso era a recompensa para os que ousavam contrariar o gosto vulgar das platéias encenando outro tipo de espetáculo.

Olavo Bilac solidarizou-se com o abnegado Dias Braga (1846-1910) talvez porque, como ele, procurasse oferecer aos cariocas um

---

98 LILITH. Teatro. *A Bruxa*. Rio de Janeiro, n.20, 19 jun. 1896, p.7.
99 PUCK. Teatros. *A Cigarra*. Rio de Janeiro, n.3, 23 maio 1895, p.6. Acusado de desmoralizar a arte dramática brasileira com suas revistas, Artur Azevedo justificou-se assim: "... todas as vezes que tentei fazer teatro sério [*A Almanjarra* (1888), *A Jóia* (1879), *O Badejo* (1898), *O Retrato a Óleo* (1902)], em paga só recebi censuras, apodos, injustiças e tudo isto a seco [isto é, sem pagamento]; ao passo que, enveredado pela bambochata, não me faltaram nunca elogios, festas, aplausos e proventos". In: PAIXÃO, M. da. *O theatro no Brasil*. p.533-5. Apud SOUSA, G. de. *O teatro no Brasil*. Op.cit., t.1, p.234.

produto representativo da "civilização" ocidental – uma luxuosa revista ilustrada –, afrontando corajosamente os riscos de não ser acolhido por um público ainda pouco "civilizado", mesmo depois de uma primeira tentativa fracassada, com *A Cigarra*. Depois da emblemática abertura da Avenida Central, alguns anos depois, duas revistas luxuosas, *Kosmos* e *Renascença*, que além das charges e dos desenhos ofereceriam muitas fotografias aos leitores, alcançariam relativo sucesso ao sobrepujarem "as revistinhas cheias de artigos tolos e de calungas aleijados que ... deliciavam a população".[100]

O crítico teatral pretendia comunicar-se com uma "elite" do público leitor carioca, apta cultural e economicamente a apreciar o "biscoito fino" que lhe era oferecido. Assim, sentia-se à vontade para criticar o péssimo gosto dos freqüentadores dos teatros, utilizando em chave paródica solenes alexandrinos, porque se dirigia a leitores que se julgavam civilizados e sofisticados como a revista que consumiam. Por isso, a ironia contra as revistas, as operetas e as cançonetas do *Cabaret* da Ivone tinha sua eficácia assegurada. Nenhum leitor d'*A Cigarra* ou d'*A Bruxa* poderia considerar dignos de elogios rasgados tais espetáculos.

Limites do cosmopolitismo

A literatura de Olavo Bilac alcançou uma fase culminante de cosmopolitismo literário (1900-1922) na dialética do local e do cosmopolita, que, segundo artigo escrito por Antonio Candido em 1950, é uma espécie de "lei da evolução da nossa vida espiritual", que oscila entre a "afirmação premeditada e por vezes violenta do nacionalismo literário" e o "declarado conformismo, a imitação consciente dos padrões europeus".[101] Esse processo dialético, segundo Candido, tem consistido

---

100 B. [Olavo Bilac]. Registro. *A Notícia*. Rio de Janeiro, 7 jan. 1907, p.2, 1ª col.
101 CANDIDO, A. Literatura e cultura de 1900 a 1945 (Panorama para estrangeiros). In: Ibidem. *Literatura e sociedade*. 7.ed. São Paulo: Compahia Editora Nacional, 1985, p.109.

numa integração progressiva de experiência literária e espiritual, por meio da tensão entre o dado local (que se apresenta como substância da expressão) e os moldes herdados da tradição européia (que se apresentam como forma da expressão).[102]

Bilac sofreu o dilaceramento dos intelectuais formados de acordo com os padrões europeus que depararam com o dado local incompatível, representado por catraieiros, negras-minas, arquitetura e estrutura urbana coloniais, povo inculto, sujo e mal vestido, políticos e policiais incompetentes e venais, lama, capim e buracos nas ruas, calor insuportável para quem se vestia à européia, dança negra (o maxixe), teatro licencioso e improvisado, público grosseiro etc. Na poesia parnasiana séria, Bilac procurou superar o sentimento de inferioridade dos habitantes do "país novo, tropical e largamente mestiçado" depurando seus versos das impurezas locais. Na sátira e na crônica em *estilo leve*, expressou seu desprezo ou sua indignação diante dos obstáculos que afastavam o Brasil do mito da Civilização. No entanto, o dado local talvez estivesse incorporado ao texto que o atacava.

Contrapondo-se aos filo-helenistas, para os quais tudo na literatura latina era fruto da imitação de modelos gregos, Salvatore d'Onofrio defendeu em 1968 a tese da origem itálica da sátira em *Os motivos da sátira romana*. Após citar fragmento do gramático romano Diomedes (segunda metade do século IV),[103] sempre lembrado

---

102 Ibidem, p.110.
103 Eis o *locus classicus* sobre as origens da sátira: "Chama-se *satura* a um tipo de poesia cultivado entre os romanos. Atualmente tem caráter difamatório, visando corrigir os vícios dos homens, sobre os moldes da Comédia Antiga: escreveram este tipo de sátira Lucílio, Horácio e Pérsio. Mas, outrora, dava-se o nome de *satura* a uma composição em versos constante de uma miscelânea de poesias, cujos representantes foram Pacúvio e Ênio. A *satura*, entretanto, é assim chamada ou de *Sátyros*, porque, como acontece na *satura*, eles dizem e fazem coisas ridículas e vergonhosas; ou de um 'prato cheio' de muitas e variadas primícias, que os antigos camponeses ofereciam aos deuses por ocasião de festividades religiosas: era chamada *satura* pela abundância e pela fartura...; ou de um certo tipo de 'recheio', que, dizem, Varrão chamou de *satura* porque repleto

quando se trata da origem da palavra sátira, d'Onofrio definiu-se por uma das quatro etimologias aventadas pelo gramático: *sátyros*, *lanx satura*, *satura*, equivalente de *farcimen*, e *lex satura*.

Destas, a mais aceita, porque a mais convincente, é, sem dúvida, aquela que faz derivar "sátira" de *satura lanx*: um prato cheio das primícias da colheita que os antigos camponeses itálicos ofereciam aos deuses em ação de graças. Naturalmente, tal ritual vinha envolvido num ambiente de festa, onde música, canto, dança e troca de desafios misturavam o sacro ao profano, chegando facilmente ao obsceno.[104]

No ritual primitivo, havia apenas "desafios grosseiros, acompanhados por gestos vulgares, chamados *fesceninos*" (de *Fescennia*, cidade etrusca, ou de *fascinum*, ligado a falo). Depois, a imitação jocosa de jograis vindos da Etrúria – que, nos jogos cênicos, dançavam ao som de flautas, executando elegantes movimentos – adicionou mais dois elementos aos cantos *fesceninos*: a música e a dança, tornando a ação dramática "mais rica, mais complexa e mais variada". Desse modo, surgia um novo tipo de poesia-drama, a *satura*, assim chamada por enriquecer-se com a mistura de elementos variados: versos, mímica, música e dança. Nos séculos IV e III a.C., a *satura* manteve-se como a "forma preferida de jogo cênico" dos "rústicos camponeses do Lácio".[105]

D'Onofrio defendeu uma ligação estreita entre a *satura* dramática e a sátira literária latina, que possuiriam similaridade de forma, conteúdo e espírito. A existência de tal conexão era importante para a comprovação da tese da origem itálica da sátira.

---

de muitos ingredientes... Outros acreditam que o nome derive de uma *lei*, chamada *satura* porque, numa única súplica, inclui ao mesmo tempo muitas coisas, como acontece na *satura*, composição versificada, em que se encontram juntas muitas poesias". In: ROOY, C. A. Van. *Studies in classical satire and related literary theory*. Leiden: Brill, 1966. p.xii. Apud D'ONOFRIO, S. *Os motivos da sátira romana*. Marília: Faculdade de Filosofia, Ciências e Letras de Marília, 1968, p.29-30.
104 D'ONOFRIO, S. *Os motivos da sátira romana*. Op.cit., p.30.
105 Ibidem, p.31.

se a sátira literária tem suas raízes na antiga satura dramática, que ... é um produto genuíno do espírito itálico, ela é anterior à influência helênica no campo das letras e constitui um dos poucos gêneros literários latinos não moldados sobre um correspondente grego.[106]

Segundo d'Onofrio, as idéias de "abundância" ou "saciedade" e de "variedade" ou "mistura" associadas ao étimo *satura lanx* encontravam-se tanto na *satura* dramática quanto na sátira literária.

A sátira latina nunca deixou de ser um *pot-pourri*, uma mistura de temas, motivos e assuntos dos mais variados, que vão do relato de viagens a lembranças autobiográficas, da crítica dos costumes à exposição dos defeitos humanos, abrangendo literatura, filosofia, sociologia, política, moral e religião ...[107]

Além da mistura de vários assuntos, a sátira literária possuiria em comum com a *satura* dramática o espírito de zombaria dos antigos itálicos e a forma dialógica, pois substituiu o interlocutor real da *satura* dramática, que era representada por duas personagens ou dois grupos de personagens, por um interlocutor fictício ou imaginário.[108] Segundo d'Onofrio, quem criou um novo gênero ao escrever pela primeira vez uma sátira para ser lida foi Quinto Ênio (239-169 a.C.). Outros cultores desse tipo de sátira literária caracterizado pela variedade de assuntos, formas e metros e pela mistura de poesia e prosa foram Pacúvio (220-130 a.C.) e Varrão (116-27 a.C.).

Se a sátira se originou do que Salvatore d'Onofrio considerou um tipo de *vaudeville*,[109] não seria paradoxal que Bilac a tenha empregado contra *vaudevilles* e assemelhados? Não seria a revista de ano com seus assuntos e temas variados e sua mistura de poesia, prosa, dança, música, artes plásticas e mímica uma forma moderna da *satura* dramática latina? Não perpassaria por ela o mesmo espírito zombeteiro e dionisíaco dos rústicos camponeses do Lácio?

---

106 Ibidem, p.32.
107 Ibidem, p.35.
108 Ibidem, p.37.
109 Ibidem, p.38.

Apesar do sarcasmo do crítico de teatro das revistas ilustradas, não se pode deixar de apontar uma possível dívida da sátira bilaquiana com os três gêneros do teatro musicado. As furtivas excursões noturnas do adolescente Olavo ao Alcazar poderiam ter deixado marcas profundas em seu espírito... além das manchas avermelhadas sobre a pele.

O poeta inspirou-se explicitamente nas cançonetas brejeiras cantadas por francesas nos teatros e cabarés para escrever seus "tha-ma-ra-boum-di-hés" para Ivone. Mas bem antes disso, em 1892, Bilac utilizou a cançoneta para zombar do almirante Custódio José de Melo, então aliado de Floriano Peixoto, com "En revenant de la legalité".[110] Repetindo a prática dos autores de cabaré, o poeta sugeria que sua letra fosse adaptada à melodia de *En revenant de la revue*, música conhecida do público.

Sabe-se que a sátira apresenta freqüentemente uma forma dialógica.[111] No entanto, a estrutura dramática de algumas sátiras bilaquianas evidenciava certa assimilação de *traços específicos* das revistas de ano. O *sketch* "Cambuquira",[112] de 1895, apresentava personagens alegóricas, que representavam o crédito, o comércio e o câmbio, assim como, por exemplo, *Rio Nu*, em que atores interpretavam a Imigração e a Febre Amarela. Como as revistas, que reproduziam realisticamente em seus cenários as paisagens da cidade, as sátiras bilaquianas ambientavam-se em logradouros bem conhecidos pelos cariocas. Lembre-se, por exemplo, a série "Teatro Municipal".

Elemento importante da ópera-bufa de Offenbach, depois "tropicalizado" por Vasques no seu *Orfeu na roça*, a utilização da antiga mitologia greco-romana com fins humorísticos também foi adotada por Bilac em suas sátiras. Além da "Crônica do Olimpo", podem-se citar outros textos em que esse recurso é empregado: "Mitologia governamental",[113] de 1896, e as "Cartas do Olimpo"

---

110 *O Combate*. Rio de Janeiro, 27 fev. 1892, p.1, 3ª col.
111 Isso permitiu que Alvin P. Kernan estudasse a sátira à luz de categorias do gênero dramático. A theory of satire. In: PAULSON, R. (Ed.). *Satire*: Modern essays in criticism. Englewood Cliffs: Prentice-Hall, 1971, p.249-77.
112 *Gazeta de Notícias*. Rio de Janeiro, 10 maio 1895, p.1, 5ª col.
113 Ibidem, 24 ago. 1896, p.1, 2ª col. Em "O Filhote".

publicadas n'*A Semana* em 1887, nas quais o poeta se transformou em Phebo-Apollo.

A exemplo do teatro musicado, a sátira bilaquiana fez largo uso da paródia, que pode ser considerada seu principal procedimento de composição.

Apesar do moralismo do crítico teatral das revistas ilustradas, não se pode deixar de notar certa semelhança entre o caráter fescenino de determinados textos publicados nos dois filhotes da *Gazeta de Notícias* e a franca licenciosidade dos espetáculos encenados nos barracões do Largo do Rocio e adjacências, a despeito da adoção comum do parisiense *double sens*, que *apenas aparentemente* resguardava a decência burguesa.

Outro elemento que Bilac possivelmente aproveitou das revistas de ano foi o interesse pela política, pela vida cotidiana, pelas mazelas urbanas e problemas sociais e econômicos do Rio de Janeiro.

Apesar de possuírem origem européia, esses *moldes* dramáticos adquiriram rapidamente certa cor local, substituindo o sal gaulês pela pimenta brasileira, graças às vicissitudes das traduções, adaptações, paródias e imitações.[114] Assim, as sátiras bilaquianas que atacavam o dado local incompatível com os padrões europeus possuíam paradoxalmente elas próprias elementos *suavemente* tropicais e mestiços.

---

114 Cf. PRADO, D. de A. *História concisa do teatro brasileiro*. Op.cit., p.95-103.

Conclusão
Uma trajetória coerente

No início deste livro, prefigurou-se Olavo Bilac caminhando pelo Rio de Janeiro e deparando com uma realidade avessa a seus padrões estéticos, a qual depois fustigava com suas sátiras. Atestando a pertinência do *insight*, o cronista do primeiro texto satírico aqui transcrito justificava o não-cumprimento de sua obrigação profissional, que era a de registrar os principais acontecimentos da cidade, por ter sido constrangido por enfermidade a ficar "longe da rua do Ouvidor"; mais à frente, no último capítulo, os dois primeiros textos comentados confirmaram que parte da "inspiração" para as sátiras advinha desses passeios. Certamente, o Rio de Janeiro pré-Regeneração não deveria parecer-se com a Roma antiga *idealizada* pelo poeta nas *Panóplias* nem mesmo com a Paris por ele visitada em 1890; o Morro do Castelo, por sua vez, não poderia ser confundido com o Parnaso nem mesmo com Montmartre. Sempre pensando em versos bem metrificados e rimados e sonhando com formas perfeitas, o poeta era obrigado a caminhar ou passar de *bond* por ruas tortuosas e estreitas, ladeadas por construções decadentes, cheias de buracos, sujeira e moitas de capim e atravancadas por coretos feitos de sarrafos apodrecidos e por uma multidão pouco "civilizada" e nem sempre perfumada. Nem mesmo a área dos teatros oferecia algum consolo para o poeta; lá se encontravam outros prédios mal edificados e a mesma população "grosseira", que se divertia com uma espécie de contrafação da arte dramática.

Refugiando-se nas redações dos jornais *Gazeta de Notícias* e *A Notícia*, a insatisfação do poeta com a cidade deveria intensificar-se. Ao folhear os jornais por dever profissional de cronista, constataria certamente o quanto eram incompetentes e corruptas as autoridades locais, das quais deveriam partir as iniciativas para as melhorias de que o Rio de Janeiro necessitava.

O deambular do poeta pelas ruas e becos cariocas não pode ser comparado ao flanar pelos bulevares parisienses de Constantin Guys (1805-1892), a quem Baudelaire chamou de "pintor da vida moderna". Não era possível a Bilac ser como ele um *observador apaixonado* do mundo, pois se via obrigado a caminhar olhando para o chão a fim de evitar os traiçoeiros buracos e moitas de capim e desviar-se de coretos, quiosques e poças d'água. Ao contrário do artista francês, que procurava o contato estimulante da multidão, o poeta carioca abominava locais como a praça do Mercado, marcada pela aglomeração dos negros e mestiços da cidade. Bilac não encontrava na antiga Capital Federal "a eterna beleza e a espantosa harmonia", que Guys contemplava embevecido em Paris. Para o amigo de Baudelaire, flanar era uma atividade extremamente prazerosa que, no final da jornada, o animava a fixar no papel ou na tela as belas imagens que seu olhar colhera na cidade.[1] Para o poeta parnasiano, ao contrário, deambular pelo Rio de Janeiro era uma necessidade penosa, pois não encontrava naquela cidade certas características valorizadas por sua estética: equilíbrio, ordem, fluência e perfeição plástica; exasperado com a realidade circundante, só lhe restaria expressar sua indignação em versos impregnados de ironia.

Por amar a fluência e a perfeição plástica, o poeta combateu a sujeira e os horríveis e atravancadores pavilhões e coretos; por valorizar o equilíbrio e a proporção, aborrecia-lhe a corrupção e o filhotismo dos políticos e o desregramento dos teatros; por perseguir a ordem, abominava a ineficiência e a degeneração da polícia. O cro-

---

1 BAUDELAIRE, C. O pintor da vida moderna. In: Ibidem. *A modernidade de Baudelaire*. Trad. de Suely Cassal. Rio de Janeiro: Paz e Terra, 1988, p.159-212.

nista também batia-se contra os mesmos inimigos, procurando alcançar com a persuasão do argumento oportuno e do raciocínio lógico o mesmo objetivo que a sátira almejava com a ironia, o sarcasmo e a derrisão.

Como não havia nenhum conflito estético entre a poesia séria e a satírica, as formas fixas e os tipos de versos privilegiados pelo parnasianismo brasileiro foram empregados parodicamente apenas para criar um contraste humorístico entre a forma prestigiada e o tema despiciendo. Um bom exemplo da utilização desse procedimento é o soneto "O monstro", comentado no Capítulo 2. Por outro lado, as venerandas redondilhas não foram utilizadas pelo seu caráter popular ou espontâneo, o que as incompatibilizaria com a estética parnasiana, mas sim por proporcionar agilidade e rapidez ao pensamento agudo e mordaz das epigramas satíricas.

A separação dos estilos sério e leve permitiu ao poeta utilizar sua arte contra as mazelas urbanas sem contaminá-la de elementos espúrios. Os veículos escolhidos para a divulgação de cada estilo completavam a depuração: os livros assegurariam a *conservação para a posteridade* dos versos ditados pela disciplinada musa parnasiana; os periódicos *garantiriam o esquecimento* dos textos contaminados pela vida social contemporânea. Havia uma Higiene parnasiana que estendia o saneamento até o mundo da palavra impressa. A *nostalgia de Paris* e as prestigiosas teorias racistas então vigentes contribuíam para a recusa do dado local e a intensificação do cosmopolitismo literário.

Obcecado com a estrutura, a aparência e a salubridade do Rio de Janeiro, Olavo Bilac apoiou incondicionalmente as iniciativas de saneamento e reformas urbanas promovidas por Rodrigues Alves e Pereira Passos de 1902 a 1906, exercendo o *novo sacerdócio* que, com seus companheiros de geração, conquistou para os intelectuais orgânicos do grupo dominante. Nesse momento, o projeto estético que norteou a concepção de *Poesias* (1888) transformava-se nitidamente em projeto ideológico, que deu sustentação ao empenho das elites republicanas em disciplinar e isolar as classes populares ao justificar as melhorias da *forma* da cidade até mesmo quando o "Bota-Abaixo" voltava-se contra grande parte dos cidadãos. Com a anuência e até o incentivo do poeta, que nos periódicos fabricava o consenso "espontâneo" fundamental para o êxito da Regeneração, promovia-se uma brutal "separação de estilos" na sociedade carioca, uma espécie de *apartheid* informal. Se o poeta deixara a torre de orgulho e de sonho, não fora para palrar com capoeiras, catraieiros ou negras-minas nem mesmo para tomar um gole de parati no quiosque mais próximo. Dirigia-se, pelo contrário, aos cidadãos razoavelmente civilizados que podiam assinar ou comprar um periódico.

Nada mais coerente que a *um sistema político oligárquico* correspondesse uma arte neoclássica que pretendia distinguir níveis culturais nitidamente distintos e reservar o cultivo das formas elevadas a uma "aristocracia" do espírito enclausurada em nova Academia, fundada em 1897. Portanto, pode-se afirmar que a crônica e as duas vertentes da poesia bilaquiana, a satírica e a parnasiana "séria", foram escritas de acordo com o mesmo projeto estético e ideológico. O notável engajamento político e social da crônica e da poesia satírica correspondia ao esforço do poeta em estender a ordem e a perfeição plástica reinantes no Parnaso para as ruas do Rio de Janeiro. Por algum tempo, Bilac talvez tenha imaginado que seus sonhos urbanísticos e sociais tornar-se-iam realidade; com a reforma do porto, a abertura de grandes avenidas, o aterro de mangues, a remodelação de praças, a edificação de prédios suntuosos e outras melhorias, sua amada Sebastianópolis tornou-se razoavelmente parecida com as belas e organizadas capitais européias. Mas pouco depois, a velocidade ameaçadora do automóvel, principal produto da economia de base científico-tecnológica, dissiparia as miragens neoclássicas que se esboçavam no Rio de Janeiro. Mais uma vez, o poeta ver-se-ia em conflito com uma realidade adversa à sua estética.

Apesar de suas muitas limitações, este livro foi escrito com a pretensão de contribuir para que Olavo Bilac passe a ser lido de forma mais abrangente e para que o estudo monográfico de cada gênero por ele cultivado – crônica, poesia em estilo sério, sátira, conferências, textos didáticos etc. – possa ser enriquecido e aprofundado por meio da comparação com os demais, pois todos seguiam o mesmo projeto estético e ideológico. Parnasianismo, Higiene, Saneamento, Regeneração, Ordem, Civilização e França eram palavras que rimavam.

BIBLIOGRAFIA

Periódicos

O Álbum. Rio de Janeiro, 1893-5. Mensal.
A Bruxa. Rio de Janeiro, 1896-7. Hebdomadário.
Cidade do Rio. Rio de Janeiro, 1888-93. Cotidiano.
A Cigarra. Rio de Janeiro, 1895. Hebdomadário.
O Combate. Rio de Janeiro, 1892. Cotidiano.
Diário Mercantil. São Paulo, 1887-8. Cotidiano.
Dom Quixote. Rio de Janeiro, 1895-7. Hebdomadário.
A Estação. Rio de Janeiro, 1885-6. Quinzenal.
O Estado de São Paulo. São Paulo, 1897-1918. Cotidiano.
Gazeta Acadêmica. Rio de Janeiro, 1883-4. Quinzenal.
Gazeta de Notícias. Rio de Janeiro, 1890-1908. Cotidiano.
Gil Blas. Paris, 1895. Hebdomadário.
João Minhoca. Rio de Janeiro, 1901. Hebdomadário.
O Mercúrio. Rio de Janeiro, 1898. Cotidiano.
A Notícia. Rio de Janeiro, 1894-1908. Cotidiano.
Novidades. Rio de Janeiro, 1887-9. Hebdomadário.
Revista da Semana. Rio de Janeiro, 1900. Hebdomadário.
A Rua. Rio de Janeiro, 1889. Hebdomadário.
A Semana. Rio de Janeiro, 1887. Hebdomadário.
Vida Semanária. São Paulo, 1887-8. Hebdomadário.

De Bilac

BILAC, Olavo. Carta a Afonso Arinos. *Revista do livro*. Rio de Janeiro, v. 6, p.165-6, dez. 1959.

_____. Carta a Max Fleiuss. *Revista da Academia Brasileira de Letras*. Rio de Janeiro, v.40, n.132, p. 483-5, dez. 1932.

_____. Cartas de Olavo Bilac. *Revista da Academia Brasileira de Letras*. Rio de Janeiro, v.38, n.124, p. 489-94, abr. 1932.

_____. Cartas de Olavo Bilac. *Revista da Academia Brasileira de Letras*. Rio de Janeiro, v.39, n.128, p.111-7, maio 1932.

_____. Cartas de Olavo Bilac. *Revista da Academia Brasileira de Letras*. Rio de Janeiro, v.39, n.129, p.244-7, jun. 1932.

_____. Cartas de Olavo Bilac. *Revista da Academia Brasileira de Letras*. Rio de Janeiro, v.39, n.130, p.365-74, jul. 1932.

_____. Cartas de Olavo Bilac. *Revista da Academia Brasileira de Letras*. Rio de Janeiro, v.40, n.129, p.102-17, set. 1932.

_____. Prefácio. In: CEPELLOS, Batista. *Os bandeirantes*. São Paulo: Fanfulla, 1906.

_____. *Bocage*. Conferência realizado no Teatro Municipal de São Paulo em 19.03.1917. Porto: Renascença Portuguesa [1917]. 50p.

_____. *Centenário Bocagiano*. Retiro Literário Português. A Bocage. Rio de Janeiro: Gutenberg, 1905. Opúsculo não paginado.

_____. *Conferências literárias*. Rio de Janeiro: Kosmos, 1906.

_____. *Conferências literárias*. ed. aum. Rio de Janeiro: Francisco Alves, 1912.

_____. *Crítica e fantasia*. Lisboa: A. M. Teixeira, 1904.

_____. *Crônicas e novelas — 1893-1894*. Rio de Janeiro: Cunha & Irmão, 1894.

_____. *A defesa nacional*. Discursos. Rio de Janeiro: Liga da Defesa Nacional, 1917.

_____. *Dicionário analógico*. Obra inacabada e inédita.

_____. *Discursos pronunciados na Faculdade de Direito e na Faculdade de Medicina de São Paulo*. ed. rev. pelo autor. São Paulo: Casa Vanorden, 1915. 12p.

_____. *Ironia e piedade*. Rio de Janeiro: Francisco Alves, 1916.

_____. *Obra reunida*. Org. e int. de Alexei Bueno. Rio de Janeiro: Nova Aguilar, 1996.

_____. *Poesias — 1884-1887*. São Paulo: Teixeira & Irmão, 1888.

_____. *Poesias*. ed. definitiva. Rio de Janeiro, Paris: H. Garnier, 1902. Além dos três títulos de 1888, Panóplias, Via Láctea e Sarças de Fogo, a edição definitiva incorporou os livros Alma inquieta, As viagens e O caçador de esmeraldas.

_____. *Poesias*. 7. ed. rev. Rio de Janeiro: Francisco Alves, 1921. Edição póstuma que reúne Tarde (1919) aos livros anteriores.

_____. *Poesias*. Org. e pref. de Ivan Teixeira. São Paulo: Martins Fontes, 1997. (Poetas do Brasil).

_____. *Poesias infantis*. Rio de Janeiro: Francisco Alves, 1904.

_____. *Sagres*. Comemoração da descoberta do caminho da Índia. Rio de Janeiro: Laemmert, 1898.

_____. *Tarde*. Rio de Janeiro: Francisco Alves, 1919.

_____. *Últimas conferências e discursos*. Rio de Janeiro: Francisco Alves, 1924.

_____. *Vossa Insolência*. Org. de Antônio Dimas. São Paulo: Companhia das Letras, 1996. (Retratos do Brasil, 7).

BILAC, O. AZEREDO, Magalhães de. *Sanatorium*. Recolhido, anotado e prefaciado por R. Magalhães Júnior. São Paulo: Clube do Livro, 1977.

_____. BONFIM, Manuel. *Através do Brasil*. Prática da língua portuguesa. Livro de leitura para o curso médio das escolas primárias. Rio de Janeiro: Francisco Alves, 1910.

_____ ; _____. *Livro de leitura para o Curso Complementar das escolas primárias*. Rio de Janeiro: Laemmert, 1901.

_____ ; _____. *Prática da Língua Portuguesa*. Livro de composição para o Curso Complementar das escolas primárias. Rio de Janeiro: Laemmert, 1899.

_____ ; _____. COELHO NETO, Henrique Maximiano. *Contos pátrios*. Rio de Janeiro: Francisco Alves, 1894.

_____ ; _____. *A pátria brasileira*. Educação moral e cívica — para alunos de escolas primárias. Rio de Janeiro: Francisco Alves, 1911.

_____ ; _____. *Teatro infantil*. Comédias e monólogos em prosa e verso. Rio de Janeiro: Francisco Alves, 1905.

_____ ; _____. *A terra fluminense*. Educação cívica. Rio de Janeiro: Imprensa Nacional, 1898. 74 p.

_____; PASSOS, Guimarães. *Tratado de versificação*: a poesia no Brasil, a métrica, gêneros literários. Rio de Janeiro: Francisco Alves, 1905.

_____ ; _____ ; BANDEIRA JR. *Guide des États Unis du Brésil; système Boedecker*. Trad. de Roberto Gomes. Rio de Janeiro: Bilac, Passos & Bandeira, 1904.

BITU, Ângelo [pseudônimo coletivo de Olavo Bilac, Alberto de Oliveira e Pedro Tavares Jr.]. *Lira acaciana*. Rio de Janeiro: s.n., 1900.

BOB [Olavo Bilac]. *Contos para velhos*. Rio de Janeiro: Casa Mont'Alverne, 1897.

LACERDA, Joaquim Maria de. *Pequena história do Brasil*. Rio de Janeiro: Garnier, s.d. Obra ampliada por Olavo Bilac.

LEAL, Victor [pseudônimo de Olavo Bilac e Pardal Mallet]. *O esqueleto*. Mistérios da Casa de Bragança. Rio de Janeiro: Tip. Gazeta de Notícias, 1890. Dessa novela, há edição recente. Rio de Janeiro: Casa da Palavra, 2000.

MACEDO, Joaquim Manuel de. *Lições de História do Brasil para uso das escolas de instrução primária*. Rio de Janeiro: Garnier, 1918. Obra revista e atualizada por Olavo Bilac.

PASSOS, Guimarães. *Dicionário de rimas*. 2.ed. rev. e aum. por Olavo Bilac. Rio de Janeiro: Francisco Alves; Paris: Aillaud, Alves & Cia., 1913.

PONTES, Eloy (Org.). *Olavo Bilac*. Bom humor. Rio de Janeiro: Mandarino [1940]. (Vida Literária).

PUCK [Olavo Bilac], PUFF [Guimarães Passos]. *Pimentões*. Rio de Janeiro: Laemmert, 1897.

RIBEIRO, Hilário. *Gramática elementar e lições progressivas de composição*. Rio de Janeiro: Garnier, s.d. Obra ampliada por Olavo Bilac.

Traduções

BUSCH, Wilhelm. *Juca e Chico*. História de dois meninos em sete travessuras. Rio de Janeiro: Laemmert, 1901. Tradução de Fantasio, pseudônimo de Olavo Bilac.

MARGENDORFF, Lothar. *Para todos*. Rio de Janeiro: Laemmert, 1902. Tradução e adaptação de Puck, pseudônimo de Olavo Bilac.

MARGENDORFF, Lothar. *Ride comigo.* Rio de Janeiro: Laemmert, 1902. Tradução e adaptação de Puck.

_____. *Vida das crianças.* Rio de Janeiro: Laemmert, 1902. Tradução e adaptação de Puck.

Sobre Bilac

ALBUQUERQUE, Mateus de. *As belas atitudes.* Rio de Janeiro: Ariel [s. d]. 3.ed. Rio de Janeiro: Pongetti, 1965.

ALENCAR, Mário de. A morte de Olavo Bilac. *A Manhã.* Rio de Janeiro, 28 dez. 1941. Autores e Livros.

ALMEIDA, Filinto de. A visita do Poeta. *Revista da Academia Brasileira de Letras.* Rio de Janeiro, n.43, 1925.

ALMEIDA, Renato. Revisão de valores: Olavo Bilac. *Movimento Brasileiro.* São Paulo, v.1, n.8, p.7-8, ago. 1929.

AMARAL [Penteado], Amadeu. Olavo Bilac. In: _____. *O elogio da mediocridade.* Estudos e notas de literatura. São Paulo: Hucitec, Secretaria de Cultura e Tecnologia do Estado de São Paulo, 1976. p.67-80.

_____. Olavo Bilac. *Revista da Academia Brasileira de Letras.* Rio de Janeiro, n.45, 1925.

_____. Olavo Bilac. *Revista da Academia Brasileira de Letras.* Rio de Janeiro, n.51, 1926.

_____. Um soneto de Bilac. Conferência realizada em Jaú, no Jaú Clube, em 25 de agosto de 1920. In: _____. *Ensaios e conferências.* São Paulo: Hucitec, Secretaria da Cultura, Ciência e Tecnologia, 1976. p.41-65.

AMORA, Antônio Soares. Bilac e o inferno do desejo. *O Estado de S.Paulo.* São Paulo, 9 mar. 1963. Suplemento literário, p.4.

ANDRADE [José Maria] Goulart de. Última visita. *Revista da Academia Brasileira de Letras,* n. 43, 1925.

ANDRADE, Iracema Nunes de. *Olavo Bilac: um poeta carioca.* Rio de Janeiro: Cruzeiro do Sul, 1996.

ARINOS, Afonso [de Melo Franco]. Olavo Bilac. In: _____. *Idéia e Tempo:* Crônica e crítica. São Paulo: Cultura Moderna, 1939. p.5-17.

_____. *Notas do dia (Comemorando).* São Paulo: Tip. Andrade, Mello & Cia., 1900.

ARARIPE JR., Tristão de Alencar. Poesias de Olavo Bilac. *Novidades.* Rio de Janeiro, 19 out. 1888. p.1, 7. col.

ARROYO, Leonardo. *Literatura infantil brasileira.* São Paulo: Melhoramentos, 1968.

_____. *Olavo Bilac.* 2.ed. rev. e amp. São Paulo: Melhoramentos, 1952. (Grandes vultos das letras, 3).

ATAIDE, Vicente. A poesia de Olavo Bilac. *Suplemento Literário de Minas Gerais.* Belo Horizonte, 10 out. 1981. p.8-9.

AUSTREGÉSILO, Antônio. A doença de Olavo Bilac. *Revista da Academia Brasileira de Letras.* Rio de Janeiro, n.44, 1925.

AYALA, Walmir. O alexandrino Olavo Brás Martins dos Guimarães Bilac. *Correio da Manhã.* Rio de Janeiro, 20 mar. 1965. Segundo caderno, p.1. Depoimentos

de Adonias Filho, Eduardo Portela, Augusto Meyer, Jesus Belo Galvão e Antônio Olinto.
BANDEIRA, Manuel. *Apresentação da poesia brasileira*. Rio de Janeiro: Casa do Estudante do Brasil, 1954.
BARATA, Júlio. A glória de Bilac. *A Batalha*. 16 dez. 1939.
BARBOSA, Osmar. *Olavo Bilac*: Vida e obra. [Rio de Janeiro] Tecnoprint, s.d.
BARROS, João de. *Olavo Bilac e Euclides da Cunha*. Paris: Aillaud, Bertrand, Porto: Chardron, 1923.
BASTOS, Francisco José Teixeira. *Poetas brasileiros*. Porto: [s.n.] 1895.
BERTA [Lutz], Albertina. Olavo Bilac e a sua obra grandiosa. *O Jornal*. Rio de Janeiro, 11 e 18 maio 1930. Segunda seção, p.1-2 e 3, respectivamente.
BITTENCOURT, Liberato. *Olavo Bilac ou singular teorema de psicologia literária*. Rio de Janeiro: Oficina Gráfica do Ginásio 28 de Setembro, 1937.
BRANDÃO, Adelino. *Olavo Bilac e o Serviço Militar*. O homem, o artista, o patriota. S. l., s. n., 1969.
BRITO, Mário da Silva. *História do modernismo brasileiro*. 4.ed. Rio de Janeiro: Civilização Brasileira, 1974. v.1 — Antecedentes da Semana de Arte Moderna.
_____. *Diário intemporal*. Rio de Janeiro: Civilização Brasileira, 1970.
BROCA, Brito. O noivado de Bilac. In: _____. *Pontos de referência*. Rio de Janeiro: Ministério da Educação e Cultura [1962]. p.69-73.
BRUZZI, Nilo. Olavo Bilac amou na vida... *Jornal do Comércio*. Rio de Janeiro, 21 out. 1951.
BUENO, Alexei. Senso comum prejudica crônica e poesia bilaquianas. *O Estado de S.Paulo*. São Paulo, 21 dez. 1996. Cultura, p.11.
CAMINHA, Adolfo. *Cartas literárias*. Rio de Janeiro: Aldina, 1895.
CAMPOS, Paulo Mendes. Olavo Bilac. *O Jornal*. Rio de Janeiro, 6 jun. 1948. Revista, p.3 e 7.
CAMPOS [Veras], Humberto de. Olavo Bilac. *Revista da Academia Brasileira de Letras*. Rio de Janeiro, n.45, 1925.
_____. *Carvalhos e roseiras*. Rio de Janeiro: José Olympio, 1935.
_____. *Diário secreto*. Rio de Janeiro: O Cruzeiro, 1954. v.1.
CANABRAVA, Euríalo. *Crítica e julgamento estético*. *Revista Brasileira de Poesia*. São Paulo, jun. 1953.
CANDIDO [de Melo e Sousa], Antonio. Radicais de ocasião. In: _____. *Teresina etc*. 2.ed. São Paulo: Paz e Terra, 1980. p.77-86. (Clássicos Latino-Americanos).
_____. A vida em resumo. In: _____. *Brigada ligeira e outros escritos*. São Paulo: Ed. da Unesp, 1992. (Biblioteca Básica).
CARDOSO, João Batista. Elementos pictóricos na poética de Olavo Bilac. *Cerrados*. Brasília, n.7, p.24-36, 1998.
CARPEAUX, Otto Maria. A volta de Bilac. *Leitura*. Rio de Janeiro, v. 94/95, p.10-11, maio-jun. 1965.
CARVALHO, Affonso de. *Bilac*: O homem, o poeta, o patriota. Rio de Janeiro, José Olympio, 1942.
_____. *Poética de Olavo Bilac*. Rio de Janeiro: Civilização Brasileira, 1934.
CARVALHO, Jarbas de. *A confeitaria Colombo*. História anedótica. Desenvolvimento comercial. Rio de Janeiro: [s.n.] 1929.
CARVALHO, José Lopes Pereira de. *Os membros da Academia Brasileira em 1915*. Rio de Janeiro: Oficinas gráficas da Liga Marítima Brasileira, 1915.
CARVALHO, Maria Amália Vaz de. *No meu cantinho*. Lisboa: Antônio Maria Pereira, 1909.

CASTELO BRANCO, Cristino. Bilac. *Revista da Academia Piauiense de Letras*. Teresina, v.11, n.13, p.3-15, nov. 1928.
CASTRO, Alceste de. *A estética de Bilac*. Campinas: Maranata, 1982.
CAVALCANTI, Oscar Macedo de Hollanda. *O artista da forma e da beleza*: estudos sobre a vida e obra de Olavo Bilac. Porto Alegre: Oficinas gráficas da Escola de Engenharia, 1925.
CELSO [de Assis Figueiredo], Afonso. Homenagem excepcional. *Revista da Academia Brasileira de Letras*. Rio de Janeiro, n. 45, 1925.
_____. No mausoléu do poeta. *Revista da Academia Brasileira de Letras*. Rio de Janeiro, n.45, 1925.
CLAVER, Ronald. A metalinguagem em Bilac. *Suplemento Literário de Minas Gerais*. Belo Horizonte, 12 nov. 1977. p.4-5.
CONSTANTINO, Antônio. Bilac viveu ou imaginou o seu erotismo? *Gazeta Magazini*. Rio de Janeiro, 24 ago. 1941.
_____. Olavo Bilac e Giovanni Emmanuel. *O Jornal*. Rio de Janeiro, 3 mar. 1940. Segunda seção, p.1-2.
_____. Olavo Bilac e o Clube dos XIII. *A Gazeta*. Rio de Janeiro, 5 out. 1941.
_____. Subjetivismo de Arte em Olavo Bilac. *Gazeta Magazini*. Rio de Janeiro, 27 abr. 1941.
CONY, Carlos Heitor. Ruy Castro traz Bilac para o seu mural carioca. *Folha de S.Paulo*. São Paulo, 15 dez. 2000. Ilustrada, p.16.
CORREIA, Leôncio. *A boêmia do meu tempo*. Curitiba: [s.n.] 1955.
_____. *Evocações*. Curitiba: [s. n.] 1955.
COSTA, José Fernandes. *Elogio acadêmico de Olavo Bilac*. Lisboa: Aillaud e Bertrand, 1919.
DELGADO, Luís. Evocação de Bilac. *Nordeste*. Recife, v.2, n.7, jun. 1947.
DELPECH, Adrien. Olavo Bilac, son nativisme et son cosmopolitisme littéraire. *Anuário do Colégio D. Pedro II*. Rio de Janeiro, v.IV, p.105-42, 1919.
DIAS, Laurita Lacerda. A noiva de Bilac. *Correio da Noite*. Rio de Janeiro, 23 jun. 1951.
DIMAS, Antônio. Arinos, mestre de Bilac. I Seminário Internacional de História da Literatura, 1995, Porto Alegre. *Cadernos do Centro de Pesquisas Literárias da PUC-RS*: Anais... Porto Alegre: Curso de Pós-Graduação em Letras, Instituto de Letras e Artes, PUC-RS, v.3, n.1, abr. 1997. p.61-7.
_____. Bilac e a França. In: NITRINI, Sandra (Org.). *Aquém e além mar*. Relações culturais: Brasil e França. São Paulo: Hucitec, 2000. p.167-75. (Linguagem e Cultura, 33).
_____. Bilac, o jornalista. In: FUNDAÇÃO Casa de Rui Barbosa. Centro de pesquisas. Setor de Filologia. *Sobre o Pré-Modernismo*. Rio de Janeiro, 1988. p.169-76.
_____. *Tempos eufóricos*: Análise da revista *Kosmos*: 1904-1909. São Paulo: Ática, 1983. (Ensaios, 88).
_____. *Bilac, o jornalista*. São Paulo, 2000. 5v. Tese (Livre-Docência). Faculdade de Filosofia, Letras e Ciências Humanas da Universidade de São Paulo.
D'OLIVEIRA, Alberto. *Na outra banda de Portugal*. Lisboa: Portugal-Brasil, 1920.
ELTON [Santos Zamprogno], Elmo. *Amélia de Oliveira (1868-1945)*. Rio de Janeiro: Gráfica Olímpica, 1977.
_____. *O noivado de Bilac* (Com a correspondência inédita do poeta à sua noiva, D. Amélia de Oliveira). Rio de Janeiro: Organização Simões, 1954.
O ENTERRO de Olavo Bilac. *Correio da Manhã*. Rio de Janeiro, 30 dez. 1918, p.3, 1ª-2ª col.

ESTEVES, Albino. *Estética dos sons, cores, ritmos e imagens*. Rio de Janeiro: Renato Americano, 1933.
FERRAZ, Breno. Olavo Bilac. *O Estado de S.Paulo*. São Paulo, 28 dez. 1939. Suplemento literário, p.3, 3.-4. col.
A FESTA de Bilac. *Gazeta de Notícias*. Rio de Janeiro, 4 out. 1907. p.1, 1.-3. col.
FIGUEIREDO, Jackson de. Traços para uma apologia de Bilac. In: COUTINHO, Afrânio (Org.). *Caminhos do pensamento crítico*. Rio de Janeiro: INL, Pallas, 1980. p.889-900.
_____. *Afirmações*. Rio de Janeiro: Centro D. Vital, 1924.
FONTES, [José] Martins. Olavo Bilac, poeta cômico. In: _____. *O colar partido*. Santos: B. Barros, 1927. p.181-259.
_____. *Bohemia galante*. Santos: Bazar Americano [1924].
_____. *Nós, as abelhas*. São Paulo: J. Fagundes [192-].
_____. *Terras da fantasia*. Santos: Instituto D. Escolástica Rosa, 1933.
FORTUNA, Felipe. O humorismo, uma das facetas de Bilac. *O Estado de S.Paulo*. São Paulo, 17 dez. 1988. Suplemento cultural, p.1-3.
_____. Quando Olavo Bilac fez rir. In: _____. *A escola da sedução*: Ensaios sobre poesia brasileira. Porto Alegre: Artes e Ofícios, 1991. p.9-21.
FRANCISCO, Martim. *Contribuindo*. São Paulo: Monteiro Lobato & Cia., 1921.
FRANCHETTI, Paulo. Ora (direis) ouvir Bilac... *Voz Lusíada*. Revista da Academia Lusíada de Ciências, Letras e Artes. Lisboa, n.6, jan./jun. 1996.
GALVÃO, Francisco. *A Academia de Letras na intimidade*. Rio de Janeiro: A Noite, 1937.
GAMA, Domício. Olavo Bilac. *Revista da Academia Brasileira de Letras*. Rio de Janeiro, n.44, 1925.
GAMA E MELO, Virgínius da. Ouro Preto e Bilac. *O Estado de S.Paulo*. São Paulo, 8 jan. 1966. Suplemento literário, p.4.
_____. *O alexandrino Olavo Bilac*. João Pessoa: Departamento Cultural da Universidade Federal da Paraíba, 1965.
GIFFONI, O. Carneiro. *Estética e cultura*. São Paulo: Continental, 1944.
GOLDBERG, Isaac. *Brazilian Literature*. New York: Knopf, 1922.
GOLDSTEIN, Norma (Org.). *Olavo Bilac*. Seleção de textos, notas, estudos bibliográfico, histórico, e crítico e exercícios por Norma Goldstein. São Paulo: Abril Educação, 1980. (Literatura Comentada).
GOMES, Alvaro Cardoso. A consciência vigilante. *O Estado de S.Paulo*. São Paulo, 16 dez. 1979. Suplemento cultural, p.10. Análise do soneto "Ronda noturna", das *Panóplias*.
GOMES, Eugênio. Bilac e Shakespeare. *O Estado de S.Paulo*. São Paulo, 9 nov. 1957. Suplemento literário, p.1, 1ª-3ª col.
_____. Dois poemas de Olavo Bilac. *A Manhã*. Rio de Janeiro, 8 mar. 1942. Autores e livros.
_____. A propósito de um soneto de Bilac. In: _____. *Prata da casa*. Rio de Janeiro: *A Noite*, s.d. p.61-4.
_____. *Visões e revisões*. Rio de Janeiro: INL, 1958.
GONÇALVES, Roberto. *Conferência sobre Olavo Bilac*. São Luís: Força Policial do Estado do Maranhão, 1940.
UM GRANDE Brasileiro. Olavo Bilac. *O Estado de S.Paulo*. São Paulo, 29 dez. 1918. p.3, 4ª-6ª col.
UM GRANDE Brasileiro. Olavo Bilac. As homenagens prestadas ao insigne poeta e patriota. *O Estado de S.Paulo*. São Paulo, 31 dez. 1918. p.3, 1ª-3ª col.

GRIECO, Agripino. Olavo Bilac. In: _____. *Evolução da poesia brasileira*. Rio de Janeiro: Ariel, 1932. p.71-4.

_____. *Memórias*. Rio de Janeiro: Conquista, 1972. v.1.

_____. *Recordações de um mundo perdido*. Rio de Janeiro: José Olympio, 1955.

GUERRA, Álvaro. *Olavo Bilac*. Sua vida e suas obras. São Paulo: Melhoramentos, 1924. 57p.

_____. Olavo Bilac. In: _____. *Introdução ao estudo da literatura*. Contendo a biografia e estudo crítico dos mais notáveis literatos brasileiros representativos de sua época. São Paulo: Melhoramentos [1924].

GUIMARÃES, José de Freitas. *Olavo Bilac* (conferência realizada no Centro Acadêmico XI de Agosto). São Paulo: Casa Espíndola, 1919.

GUIMARÃES, Heitor. Reminiscências de Bilac. *Diário Nacional*. São Paulo, 30 ag. 1930.

GUIMARÃES, Vicente. *Bilac: história de um príncipe*. Rio de Janeiro: Minerva, 1968.

JOBIM, Jorge. Olavo Bilac. *Revista Americana*. Rio de Janeiro, p.84-6, out. 1917.

_____. Esboços literários. *Revista Americana*. Rio de Janeiro, ano VII, n.1.

JORGE, Fernando. *Vida e poesia de Olavo Bilac*. 4.ed. rev. e aum. Introdução de Menotti del Picchia. São Paulo: T.A. Queiroz, 1991. (Coroa Vermelha. Estudos Brasileiros, 20).

JOZEF, Bella. A poesia de Olavo Bilac. *Revista do livro*. Rio de Janeiro, v.36, p.67-78, jan./mar., 1969.

JUNQUEIRA, Ivan. *A sombra de Orfeu*. Rio de Janeiro: Nórdica, 1985.

_____. *O encantador de serpentes*. Rio de Janeiro: Allhambra, 1987.

LAJOLO, Marisa. A estrela de Olavo Bilac. *O Estado de S.Paulo*. São Paulo, 12 jan. 1991. Cultura, p.3-4.

_____. (Org.). *Os melhores poemas de Olavo Bilac*. Seleção de Marisa Lajolo. São Paulo: Global, 1985.

_____. *Usos e abusos da literatura na escola*. Bilac e a literatura escolar na República Velha. Rio de Janeiro: Globo, 1982.

LEITE, Gomes. *Olavo Bilac*. Rio de Janeiro: Brasil, 1919.

LEONI, Raul de. *Ode a um poeta morto*. Rio de Janeiro: J. Ribeiro dos Santos, 1919. 19p.

LESSA, Orígenes. De Olavo Bilac a Bastos Tigre: Contribuição para a história da propaganda no Brasil. *Anuário da Imprensa*. Rádio e TV. Rio de Janeiro, jun. 1958.

LESSA, Pedro. Discurso. *Revista da Academia Brasileira de Letras*. Rio de Janeiro, n.42, 1925.

LÍBERO, Nelson. *Olavo Bilac*: O homem e o amigo. [São Paulo] Anhambi [1960].

LIMA, Alceu Amoroso. Olavo Bilac. In: _____. *Primeiros estudos*. Rio de Janeiro: Agir, 1948. p.81-92. (Obras Completas, 1)

_____. *Olavo Bilac*: Poesia. Rio de Janeiro: Agir, 1957. (Nossos Clássicos, 2).

LIMA, Augusto de. Olavo Bilac. *Revista da Academia Brasileira de Letras*. Rio de Janeiro, n.43, 1925.

LIMA, Benjamin de Araújo. Olavo Bilac (Fragmentos de um ensaio). *O País*. Rio de Janeiro, 22 ago. 1927. p.3.

_____. *Olavo Bilac*. Conferência produzida [...] na solenidade que se realizou no Teatro Amazonas em homenagem à memória do grande poeta por iniciativa da Sociedade Amazonense de Homens de Letras. Manáos: Seção de obras da imprensa pública, 1919.

LIMA, Heitor. Últimas poesias de Olavo Bilac. *Revista Americana*. Rio de Janeiro, v.8, n.7, p.81-97, jun. 1919.

LIMA, Stella Leonardos da Silva. *Rufa ao longe um tambor*. Teatro em alexandrinos. Pref. de Modesto de Abreu. Rio de Janeiro: Bonsoi, 1943.

LINS, Álvaro. *Jornal de crítica*. 2. série. Rio de Janeiro: José Olympio, 1943.

LINS, Augusto Emílio Estelita. *O 3º. Batalhão de Cavalaria e Olavo Bilac* (discurso em 16 dez. 1958). Vitória [1958?]. 16p.

LINS, Edson. *História e crítica da poesia brasileira*. Rio de Janeiro: Ariel, 1937.

LOPES, Moacir Araújo. *Olavo Bilac*: o homem cívico. Rio de Janeiro: Departamento de Imprensa Nacional, 1968. 45p.

LUSO, João. *Assim falou Polidoro*. Rio de Janeiro: Americana, 1941.

_____. *Orações e palestras*. Rio de Janeiro: José Olympio, 1941.

LUZ, Murilo. *Bilac e o serviço militar*. Fortaleza: Artes Gráficas, 1966. 16p.

MAGALHÃES NETO, Couto de. Bilac, poeta universal. *Dom Casmurro*. Rio de Janeiro, 7 e 14 de janeiro de 1939.

MAGALHÃES Jr., Raimundo. *Olavo Bilac e sua época*. Rio Janeiro: Americana, 1974.

MAIA, Alcides. Discurso pronunciado na Câmara dos Deputados. *Revista da Academia Brasileira de Letras*. Rio de Janeiro, n. 45, 1925.

_____. Olavo Bilac. *Revista da Academia Brasileira de Letras*. Rio de Janeiro, n.58, 1939.

MANACORDA, Telmo. Olavo Bilac. *Revista Americana*. Rio de Janeiro, v.10, n.5-6, p.142-50, 1919.

MARINHO, Inezil Penna. *Escólios ao "Julgamento de Frinéia", de Olavo Bilac*. A cultura helenística do "Príncipe dos Poetas". Teresópolis: ed. Cadernos da Serra, 1979.

MARTINS, Wilson. *História da inteligência brasileira*. São Paulo: Cultrix, Ed. da Universidade de São Paulo, 1978. v.6 (1915-1933).

MAURICIO, Augusto. Algumas palavras sobre Olavo Bilac. O grande amor que iluminou a vida do poeta. *Correio da Manhã*. Rio de Janeiro, 2 fev. 1936. Suplemento, p.2, 1ª-2ª col.

MELLO, Waldyr Jansen de. *Olavo Bilac: sempre presente!* Curitiba: Elma, 1988.

MENEZES, Raimundo de. *Escritores na intimidade*. São Paulo: Livraria Martins Editora, 1949.

MENDONÇA, Henrique Lopes de. Parecer acerca da candidatura do Sr. Olavo Bilac a sócio correspondente. *Boletim da 2ª Classe da Academia das Ciências de Lisboa*. Lisboa, IX, p.303-7, 1914-5.

MENDONÇA, Rubens. *Bilac, o poeta da pátria*. Conferência pronunciada na noite de 16 dez. 1965 na "Casa Barão de Melgaço", em sessão promovida pelo Comando do 16º Batalhão de Caçadores e Academia Matogrossense de Letras, em comemoração ao transcurso do I Centenário de nascimento de Olavo Bilac (1865-1965). 16p.

MESQUITA FILHO, Júlio de. Bilac, guia de nacionalidade. *O Estado de S.Paulo*. São Paulo, 18 dez. 1965. Suplemento literário, p 3.

MIGUEL-PEREIRA, Lúcia. A "serenidade" de Bilac. In: _____. *A leitora e seus personagens*. Seleta de textos publicados em periódicos (1931-1943) e em livros. Prefácio por Bernardo de Mendonça. Pesquisa bibliográfica, sel. e notas por Luciana Viégas. Rio de Janeiro: Graphia Editorial, 1992. p.130-133. (Revisões).

MILLIET, Sérgio. *Diário crítico de Sérgio Milliet*. 2.ed. Introdução de Antonio Candido. São Paulo: Martins, 1981, v.2 — 1944.

MONIZ, Heitor. *Vultos da literatura brasileira*. Rio de Janeiro: Marisa, 1933.
MONTALEGRE, Duarte de. *Ensaio sobre o Parnasianismo Brasileiro*: Seguido de uma breve antologia. Coimbra: Coimbra, 1945.
MONTEIRO, Exupério. Olavo Bilac. *Dom Casmurro*. Rio de Janeiro, 30 set. 1947.
_____. *Trio* (Discursos). Aracaju: Imprensa Oficial, 1937.
MONTEIRO, Mário. *Bilac e Portugal*. Lisboa: Agência Editorial Brasileira, 1936.
MONTELLO, Josué. *Caminho da fonte*. Estudos de literatura. Rio de Janeiro: INL, 1959.
_____. *Pequeno anedotário da Academia Brasileira*. São Paulo: Livraria Martins Editora [s.d.].
MORREU ontem, pela manhã, o Príncipe dos Poetas Brasileiros, Olavo Bilac. *Correio da Manhã*. Rio de Janeiro, 29 dez. 1918. p.3, 1ª-2ª col.
MOTTA, Arthur. Olavo Bilac. *Revista da Academia Brasileira de Letras*. Rio de Janeiro, n.90, p.198-214, jun. 1929.
_____. *Vultos e livros* (Academia Brasileira de Letras). 1ª série. São Paulo: Monteiro Lobato & Cia, 1921.
MURAT, Luís. Versos de Olavo Bilac. *Novidades*. Rio de Janeiro, 23, 25, 29 e 30 out. 1888. [Sempre à] p.1, 7ª col.
NÓBREGA, Humberto Galeano de Mello. Um recurso estilístico de Bilac. In: _____. *Arredores da poesia*. São Paulo: Conselho Estadual de Cultura, 1970. p.142-50 (Ensaio, 73).
_____. *Olavo Bilac*. Rio de Janeiro: Brasílica, 1939.
OCTAVIO, Rodrigo. *Minhas memórias dos outros*. Rio de Janeiro: José Olympio, 1934.
OLAVO Bilac. A sua visita à Academia. *O Estado de S.Paulo*. São Paulo, 10 out. 1915. p.5, 2ª-3ª col.
OLIVEIRA, Alberto de. Olavo Bilac. *Revista da Academia Brasileira de Letras*. Rio de Janeiro, n.42, 1925.
ORCIUOLI, Henrique Alberto. *Bilac: vida e obra*. Rio de Janeiro: Guaíra, 1944.
_____. *O mundo de Olavo Bilac*. São Paulo: Clube do Livro, 1971.
ORICO, Osvaldo. *O Tigre da Abolição*. Rio de Janeiro: Gráfica Olímpica Ed., 1953.
PACHECO, Armando. Episódios inéditos e pitorescos da vida de Olavo Bilac. *Meio Dia*. Rio de Janeiro, 2 jan. 1942.
PARIS sob a Grande Guerra. Psicologia de um povo no momento mais crítico da sua história. Olavo Bilac relata a O Imparcial suas impressões pessoais sobre a capital francesa. *O Imparcial*. Rio de Janeiro, 5 de maio de 1915. p.3.
PASSOS, [Sebastião Cícero dos] Guimarães. Biografia express. *O Álbum*. Rio de Janeiro, n.13, mar. 1893. p.1-2.
PAULO FILHO, M. Bilac e o serviço militar. *Correio Paulistano*. São Paulo, 26 jul. 1951.
PENALVA, Gastão. Bilac e a Marinha. *Jornal do Brasil*. Rio de Janeiro, 16 dez. 1939.
PEREIRA-RODRÍGUEZ, José. *La poesía de Olavo Bilac*. Montividéo: Instituto de Cultura Uruguayo-Brasileño, n.2, 1943. 18p.
PILAR, Olinto Luna Freire do. *Olavo Brás Martins dos Guimarães Bilac, príncipe dos poetas brasileiros e patrono do serviço militar*. Rio de Janeiro: Imprensa do Exército, 1974. 88p.
PINHEIRO JR., [José Martins]. Uma palestra com Olavo Bilac. *O Estado de S.Paulo*. São Paulo, 14 out. 1915. p.3, 1ª-2ª col.
PINTO, Edith Pimentel. A morte do Grande Pã. *O Estado de S.Paulo*. São Paulo, 17 dez. 1978. Suplemento cultural, p.10-1.

PINTO, Manuel de Sousa. O testamento poético de Bilac. *Biblos*. Coimbra, v.4, n.9-10, p.6-24, 1928.
POMARI, Gerson Luís. *O pintor e o poeta*: Wilhelm Busch no Brasil. Assis, 1999. 2 v. Dissertação (Mestrado em Letras). Faculdade de Ciências e Letras, Universidade Estadual Paulista.
POMPÉIA, Raul. *Poesias* de Olavo Bilac. In: COUTINHO, Afrânio (Org.). *Caminhos do pensamento crítico*. Rio de Janeiro: INL, Pallas, 1980. v.2, p.661-3.
PONTES, Carlos. *A ação do poeta Olavo Bilac e o reerguimento do espírito nacional*. Conferência realizada no Teatro Deodoro [sic] no dia 29 de junho, data do aniversário da morte do marechal Floriano Peixoto, na solenidade de instalação da Liga da Defesa Nacional em Maceió (Alagoas). Rio de Janeiro: Tip. do *Jornal do Comércio*, 1917.
PONTES, Eloy. Bilac. *O Globo*. Rio de Janeiro, 16 dez. 1939.
_____. *A vida exuberante de Olavo Bilac*. Edição ilustrada. Rio de Janeiro: José Olympio, 1944. 2v. (Documentos Brasileiros, 38 e 38-A).
_____. *A vida inquieta de Raul Pompéia*. Rio de Janeiro: José Olympio, 1935.
PUJOL, Alfredo et al. *Discursos*. São Paulo: Magalhães, 1918.
RAMOS, Péricles Eugênio da Silva. As fontes de um soneto de Bilac. *O Estado de S.Paulo*. São Paulo, 21 fev. 1982. Suplemento cultural, p.6-7.
_____. Olavo Bilac. In: COUTINHO, Afrânio (Org.). *A literatura no Brasil*. Rio de Janeiro: Sul-Americana, 1955. v.2, p.323-9.
REZENDE, Francisco Barbosa de. Bilac, uma reavaliação. *Suplemento Literário de Minas Gerais*. Belo Horizonte, 12 mar. 1979. p.3.
RIBEIRO, João. Olavo Bilac. *Imparcial*. Rio de Janeiro, 23 jun. 1919.
_____. Olavo Bilac. *Jornal do Brasil*. Rio de Janeiro, 31 dez. 1925.
_____. Olavo Bilac. *Jornal do Brasil*. Rio de Janeiro, 28 dez. 1928.
_____. Olavo Bilac. In: _____. *Obras de João Ribeiro*. Org., pref. e notas de Múcio Leão. Rio de Janeiro: Academia Brasileira de Letras, 1957. v.2, p.33-8. Reunião dos artigos citados anteriormente.
RIO, João do [pseudônimo de Paulo Barreto]. *O momento literário*. Rio de Janeiro: Garnier [1907].
SCHNAIDERMAN, Boris. Vicissitudes de um poema. *O Estado de S.Paulo*. São Paulo, 11 fev. 1967. Suplemento literário, p.1.
SENA, Ernesto. *Notas de um repórter*. Rio de Janeiro: Tipografia do *Jornal do Comércio*, 1895.
_____. *Rascunhos e perfis*. Rio de Janeiro: [s.n.] 1909.
SILVA, João Pinto da. *Vultos do meu caminho*. 2ª série. Porto Alegre: Globo, 1926.
SILVA, Renilda Apparecida da. *A expressão lingüística da cor em Olavo Bilac*. Rio de Janeiro, 1984. Dissertação de Mestrado. Universidade Federal do Rio de Janeiro.
SILVEIRA, Xavier da. O Exército Nacional e a Civilização Brasileira: Influência de Olavo Bilac em sua formação. *O Jornal*. Rio de Janeiro, 4 jan. 1931.
SIMÕES JR., Alvaro Santos. Poesia parnasiana e publicidade. *Pós-História*. Revista de Pós-Graduação em História (Universidade Estadual Paulista). Assis, v.7, p.225-37, 1999.
_____. Bilac e suas "Cartas do Olimpo". XIII Seminário do CELLIP, 1999, Campo Mourão/PR. *Anais*... Maringá: Universidade Estadual de Maringá, 2000. CD-ROM, 5 pol.
_____. O cronista Olavo Bilac e as implicações políticas do estético. VI CONGRESSO ABRALIC = Estudos culturais?, 1998, Ilha de Santa Catarina. *Anais*... Florianópolis: NELIC/UFSC, 1999. CD-ROM, 5 pol.

SIMÕES JR., Alvaro Santos. O humor de Olavo Bilac na *Gazeta de Notícias*. XI Seminário do CELLIP, 1997, Cascavel/PR. *Anais...* Cascavel: Softizing — Empresa Júnior de Computação, 1998. CD-ROM, 5 pol.

———. *Bilac em versos menores*. Estudo crítico e histórico dos versos humorísticos de Olavo Bilac publicados na seção "O Filhote", da *Gazeta de Notícias*, de 2 de agosto de 1896 a 28 de maio de 1897, seguido de uma edição anotada. Assis, 1995. 276 p. Dissertação (Mestrado em Letras) Faculdade de Ciências e Letras, Universidade Estadual Paulista.

SOUSA, J. Galante de. *Machado de Assis e outros estudos*. Rio de Janeiro: Cátedra; Brasília: INL, 1979.

SUTTANA, Renato Nésio. O discurso indireto-livre em poemas narrativos de Olavo Bilac: alguns aspectos. *Analecta*. Guarapuava, v.1, p. 49-70, jul./dez. 2000.

TEIXEIRA, Ivan. O parnasiano Olavo Bilac continua atual. *O Estado de S.Paulo*. São Paulo, 21 dez. 1996. Cultura, p.10-1.

TIBIRIÇÁ, Everardo. Bilac. *A Gazeta*. São Paulo, 28 fev. 1961.

TIGRE, Bastos. Bilac. *Correio da Manhã*. Rio de Janeiro, 31 dez. 1939. p.4, 8ª-9ª col.

TORRES, Antônio. *Pasquinadas cariocas*. Rio de Janeiro: A. J. Castilho, 1921.

TRAVASSOS, Renato. Olavo Bilac — Educador. *Gazeta de Notícias*. Rio de Janeiro, 29 dez. 1940. Suplemento, p.1.

———. Olavo Bilac ———. Jornalista. *Gazeta de Notícias*. Rio de Janeiro, 22 dez. 1940. Suplemento, p.1 e 2.

VERÍSSIMO, José. O Sr. Olavo Bilac. In: ———. *Estudos de literatura brasileira* — 5ª Série. Introdução de João Etienne Filho. Belo Horizonte: Itatiaia; São Paulo: Edusp, 1977. p.9-15. (Biblioteca de Estudos Brasileiros, 15).

VIEIRA [de Melo Pereira], Celso. *O Gênio e a Graça*. Precedido de duas palavras de Antero de Figueiredo. Porto: Lello & Irmão, 1951.

VÍTOR, Nestor. Olavo Bilac. In: COUTINHO, Afrânio (Org.). *Caminhos do pensamento crítico*. Rio de Janeiro: INL, Pallas, 1980. v.2, p.872-7.

———. *A crítica de ontem*. Rio de Janeiro: Leite Ribeiro e Maurílio, 1919.

Sobre o parnasianismo brasileiro

ABDALA Jr., Benjamin. Luz realista, forma parnasiana, estética decadentista. In: ———. *Antologia de poesia brasileira*: Realismo e Parnasianismo. Org. de Benjamin Abdala Jr. São Paulo: Ática, 1985. p.5-11. (Bom Livro).

AMORA, Antônio Soares. Os parnasianos... e o resto. *O Estado de S.Paulo*. São Paulo, 1. fev. 1964. Suplemento literário, p.4.

ARARIPE JR., Tristão de Alencar. *Obra crítica de Araripe Jr*. Brasília: MEC; Rio de Janeiro: Fundação Casa de Rui Barbosa, 1970. v.5 — 1911 e anexos.

ASSUMPÇÃO, Nívia. *O Parnasianismo como fenômeno da cultura brasileira em conflito entre Kitsch e Vanguarda*. São Paulo: Pontifícia Universidade Católica (PUC), 1979. Dissertação de mestrado.

BANDEIRA, Manuel. *Antologia dos poetas brasileiros da fase parnasiana*. Rio de Janeiro: Ministério da Educação e Saúde, 1938.

BOSI, Alfredo. As letras na Primeira República. In: FAUSTO, Bóris (Org.). *O Brasil republicano*. São Paulo: Difel, 1977. v.2 — Sociedade e instituições (1889-1930), p.293-319. (História Geral da Civilização Brasileira, direção geral de S. B. de Hollanda, tomo III).

BOSI, Alfredo. A poesia neoparnasiana. In: _____. *A literatura brasileira*. 5.ed. São Paulo: Cultrix, s.d. v.5 — O Pré-Modernismo, p.19-20.

_____. *História concisa da literatura brasileira*. São Paulo: Cultrix, 1970.

BROCA, Brito. *Horas de leitura*. Rio de Janeiro: MEC-INL, 1957.

_____. *Naturalistas, parnasianos e decadistas*: Vida literária do Realismo ao Pré-Modernismo. Projeto original de Alexandre Eulálio. Organização de Luiz Dantas. Campinas: Ed. da Unicamp, 1991. (Repertórios).

_____. *Papéis de Alceste*. Campinas: Ed. da Unicamp, 1991. (Repertórios).

_____. *A vida literária no Brasil — 1900*. 3.ed. Int. de Francisco de Assis Barbosa. Rio de Janeiro: José Olympio, 1975. (Documentos Brasileiros, 108).

CAMPOS, Milton de Godoy. A Geração de 45 e o parnasianismo. *Revista da Biblioteca Mario de Andrade*. São Paulo, v.53, p.161-6, jan./dez. 1995.

CANDIDO [de Melo e Sousa], Antonio, CASTELLO, José Aderaldo. *Presença da literatura brasileira*: História e antologia. São Paulo: Difusão Européia do Livro, 1964. v.2 — Romantismo, Realismo, Parnasianismo, Simbolismo.

CARA, Salete de Almeida. *A recepção crítica*: O momento parnasiano-simbolista no Brasil. Pref. de Antonio Candido. São Paulo: Ática, 1986. (Ensaios, 98).

CARVALHO, Ronald de. *Pequena história da literatura brasileira*. 5.ed. Rio de Janeiro: Briguiet, 1953.

CASTELLO, José Aderaldo. *A literatura brasileira*. Origens e unidade (1500-1960). São Paulo: Edusp, 1999. 2v.

COELHO NETO, Henrique Maximiano. *A conquista*. 3.ed. Porto: Chardron, 1921.

CRULS, Gastão. *Aparência do Rio de Janeiro*. Notícia histórica e descritiva da cidade. Pref. de Gilberto Freyre, desenhos de Luís Jardim e fotografias de Sascha Harnisch. Rio de Janeiro: José Olympio, 1949. 2v. (Documentos Brasileiros, 60 e 60-A).

CUNHA, Ciro Vieira da. *No tempo de Paula Nei*. Prêmio Carlos de Laet da A.B.L. em 1949. São Paulo: Saraiva, 1950.

EDMUNDO [de Melo Pereira da Costa], Luiz. *O Rio de Janeiro do meu tempo*. 2.ed. ilustrada. Rio de Janeiro: Conquista, 1957. 5v.

FRAGOSO, Augusto. "O Álbum" — O último jornal literário de Artur Azevedo. *Revista do livro*. Rio de Janeiro, v.12, p.171-6, dez. 1958.

GENTIL, Georges le. L'influence parnassienne au Brésil. *Revue de Littérature Comparée*. Paris, v.11, n.1, p.23-43, jan./mar. 1931.

LINS, Vera. *Gonzaga Duque*: A estratégia do franco-atirador. Rio de Janeiro: Tempo Brasileiro, 1991.

MAGALHÃES, Valentim. *A literatura brasileira — 1870-1895*. Lisboa: Antônio Maria Pereira, 1896.

MAGALHÃES Jr., Raimundo. *Arthur Azevedo e sua época*. 2.ed. il., refundida e aum. Rio de Janeiro: Martins Editora, 1955.

MARTINS, Wilson. *História da inteligência brasileira*. São Paulo: Cultrix, Ed. da Universidade de São Paulo, 1978. v.4 —1877-1896.

MEDEIROS E ALBUQUERQUE. Parnasianismo e cientificismo. *A Semana*. Rio de Janeiro, 26 nov. 1887. p.363-4.

_____. *Quando eu era vivo...*: Memórias 1867-1934. Edição póstuma e definitiva. Porto Alegre: Globo, 1942.

MENEZES, Raimundo de. *Emílio de Menezes*: O último boêmio. São Paulo: Martins, 1946.

MENEZES, Raimundo de. *Guimarães Passos e sua época boêmia*. São Paulo: Martins [1953].
MÉRIAN, Jean-Yves. Aluísio Azevedo e a condição de escritor: 1881-1895. In: _____. *Aluísio Azevedo*: Vida e obra (1857-1913). O verdadeiro Brasil do século XIX. Rio de Janeiro: Espaço e Tempo; Brasília: INL, 1988. p.333-466.
MICELI, Sérgio. *Poder, sexo e letras na República Velha* (Estudo clínico dos anatolianos). São Paulo: Perspectiva, 1977. (Elos).
NEVES, Fernão. *A Academia Brasileira de Letras*. Notas e documentos para a sua história (1896-1940). Pref. de Afrânio Peixoto. Rio de Janeiro: Publicações da Academia Brasileira, 1940.
OLIVEIRA, Alberto de. *O culto da forma*. São Paulo: Sociedade de Cultura Artística, 1916.
PACHECO, João. O culto da forma. In: _____. *A literatura brasileira*. 2.ed. São Paulo: Cultrix, 1967. v.3 — O Realismo (1870-1900), p.67-72.
PEIXOTO, Afrânio. *Noções de história da literatura brasileira*. Rio de Janeiro: Francisco Alves, 1931.
_____. *Panorama da literatura brasileira*. São Paulo: Cia. Ed. Nacional, 1940.
RAMOS, Péricles Eugênio da Silva. Princípios parnasianos. In: _____. *Do Barroco ao Modernismo*: Estudos de poesia brasileira. São Paulo: Conselho Estadual de Cultura, 1967. p.161-4.
_____. A renovação parnasiana na poesia. In: COUTINHO, Afrânio (Org.). *A literatura no Brasil*. 2.ed. Rio de Janeiro: Sul América, 1969. v.3, p.83-134.
_____. *Panorama da poesia brasileira*. Rio de Janeiro: Civilização Brasileira, 1959. v.3 — Parnasianismo.
RIO, João do [pseudônimo de Paulo Barreto]. *A alma encantadora das ruas*. Crônicas. Org. de Raúl Antelo. São Paulo: Companhia das Letras, 1997. (Retratos do Brasil).
ROMERO, Sílvio. Movimento espiritual do Brasil no ano de 1888. (Retrospecto literário e científico.) In: _____. *Novos estudos de literatura contemporânea*. Rio de Janeiro: Garnier, 1898. p.103-55.
SAFADY, Neif. Para uma revisão do parnasianismo. *O Estado de S.Paulo*. São Paulo, 7 jan. 1967. Suplemento literário, p.4.
SEVCENKO, Nicolau. *Literatura como missão*: Tensões sociais e criação cultural na Primeira República. 3.ed. São Paulo: Brasiliense, 1989.
SIMÕES JR., Alvaro Santos. Uma geração que sonhou viver da literatura. *Pós-História*. Assis, v.6, p.87-100, 1998.

Geral

ABRANCHES, Dunshee de. *Governos e Congressos da República dos Estados Unidos do Brasil*. São Paulo: s.n., 1918. 2v.
ALLEMANN, Beda. De l'ironie en tant que principe littéteraire. *Poétique*. Paris, v.36, p.385-98, nov. 1978.
ALMEIDA, Vasti de Souza. *Brazílio Itiberê da Cunha*: Diplomata músico. Curitiba: Ed. da UFPR, 2001.
ANDRADE, Oswald de. A sátira na literatura brasileira. *Boletim Bibliográfico* [da Biblioteca Mário de Andrade]. São Paulo, v.7, p.39-52, abr./jun. 1945.
ARAÚJO, Rosa Maria Barboza de. *A vocação do prazer*: A cidade e a família no Rio de Janeiro republicano. Prefácio de Richard Morse. Rio de Janeiro: Rocco, 1993.

ASSIS, [Joaquim Maria] Machado de. *A Semana*. Crônicas (1892-1893). Ed., int. e notas de John Gledson. São Paulo: Hucitec, 1996.
AUERBACH, Erich. *Mimesis*. A representação da realidade na literatura ocidental [Mimesis. Dargestellte Wirklichkeit in der abendlaendischen Literatur]. 4.ed. São Paulo: Perspectiva, 1998. (Estudos, 2).
BASTOS, Elide Rugai, RÊGO, Walquiria D. Leão (Org.). *Intelectuais e política*: A moralidade do compromisso. São Paulo: Olho D'Água, 1999.
BAUDELAIRE, Charles. O pintor da vida moderna. In: _____. *A modernidade de Baudelaire*. Trad. de Suely Cassal. Textos inéditos selecionados por Teixeira Coelho. Rio de Janeiro: Paz e Terra, 1988. p.159-212.
BERGSON, Henri-Louis. *O riso*: Ensaio sobre a significação do cômico [Le Rire]. Trad. de Nathanael C. Caixeiro. Rio de Janeiro: Zahar, 1980.
BERNARDES, Maria Theresa Caiuby Crescenti. *Mulheres de ontem?* Rio de Janeiro — Século XIX. Pref. de Maria Isaura Pereira de Queiroz. São Paulo: T.A. Queiroz, 1989. (Coroa Vermelha, 9).
BOND, F. Fraser. *Introdução ao jornalismo* [An introduction to journalism]. Trad. de Cícero Sandroni. Pref. de Walter Ramos Poyares. Rio de Janeiro: Agir, 1959.
BOOTH, Wayne C. *A Rhetoric of Irony*. Chicago: The University of Chicago Press, 1974.
BOSI, Alfredo. *O ser e o tempo da poesia*. São Paulo: Cultrix, 1983.
BRASIL A/Z: Enciclopédia alfabética em um único volume. São Paulo: Editora Universo, 1988.
BRESCIANI, Maria Stella M. O cidadão da República: Liberalismo versus positivismo: Brasil: 1870-1900. *Revista USP*. São Paulo, v.17, p.122-35, mar./maio 1993.
BRETAS, Marcos Luiz. Policiar a cidade republicana. *Revista OAB-RJ*. Rio de Janeiro, v.22, p.47-60, jul. 1985.
BRILLI, Attilio. *Retórica della satira* con il *Peri Bathous, o L'arte de inabissarsi in poesia* di Martinus Scriblerus. Bologna: Il Mulino, 1973.
BRITO, Mário da Silva. *Diário intemporal*. Rio de Janeiro: Civilização Brasileira, 1970.
BROCA, Brito. *Raul Pompéia*. São Paulo: Melhoramentos, s.d.
CAMILO, Vagner. *Risos entre pares*. Poesia e humor românticos. São Paulo: Edusp, Fapesp, 1997. (Ensaios de Cultura, 13).
CAMÕES, Luís de. *Os Lusíadas*. Edição organizada por Emanuel Paulo Ramos. Porto: Porto Editora, 1990.
CANDIDO, Antonio. Introdução. In: DIAS, Teófilo. *Poesias escolhidas*. Sel., int. e notas por A. Candido. São Paulo: Conselho Estadual de Cultura [1960]. p.15-31. (Poesia, 1).
_____. A literatura e a formação do homem. *Ciência e Cultura*. São Paulo, v.24, n.9, p.803-9, 1972.
_____. A vida ao rés-do-chão. In: _____. *Recortes*. São Paulo: Cia. das Letras, 1993. p.23-9.
_____. *Formação da literatura brasileira*: Momentos decisivos. 6. ed. Belo Horizonte: Itatiaia, 1981. 2v. (Biblioteca Brasileira de Literatura, 1).
_____. *Literatura e sociedade*: estudos de teoria e história literária. 7.ed. São Paulo: Companhia Editora Nacional, 1985. (Biblioteca Universitária, série 2; Ciências Sociais, 49).
_____. *A educação pela noite & outros ensaios*. São Paulo: Ática, 1987. (Temas, 1 — Estudos Literários).

CARDOSO, Fernando Henrique. Dos governos militares a Prudente-Campos Sales. In: FAUSTO, Boris (Org.). *O Brasil republicano*. São Paulo: Difel, 1975. v.1 — Estrutura de poder e economia (1889-1930), p.13-50. (História Geral da Civilização Brasileira, direção geral de S. B. de Hollanda, t.III).

CARONE, Edgard. *A República Velha*. 4.ed. São Paulo: Difel, 1983. v.2 — Evolução política (1889-1930).

CARPEAUX, Otto Maria. *Pequena bibliografia crítica da literatura brasileira*. 2.ed. rev. e aum. Rio de Janeiro: MEC/Serviço de Documentação, 1955.

CARVALHO, José Murilo de. O Rio de Janeiro e a República. *Revista Brasileira de História*. São Paulo, v.5, n.8-9, p.117-38, set. 1984/abr. 1985.

_____. *Os bestializados*: O Rio de Janeiro e a República que não foi. 3. ed. São Paulo: Companhia das Letras, 1991.

_____. *A formação das almas*. O imaginário da República no Brasil. São Paulo: Companhia das Letras, 1990.

CARVALHO, Maria Alice Rezende de. Reinventando a tradição carioca. *Presença*: Revista de política e cultura. São Paulo, v.4, p.109-18, ago./out. 1984.

CAVALCANTE, Berenice de O. Beleza, limpeza, ordem e progresso: A questão da higiene na cidade do Rio de Janeiro, final do século XIX. *Revista do Rio de Janeiro*. Niterói, v.1, n.1, p.95-103, set./dez. 1985.

CAZAMIAN, Louis. *The development of English Humour*. Durham (N.C.): Duke University Press, 1952.

CHALHOUB, Sidney et al. Trabalho escravo e trabalho livre na cidade do Rio: Vivência de libertos, "galegos" e mulheres pobres. *Revista Brasileira de História*. São Paulo, v.55, n.8/9, p.85-116, set. 1984/abr. 1985.

_____. *Trabalho, lar e botequim*. O cotidiano dos trabalhadores no Rio de Janeiro da *belle époque*. [São Paulo] Brasiliense, 1986.

_____. *Cidade febril*. Cortiços e epidemias na Corte imperial. São Paulo: Companhia das Letras, 1996.

CHAPIRO, Marc. *L'illusion comique*. Paris: PUF, 1940.

COELHO NETO, Henrique Maximiano. *Álbum de Caliban*. Rio de Janeiro: Laemmert, 1897-1898. 6 fascículos.

COHEN, Jean. Comique et poétique. *Poétique*. Paris, v.61, p.49-61, fév. 1985.

COSTA, Jurandir Freire. *Ordem médica e norma familiar*. 3.ed. Rio de Janeiro: Graal, 1989. (Biblioteca de Filosofia e História das Ciências, 5).

CURTIUS, Ernst Robert. *Literatura européia e Idade Média latina* [Europäische Literatur und Lateinisches Mittelalter]. Trad. de Teodoro Cabral com a colaboração de Paulo Rónai. Rio de Janeiro: MEC, INL, 1957.

DARNTON, Robert. Primeiros passos para uma história da leitura. In: _____. *O beijo de Lamourette*: mídia, cultura e revolução [The kiss of Lamourette. Reflections in cultural history]. Trad. de Denise Bottmann. São Paulo: Companhia das Letras, 1990. p.146-172.

_____. *Boemia literária e revolução*: O submundo das letras no Antigo Regime [The literary underground of the Old Regime]. Trad. de Luís Carlos Borges. São Paulo: Companhia das Letras, 1989.

DIMAS, Antônio. Ambigüidade da crônica: Literatura ou jornalismo? *Littera*, revista para professor de português e de literaturas de língua portuguesa. São Paulo, v.12, p.46-51, set./dez. 1974.

DINES, Alberto. Em busca do tempo controlado. In: _____. *O papel do jornal*. Tendências da comunicação e do jornalismo no mundo em crise. Rio de Janeiro: Artenova, 1974. p.34-43.

D'ONOFRIO, Salvatore. *Os motivos da sátira romana.* Marília: Faculdade de Filosofia, Ciências e Letras de Marília, 1968. p.29-30.
DONZELOT, Jacques. *A polícia das famílias* [La police des familles]. 2. ed. Trad. de M. T. da Costa Albuquerque. Revisão técnica de J. A. Guilhon Albuquerque. Rio de Janeiro: Graal, 1986. (Biblioteca de Filosofia e História das Ciências, 10).
DUPUIT, Christine. Presse et littérature à la fin du siècle. *Europe.* Revue littéraire mensuelle. Paris, p.111-21, nov.-dec. 1991.
ENZENSBERGER, Hans Magnus. *Elementos para uma teoria de los medios de comunicación* [Baukasten zur Theorie der Medien]. Barcelona: Anagrama, s.d. (Cuadernos Anagrama; Serie Documentos).
ESCARPIT, Robert. *L'humour.* Paris: Presses Universitaires de France, 1963. ("Que Sais-Je?", Le Point des Connaissances Actuelles, 877).
_____. *Sociologie de la littérature.* Paris: Presses Universitaires de France, 1964. ("Que sais-je?" Le point des connaissances actuelles, 777).
ESTEVES, Marta de Abreu. *Meninas perdidas:* Os populares e o cotidiano do amor no Rio de Janeiro da *belle époque.* Pref. de Sidney Chalhoub. Rio de Janeiro: Paz e Terra, 1989. (Oficinas da História).
ETKIND, Efim. L'épigramme: la structure de la pointe. *Poétique.* Paris, v.86, p.143-54, avr. 1991.
FANTINATI, Carlos Erivany. Contribuição à teoria e ao ensino da sátira. XV Encontro de Professores Universitários Brasileiros de Literatura Portuguesa e IV Seminário de Estudos Literários: Texto, contexto e intertexto, 1994, Assis. *Anais de Estudos Literários* — IV. São Paulo: Arte e Cultura, Assis: Faculdade de Ciências e Letras — Unesp, 1994. v.2 — Conferências, mesas-redondas e painéis, p.205-10.
FARIA, João Roberto. *O teatro realista no Brasil: 1855-1865.* São Paulo: Edusp, 1993.
FRANCE, Anatole. Les chansons du Chat-Noir. In: _____. *Oeuvres complètes illustrées de Anatole France.* Paris: Calmann-Lévy Éditeurs [1949]. Tome VII — La vie littéraire, troisième série, quatrième série. p.371-9.
FRANCO, Gustavo H. B. A primeira década republicana. In: ABREU, Marcelo de Paiva (Org.) et al. *A ordem do progresso:* Cem anos de política econômica republicana: 1889-1989. Rio de Janeiro: Campus, 1992. p.11-30.
FREIRE, Américo. *Uma capital para a República.* Poder federal e forças políticas locais no Rio de Janeiro na virada para o século XX. Rio de Janeiro: Revan, 2000.
FREUD, S. *Le Mot d'Esprit et ses rapports avec l'inconscient.* Paris: Gallimard, s.d.
FRYE, Northrop. *Anatomia da crítica.* Trad. de Péricles E. da S. Ramos. São Paulo: Cultrix, 1973.
FUNDAÇÃO Casa de Rui Barbosa. Centro de pesquisas. Setor de Filologia. *Sobre o Pré-Modernismo.* Rio de Janeiro, 1988.
GAMA, Luiz [Gonzaga Pinto da]. *Primeiras trovas burlescas & outros poemas.* Ed. preparada por Lígia Fonseca Ferreira. São Paulo: Martins Fontes, 2000. (Poetas do Brasil).
GANS, Eric. Hyperbole et ironie. *Poétique.* Paris, v.24, p.488-94, nov. 1975.
GLEDSON, John. Introdução. Trad. de Lourdes Dias. In: ASSIS, Joaquim Maria Machado de. *Bons dias!* Crônicas (1888-1889). Ed., int. e notas de John Gledson. São Paulo: Hucitec; Campinas: Ed. da Unicamp, 1990. p.11-27.
GODOY URZÚA, Hernán. La sociología del intelectual en America Latina. In: *El intelectual latinoamericano:* Um simposio sobre sociología de los intelectuales. Direção de Juan F. Marsal. Buenos Aires: Editorial del Instituto, 1970. p.107-27.

GRAMSCI, Antonio. *Os intelectuais e a organização da cultura* [Gli intellettuali e l'organizzazione della cultura]. Trad. de Carlos Nelson Coutinho. Rio de Janeiro: Civilização Brasileira, 1968. p.161-204. (Perspectivas do Homem, 48 — Série Filosofia).

HABERMAS, Jürgen. Do jornalismo literário de pessoas privadas aos serviços públicos dos mídias. A propaganda como função da esfera pública. In: _____. *Mudança estrutural da esfera pública* [Strukturwandel der Öffentlichkeit]. Investigações quanto a uma categoria da sociedade burguesa. Trad. de Flávio R. Kothe. Rio de Janeiro: Tempo Brasileiro, 1984. p.213-30. (Biblioteca Universitária, 76; Série Estudos Alemães).

HIGHET, Gilbert. *The Anatomy of Satire*. Princeton (New Jersey): Princeton University Press, 1962.

HODGART, Matthew. *La sátira* [Satire]. Trad. de Angel Guillén. Madrid: Ediciones Guadarrama, 1969.

HOLANDA, Sérgio Buarque de. *O espírito e a letra*. Estudos de crítica literária. Org., int. e notas de Antônio Arnoni Prado. São Paulo: Cia. das Letras, 1996. 2v.

HORKHEIMER, Max, ADORNO, Theodor W. A indústria cultural: O Iluminismo como mistificação de massas. In: ADORNO, T. W. et al. *Teoria da cultura de massas*. Int., com. e sel. de Luiz Costa Lima. Rio de Janeiro: Saga, 1969. p.157-202. (Idéias e Fatos Contemporâneos, 28).

HOUAISS, Antônio et al. Introdução crítico-filológica. In: ASSIS, Joaquim Maria Machado de. *Histórias da meia noite*. Rio de Janeiro: Civilização Brasileira; Brasília: INL, 1975. p.26-41. (Edições críticas de obras de Machado de Assis, 4).

HUTCHEON, Linda. Ironie, satire, parodie. Une approche pragmatique de l'ironie. *Poétique*. Paris, v.46, p.140-55, avr. 1981.

_____. *Uma teoria da paródia* [A theory of parody]. Ensinamentos das formas de Arte do século XX. Trad. de Teresa Louro Pérez. Lisboa: Ed. 70, 1989.

JANKÉLÉVITCH, Vladimir. *L'ironie ou la bonne conscience*. 2.ed. rev. e aum. Paris: Presses Universitaires de France, 1950. (Bibliothèque de Philosophie Contemporaine. Morale et Valeurs, section dirigée par René le Senne).

JANOTTI, Maria de Lourdes Mônaco. *Os subversivos da República*. São Paulo: Brasiliense, 1986.

JEANSON, Francis. *La Signification humaine du rire*. Paris: Seuil, 1950.

KERBRAT-ORECCHIONI, Catherine. L'ironie comme trope. *Poétique*. Paris, v.41, p.108-27, fév. 1980.

KERNAN, Alvin P. *The Plot of Satire*. New Haven (Connecticut): [Yale University Press?] 1965.

KNIGHT, Charles A. Satire, Speech and Genre. *Comparative Literature*. University of Oregon. Eugene (Oregon), v.44, n.1, p.22-41, Winter 1992.

KOESTLER, Arthur. Le bouffon. In: _____. *Le cri d'Archimède*. L'art de la Découverte et la découverte de l'Art. [The Act of Creation] Traduit par Georges Fradier. Paris: Calmann-Lévy [1966]. p.11-82.

KURZ, Robert. O crepúsculo da indústria automobilística. *Folha de S.Paulo*. São Paulo, 7 de janeiro de 2001. Mais!, p.14-5.

LAFFAY, Albert. *Anatomie de l'humour et du nonsense*. Paris: Masson et Cie., 1970. (Documents).

LAJOLO, Marisa. Os leitores, esses temíveis desconhecidos. In: _____. *Do mundo da leitura para a leitura do mundo*. São Paulo: Ática, 1993. p.33-40. (Série Educação em Ação).

_____; ZILBERMAN, Regina. *A formação da leitura no Brasil*. São Paulo: Ática, 1996. (Temas, 58).

LALO, Charles. *Esthétique du Rire*. Paris: Flammarion, 1949.
LANG, Berel. The Limits of Irony. *New Literary History*. A Journal of Theory & Interpretation. The Johns Hopkins University Press. Baltimore (Maryland), v.27, n.3, p.571-588, Summer 1996.
LATOUR, M. *Le Problème du rire et du réel*. Lisbonne: Ed. Imerio, 1947.
LEOPOLDI, Maria Antonieta P. Crescimento industrial, políticas governamentais e organização da burguesia: o Rio de Janeiro de 1844 a 1914. *Revista do Rio de Janeiro*. Niterói, v.1, n.3, p.53-73, maio/ag. 1986.
LIMA, Herman. *História da caricatura no Brasil*. Rio de Janeiro: José Olympio, 1963. 4v.
LINS, Ronaldo Lima. Poder e sexualidade. *Revista Tempo Brasileiro*: Cultura e Realidade. Rio de Janeiro, n.58, III, p.48-60, 1979.
LUSTOSA, Isabel. *Brasil pelo método confuso*: Humor e boemia em Mendes Fradique. Rio de Janeiro: Bertrand Brasil, 1993.
MACHADO NETO, Antônio Luís. Posto social do intelectual. In: _____. *Da vigência intelectual*. Um estudo de sociologia das idéias. São Paulo: Grijalbo, 1968. p.50-65.
_____. *Estrutura social da República das Letras*. Sociologia da vida intelectual brasileira, 1870-1930. São Paulo: Grijalbo, Ed. da USP, 1973.
MAGALHÃES Jr., Raimundo. *Antologia de humorismo e sátira* (de Gregório de Matos a Vão Gôgo). Rio de Janeiro: Civilização Brasileira, 1957. (Vera Cruz, 5).
MARIZ, Vasco. *História da música no Brasil*. 5.ed. amp. e at. Rio de Janeiro: Nova Fronteira, 2000.
MOISÉS, Massaud. *A literatura brasileira*. 2.ed. São Paulo: Cultrix, 1967. v.5 — O Simbolismo (1893-1902). (Roteiro das Grandes Literaturas).
MOREIRA LEITE, Miriam (Org.). *A condição feminina no Rio de Janeiro*: Século XIX. Antologia de textos de viajantes estrangeiros. São Paulo: Hucitec, Edusp; [Brasília] INL, Fundação Nacional Pró-Memória, 1984. (Estudos Históricos, 4).
MUECKE, Douglas Colin. Analyses de l'ironie. Trad. de Philippe Hamon. *Poétique*. Paris, v.36, p.478-94, nov. 1978.
_____. *Irony*. London: Methuen, 1970. (The Critical Idiom, 13).
MUSSET, Alfred de. Fantasio. In: _____. *Comédies et proverbes*. Édition établie par Edmond Biré. Revue et complété par Maurice Allem. Paris: Éditions Garnier Frères, 1956. v.1, p.231-74.
NEEDELL, Jeffrey D. *Belle époque tropical*: Sociedade e cultura de elite no Rio de Janeiro na virada do século [A tropical belle époque. Elite Culture and society in turn-of-the-century Rio de Janeiro]. Trad. de Celso Nogueira. São Paulo: Companhia das Letras, 1993.
OLINTO, Antonio. *Jornalismo e literatura*. [Rio de Janeiro] Ministério da Educação e Cultura — Serviço de Documentação [1955].
OLIVEIRA, Maria Rosa Duarte de. *João Goulart na imprensa*: De personalidade a personagem. São Paulo: Annablume, 1993. (Universidade, 6).
PAES, José Paulo, MOISÉS, Massaud (Org.). *Pequeno dicionário de literatura brasileira*. 2.ed. São Paulo: Cultrix, 1987.
PAULSON, Ronald (by). *Satire: Modern Essays in Criticism*. Englewood Cliffs (New Jersey): Prentice-Hall Inc., 1971.
_____. *The Fictions on Satire*. Baltimore (Maryland): The John Hopkins University Press, 1967.
PECHMAN, Sérgio; FRITSCH, Lilian. A reforma urbana e seu avesso: Algumas considerações a propósito da modernização do Distrito Federal na virada do sécu-

lo. *Revista Brasileira de História.* São Paulo, v.5, n.8/9, p.139-95, set. 1984/abr. 1985.
PEIXOTO, Afrânio. Aspectos do "humour" na literatura nacional. In: _____. *Poeira da estrada.* Ensaios de crítica e de história. Revista pelo Autor. Rio de Janeiro: W. M. Jackson, 1947. p.276-318.
PENNA, Lincoln de Abreu. *O progresso da ordem.* O florianismo e a construção da República. Rio de Janeiro: Sette Letras, 1997.
PERROT, Michelle. Os operários, a moradia e a cidade no século XIX [Les ouvriers, l'habitat et la ville au XIX$^{e.}$ siècle]. Trad. de Denise Bottmann. In: *Os excluídos da história.* Operários, mulheres e prisioneiros. 2.ed. São Paulo: Paz e Terra, 1992. p.101-25.
PICON, Gaëtan. *Introdução a uma estética da literatura.* I — O escritor e sua sombra [Introduction à une esthétique de la littérature. I — L'écrivain et son ombre]. Trad. de Antonio Lázaro de Almeida Prado. São Paulo: Companhia Editora Nacional, Ed. da USP, 1970.
PIERROT [pseudônimo de Pedro Rabelo]. *Filhotadas.* Rio de Janeiro: Rodrigues & Cia., 1897.
PIRANDELLO, Luigi. L'umorismo. In: _____. *Saggi, Poesie, Scritti Varii.* A cura di Manlio lo Vecchio-Musti. S. l.: Arnaldo Mondadori, 1960. p.15-160. (I Classici Contemporanei Italiani; Opere di Luigi Pirandello).
PONTES, Eloy. *A vida inquieta de Raul Pompéia.* Rio de Janeiro: José Olympio, 1935.
PRADO, Décio de Almeida. *História concisa do teatro brasileiro* (1570-1908). São Paulo: Edusp, 1999.
PROPP, Vladimir. *Comicidade e riso* [Probliémi Komisma i smiekha]. São Paulo: Ática, 1992.
QUEIROZ, Suely Robles Reis de. *Os radicais da República.* Jacobinismo: ideologia e ação: 1893-1897. São Paulo: Brasiliense, 1986.
RAGO, Margareth. *Do cabaré ao lar:* A utopia da cidade disciplinar. Brasil: 1890-1930. 2.ed. Rio de Janeiro: Paz e Terra, 1987. (Estudos Brasileiros, 90).
RAGORODSKY, Breno. O Governo Prudente de Moraes. In: MENDES JR., Antonio; MARANHÃO, Ricardo (Org.). *Brasil História:* Texto e consulta. 3.ed. [São Paulo] Brasiliense, 1983. v.3 — República Velha, p.163-6.
RAMA, Angel. *A cidade das letras* [La ciudad letrada]. Trad. de Emir Sader. Prólogo Hugo Achugar. Introd. Mario Vargas Llosa. São Paulo: Brasiliense, 1985.
REBELO, Marques; BULHÕES, Antonio. *O Rio de Janeiro do Bota-Abaixo.* Fotografias de Augusto Malta. 4.ed. Rio de Janeiro: Salamandra, 1998.
RESENDE, Beatriz. Um Cronista da cidade das letras. *Revista Tempo Brasileiro.* Rio de Janeiro, v.85, p.89-100, abr./jun. 1986.
REVISTA DE CULTURA VOZES. Petrópolis, v.64, n.3, abr. 1970 e v. 68, n.1, jan./fev. 1974.
ROMERO, José Luis. *Latinoamérica: las ciudades y las ideas.* 2.ed. Mexico: Siglo Veintiuno, 1976.
SCHÜCKING, Levin L. *The sociology of literary taste* [Die Soziologie der literarischen Geschmacksbildung]. London: Routledge & Kegan Paul Ltda, 1944. (International Library of Sociology and Social Reconstruction).
SCHWARCZ, Lilia Moritz. *O espetáculo das raças.* Cientistas, instituições e questão racial no Brasil do século XIX. São Paulo: Companhia das Letras, 1993.
SEIDEL, Michael. Crisis Rhetoric and Satiric Power. *New Literary History.* A Journal of Theory & Interpretation. The Johns Hopkins University Press. Baltimore (Maryland), v.20, n.1, p.165-86, Autumn 1988.

SETOR de Filologia da Fundação Casa de Rui Barbosa. *A crônica*. O gênero, sua fixação e suas transformações no Brasil. Campinas: Ed. da Unicamp; Rio de Janeiro: FCRB, 1992.

SEVCENKO, Nicolau. Introdução. O prelúdio republicano, astúcias da ordem e ilusões do progresso. In: NOVAIS, Fernando A. (coord. geral). *História da vida privada no Brasil*. São Paulo, Companhia das Letras, 1998. v.3 — República: da *Belle Époque* à Era do Rádio, org. por Nicolau Sevcenko, p.7-48.

_____. *A Revolta da Vacina*: Mentes insanas em corpos rebeldes. Nova ed. rev. e amp. São Paulo: Scipione, 1993.

SILVA, Eduardo. *As queixas do povo*. Pref. de Francisco Iglésias. Int. de José Murilo de Carvalho. Rio de Janeiro: Paz e Terra, 1988.

SILVA, Hélio. *O primeiro século da República*. Rio de Janeiro: Jorge Zahar, 1987. p.9-38.

_____. *A República não esperou o amanhecer*. Ed. ilustrada. [Rio de Janeiro] Civilização Brasileira [1972]. p.237-94. (Documentos da História Contemporânea, 55).

SILVA, Lafayette. *História do teatro brasileiro*. Rio de Janeiro: Ministério da Educação e Saúde, 1938.

SODRÉ, Nelson Werneck. *História da imprensa no Brasil*. Rio de Janeiro: Civilização Brasileira, 1966. (Retratos do Brasil, 51).

SOIHET, Raquel. *Condição feminina e formas de violência*. Mulheres Pobres e Ordem Urbana: 1890-1920. Pref. de Ciro Flamarion Cardoso. Rio de Janeiro: Forense Universitária, 1989.

SOUSA, [José] Galante de. *O teatro no Brasil*. Rio de Janeiro: MEC, INL, 1960. t.

SPERBER, Dan; WILSON, Deirdre. Les ironies comme mentions. *Poétique*. Paris, v.36, p.399-412, nov. 1978.

SÜSSEKIND, Flora. Poesia & media. In: _____. *Papéis colados*. Rio de Janeiro: Ed. UFRJ, 1993.

_____. *Cinematógrafo de letras*: Literatura, técnica e modernização no Brasil. São Paulo: Companhia das Letras, 1987.

_____. *As revistas de ano e a invenção do Rio de Janeiro*. Rio de Janeiro: Nova Fronteira, Casa de Rui Barbosa, 1986.

_____. *Tal Brasil, qual romance?* Uma ideologia estética e sua história: o naturalismo. Pref. de Luiz Costa Lima. Rio de Janeiro: Achiamé, 1984.

SUTHERLAND, James. *English Satire*. Cambridge: University Press, 1967. (The Clark Lectures)

SWABEY, M. Collins. *Comic Laughter*. NewHaven-London, 1961.

SZMRECSANYL, Maria Irene. Rio de Janeiro e São Paulo: Raízes da substituição da metrópole nacional. *Revista USP*. São Paulo, v.17, p.202-19, mar./maio 1993.

TAUNAY, Visconde de. *O Encilhamento*. Cenas contemporâneas da Bolsa do Rio de Janeiro em 1890, 1891 e 1892. 3.ed. Belo Horizonte: Itatiaia, 1971.

TINHORÃO, José Ramos. *A imprensa carnavalesca no Brasil*. Um panorama de linguagem cômica. São Paulo: Hedra, 2000.

VOSSIUS. Rhétorique de l'ironie. Trad. de Catherine Magnien Simonin. *Poétique*. Paris, v.36, p.495-508, nov. 1978.

WEBER, Eugen. *França fin-de-siècle* [France fin-de-siècle]. Trad. de Rosaura Eichenberg. São Paulo: Companhia das Letras, 1988.

ZILBERMAN, Regina. A literatura e o apelo das massas. In: AVERBUCK, Ligia (Org.). *Literatura em tempo de cultura de massas*. São Paulo: Nobel, 1984. p.11-26.

Ilustrações

1. Fotografia de Bilac publicada na folha central d'*O Álbum* (mar. 1893).

2. Fragmento da primeira página do "Suplemento ilustrado" da *Gazeta de Notícias* (3 jul. 1904).

3. Fragmento da primeira página da *Gazeta de Notícias* (1º jan. 1904) com manchete-sumário.

4. Canto superior esquerdo da primeira página da *Gazeta de Notícias* (7 mar. 1897), com o início da primeira crônica dominical de Bilac na segunda coluna.

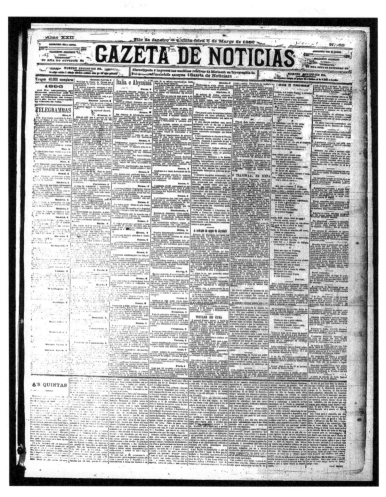

5. Canto superior direito da primeira página da *Gazeta de Notícias* (5 mar. 1896), com a "Ode-Tromba" na sétima coluna.

6. Primeira página da *Gazeta de Notícias* (2 ago. 1896), com o primeiro número d'*O Filhote* no canto superior direito.

7. Primeira página do número de estréia d' *O Filhote* – edição da tarde da *Gazeta de Notícias* (31 maio 1897).

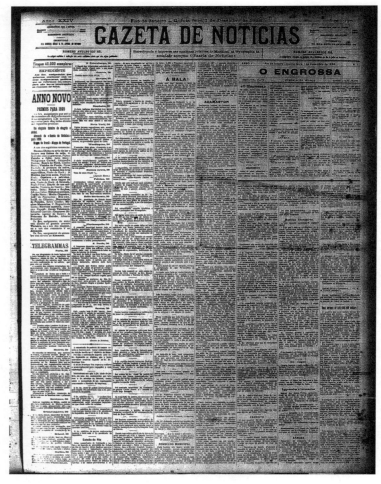

8. Canto superior direito da *Gazeta de Notícias* (1º dez. 1898), com o número inaugural de "O Engrossa".

9. Fragmento da primeira página da *Gazeta de Notícias* (5 maio 1900), com a abertura da "Casa de Doidos" na sétima coluna.

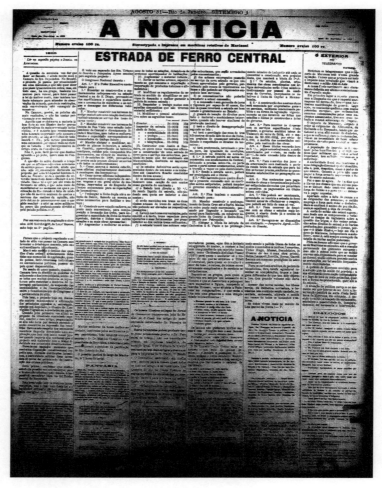

10. Primeira página de A Notícia (31 ago. 1895), com a coluna "Fantasia" na parte de baixo da segunda coluna.

A SÁTIRA DO PARNASO 319

11. Foto da estação central da Estrada de Ferro Central do Brasil. *Revista da Semana*. Rio de Janeiro, n.23, 21 out. 1900.

12. Capa do primeiro número de *A Cigarra* (9 maio 1895).

13. Capa do primeiro número do quinto ano do *Gil Blas* (jan. 1893).

14. Página do *Gil Blas* com poema de Charles Baudelaire e ilustração de Steinlen.

15. Fragmento de página de anúncios do *Gil Blas*.

16. Capa do primeiro número de *A Bruxa* (7 fev. 1896).

17. "O carrilhão da Bruxa" (n.5, 6 mar. 1896, p.3).

Á BRUXA 7

o meu culto pela mais poderosa das artes, creiam piamente no que vou dizer-lhes: Quando eu morrer, desilludido dos homens e das coisas, embora saudoso da opulentissima e ridente natureza que hoje tanto me prende é vida neste incomparavel torrão; quando o meu corpo inerte e congelado pelo sopro da morte estiver prestes a ser engulido pelo abysmo da tumba, se, em torno desse involucro precario da minha alma, executarem a *Marcha funebre* de Chopin ou o duetto *Per che di meste lagrime, do Guarany*,— abram o feretro, e verão nas faces do cadaver, aljofaradas por duas lagrimas, *post mortem*, a miraculosa emanação, produzida pela influencia magnetica, inefável da musica.

Ninguem pode prever o fim d'esta agitação musical! Que vae ser de nós?

Cunha Mendes, um poeta que já tem reputação, brilhantemente conquistada, acaba de publicar os *Poemas da Carne*, n'um bello volume quente, sensual, cuja leitura é capaz de dar fogo a um sorvete. Lede-me este soneto, para que possas fazer ideia do poeta:

« Nua... Pasmos, febris, os meos delirios rugem!
E meo sangue estremece em fremito amoroso:
Febre, Assombro, Prazer, Volupia, Crime, Goso,
Em bruta orchestração, tragica e torva, estrugem...

Nua, da fronte aos pés: a viciosa babugem
Do beijo lhe humedece o corpo alvo e cheiroso:
Ah! nem leve, setinea e alvissima penugem
Tem a carne esse alvor divino e vaporoso!

Grita, em febre, o meo sangue, e, em febre, a carne grita!
E beijo-a; morde-a; apalpo-a: ha treva nos espaços,
Ou me offusca este sol de belleza infinita...

Tento embalde abafar o vulcão do meu beijo...
E cégo, e tonto, e louco, abro em delirio os braços:
— Nua! e eu cégo de amor! e eu cégo de desejo! »

Em casa de Valentim Magalhães, no ultimo domingo, no fundo de um grande jardim, na Tijuca. Jantar intimo. Assis Brasil, com aquelle encanto de conversação de que tem o segredo, conta a sua viagem á Arabia, em busca de *puros sangues*. E a narração é pontuada de anecdotas curiosissimas. Depois do jantar, larga palestra no gabinete de trabalho de Valentim, folheando livros raros, falando de letras, de arte, de sport, de viagens. E, como *clou* da soirée,— leitura de dois bellos capitulos de *Flôr de sangue*, romance já prompto.

Registremos aqui o admiravel processo novamente inventado para dar cabo do jogo: a bomba de Ravachol. Por mais que o preclaro Cunha Salles clame que não ha no *Eldorado* jogo, mas simplesmente um museo cerophastico complicado de curso de Historia Nacional,— ha quem não saia de lá contente com o resultado das suas *pontes historicas*. Ingratidão dos homens!

Dizem, de facto, que foram jogadores descontentes os auctores d'aquelle attentado. Ha quem diga tambem que a coussa foi preparada pela policia...

Mas, por Satanaz! uma policia, que permitte, tolera, fomenta e subvenciona o jogo, mesmo dentro da sua repartição central; uma policia que tem para os book-makers carinhos de mãe extremosa,— era capaz de perseguir o jogo a explosões de dynamite? Não é possivel! prefiro dar mais valor á primeira hypothese...

Porque arremessam, na Europa, os anarchistas bombas explosivas contra repartições publicas, e cafés, e hoteis? Porque não estão contentes com a sua sorte... E, como *no jogo*, ha sempre quem tambem não esteja contente com a sua sorte...

Simplesmente, o jogo não é bicho que tenha medo de bombas: zomba tanto de Ravachol como de Bartholomeu; torce tão bem o corpo diante de uma machina infernal como diante de uma postura policial.

Mas, adeus! vou á grande Kermesse dos meus irmãos *Tenentes do Diabo*, em beneficio da Associação das Damas de Caridade, a cujo cargo está a creação de um Hospital de Maternidade. N'estes singulares tempos que correm, os diabos são mais caridosos que os anjos.

Asmodeu.

Tha-ma-ra-boum-di-hé

(Para ser cantado, com côros de artistas nacionaes, no Cabaret, por m. elle Ivonne)
MUSICA DE DÉSANSART

I

Quando vivia João Caetano,
Havia ingenua, o pae tyranno,
E capa, e espada, e sangue só...
— O dramalhão desfez-se em pó!
Temos agora o diabo a quatro,
Graças ao genio do Brandão!
Emfim! possuimos um theatro,
Em plena civilisação!

Tha-ma-ra-boum-di-hé! *(bis)*
Temos *Tim-tim*, e até
Temos um Cabaret!
Tha-ma-ra-boum-di-hé! *(bis)*

II

Chegae! chegae! já ninguem córa,
Nem se revolta, ao ver de fóra,
Do gaz ao brilho ardente e crú,
Tudo quanto ha no *Rio-Nú*...
Que tem que as pernas das actrizes
Sejam de carne ou de algodão?
— Mirae-as bem, olhos felizes!
Isto é que é civilisação!

Tha-ma-ra-boum-di-hé! *(bis)*
Temos *Tim-tim*, e até
Temos um Cabaret!
Tha-ma-ra-boum-di-hé! *(bis)*

III

Inda heis-de ver, bem ensainda,
Representar-se *A Martinhada*!
Vereis, da rampa á viva luz,
Freiras sem véos e frades nús!
Feliz o Rio de Janeiro!
Feliz, feliz população!
Entrou o Palco brasileiro
Em plena civilisação!

Tha-ma-ra-boum-di-hé *(bis)*
Temos *Tim-tim*, e até
Temos um Cabaret!
Tha-ma-ra-boum-di-hé! *(bis)*

Lilith.

18. Sétima página de *A Bruxa* (n.23, 10 jul. 1896), com a seção "Teatro" na coluna da direita.

19. Ilustração de Julião Machado que representa viagem de Bilac e Sousa Lage para São Paulo. *A Bruxa*. Rio de Janeiro, n.7, 20 mar. 1896, p.5.

20. Capa do último número da primeira série de *A Bruxa* (n.64, 30 jun. 1897).

21. Página de anúncios de *A Bruxa*.

22. Outra página de anúncios de *A Bruxa*.

23. Capa do nono número da segunda série de *A Bruxa*.

24. Ilustração de Julião Machado para a *Revista da Semana*. Rio de Janeiro, n.73, 6 out. 1901, p.605.

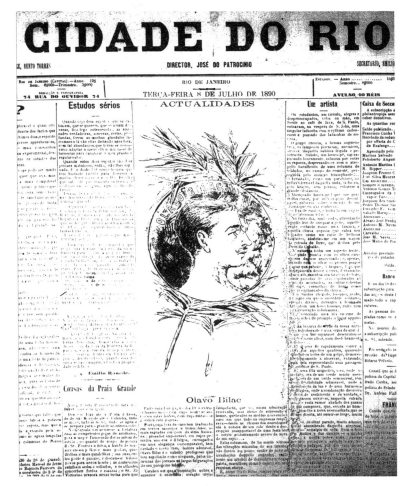

25. Caricatura de Olavo Bilac publicada na primeira página de *A Cidade do Rio* (8 jul. 1890), dois dias antes da partida do poeta para a Europa.